Fabian Sommavilla

33 Sportereignisse, die die Welt verändern

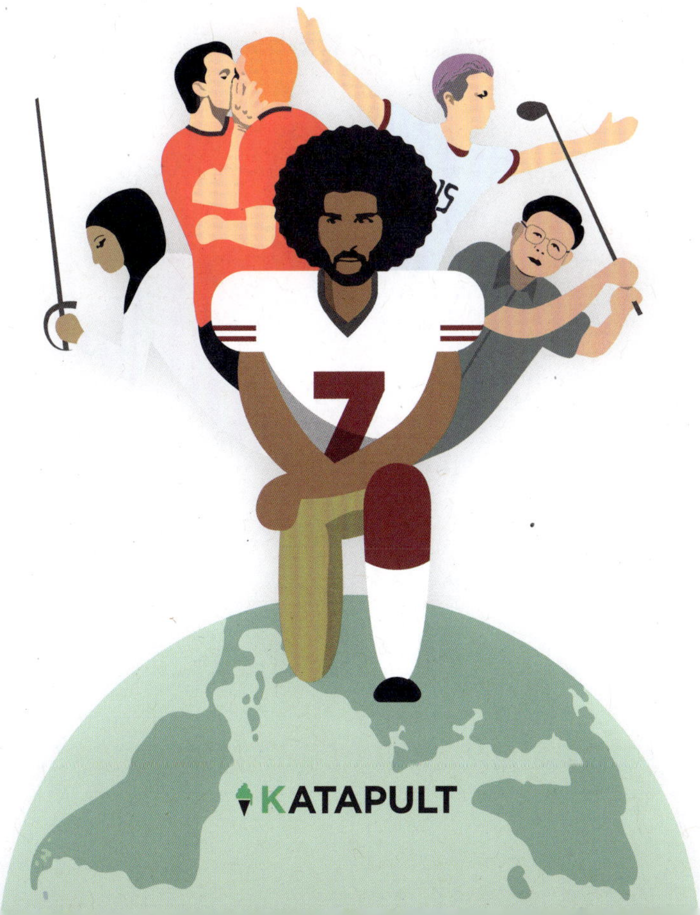

KATAPULT

INHALT

Erste Auflage 2022

KATAPULT-Verlag Greifswald

www.katapult-verlag.de
verlag@katapult-verlag.de

Gesetzt aus der Frutiger und der Bebas Neue Pro
Druck und Bindung: Optimal Media, Röbel
Papier: Nautilus Classic Recyclingpapier

ISBN 978-3-948923-43-3

Sport war, ist und wird immer politisch sein

In der sechsten Minute der Nachspielzeit läuft Pierre Womé an, um sein Land in einen kollektiven Freudentaumel zu stürzen. Die Verwandlung des strittigen Foulelfmeters würde Kameruns Ticket für die Fußball-WM in Deutschland 2006 bedeuten. Er trifft nur den Pfosten. Weil das 1:1 gegen Ägypten nicht ausreicht, um Platz eins gegen die »Elefanten« aus Côte d'Ivoire (Elfenbeinküste) zu verteidigen, verwüsten verärgerte Fans das Haus und beschädigen den Mercedes des Unglücksschützen. Womé kann sich später mit dem Wissen trösten, dass sein Fehlschuss eine weitere Eskalation des ivorischen Bürgerkriegs vorerst unterbunden hat. Wie das?

Rund 2.000 Kilometer westlich von Kameruns Hauptstadt Yaoundé feierten in diesem Moment die Menschen in Côte d'Ivoire ihre erste Teilnahme an einer Weltmeisterschaft – ausgelassen und gemeinsam! Und das ist das eigentliche Wunder an diesem Oktoberabend 2005. Stürmerstar Didier Drogba bat nach dem 3:1-Sieg im Sudan die Medien in die Kabine der Ivorer, wo er wenig später – sein Team um sich geschart – ein Mikrofon in den Händen haltend live zur vom Bürgerkrieg gebeutelten Nation sprach. »Ivorerinnen und Ivorer aus dem Norden, Süden, der Mitte und dem Westen«, begann er. »Wir haben heute bewiesen, dass alle Bewohner Côte d'Ivoires zusammenleben können, dass wir gemeinsam für ein Ziel spielen können, die WM-Qualifikation.« Man habe versprochen, dass die Feierlichkeiten das Land einen werden, sagte er und ging anschließend mit seinen Teamkameraden flehend auf die Knie: »Vergebt! Vergebt! Vergebt!« Ein so reiches Land dürfe nicht in einen Krieg stürzen. »Legt die Waffen nieder. Haltet Wahlen ab!« Dann werde alles gut. Und ohne Waffen feiere es sich schließlich auch viel besser.

Auf den Rausch der Partynacht folgen tatsächlich wochenlange Verhandlungen der Rebellen im Norden mit der Regierung von Präsident Laurent Gbagbo im Süden, an deren Ende ein Waffenstillstand vereinbart wurde. Die Elefanten hatten für Frieden gesorgt. Zwei Jahre später, nachdem sich die Waffenruhe als brüchig herausgestellt hatte und sich allmählich Ernüchterung breitmachte, war es abermals Drogba, der den Menschen Hoffnung einhauchte. Kurz nachdem er die Auszeichnung als Afrikas Fußballer des Jahres erhielt, tourte er durch sein Heimatland und verkündete in der Rebellenhochburg Bouaké, dass das nächste Heimspiel der ivorischen Nationalmannschaft hier und nicht wie üblich in der größten Stadt Abidjan stattfinden solle – ein weiteres Zeichen der Versöhnung. Drogba selbst setzte mit dem 5:0 gegen Madagaskar den Schlusspunkt eines euphorischen Fußballfestes, bei dem Soldaten beider Seiten gemeinsam auf den Tribünen feierten. Fünf Tore und ein bereits im März 2007 unterzeichneter Vertrag zur Teilung der Macht sollten der Bevölkerung vier Jahre relativen Friedens schenken, ehe sich die Gewaltspirale erneut zu drehen begann und Tausende starben.

Die Macht des Sports

Die völkerverbindende Kraft des Sports stößt also immer wieder an ihre Grenzen und wird von der Tagespolitik eingeholt. Immer wieder stehen alte Rivalitäten, die durch Fußballspiele, Wasserballpartien oder Cricketmatches zelebriert und teils geschürt werden, einer Versöhnung im Weg. Sport kann sicher nicht alle Probleme lösen. Ganz im Gegenteil: Durch seine extreme Popularität verschlimmert er manches Übel auf unserem Planeten. Wenn etwa Rennserien wie die Formel 1 um die ganze Welt jetten, ist das schlecht fürs Klima. Wenn sich autoritäre Regime durch die Ausrichtung von Sportevents ein besseres Image ihres Landes versprechen, werden zahlungskräftige Fans oft geblendet und leiden am Ende zumeist Arbeiter:innen, deren Rechte beim Stadionbau missachtet werden. Wenn China afrikanischen Staaten Stadien schenkt und im Gegenzug Militärstützpunkte im Land errichtet, bringt es das globale Machtgefüge ins Wanken und kann ein Wettrüsten zur Folge haben.

Wie kaum ein anderer Nebenaspekt des Lebens hat Sport aber eben auch die Möglichkeit, die Welt zu einem besseren Ort zu machen. Wenn Superstars ihre Stimme erheben, um den latenten Rassismus in unserer Gesellschaft anzuprangern oder Homosexuellenrechte einzufordern, können aufgeklärtere Generationen an Sportfans heranwachsen. Längst mussten Sportvereine auch die Macht von Unternehmen und Fans anerkennen. Sie zwangen beispielsweise zahlreiche US-Teams, ihre rassistischen Logos auszutauschen – vermeintliche Tradition hin oder her. Dieser Trend bleibt.

Wer den Sport möglichst vielen Menschen öffnen will, muss aber nicht nur über gleiche Bezahlung für Frauen reden und ihnen erlauben, anzuziehen, was sie verdammt noch mal wollen, sondern auch über die richtigen Regeln für die Teilnahme von trans* Frauen diskutieren. Eine Diskussion, die die Sportwelt noch lange begleiten wird. Weniger lange wartet sie hoffentlich auf vermehrte Outings männlicher Sportprofis. Dafür braucht es aber freilich wieder die Akzeptanz der Fans.

Über all dem steht, dass Sport immer auch politisch ist – sei es wegen des Auftretens, der Aussagen oder der Aktionen aktiver Athlet:innen, oder eben der Sportbegeisterten auf den Tribünen oder im Internet. Niemand gibt seine politische Überzeugung beim Betreten des Stadions wie eine Jacke ab. Alle Menschen bringen ihre Werte und Lebenserfahrung mit, egal ob in Onlinefanforen oder der Sportkneipe, dem Fußballbeisl um die Ecke. Gerade dies sind aber oft die Orte, wo der Satz »Sport soll bitte schön unpolitisch bleiben« am häufigsten fällt. Die bunt gemischten Geschichten in diesem Buch sollen dazu beitragen, diese Floskel nicht nur infrage zu stellen. Sie sollen auch helfen, sich öfter mal zu fragen, wo es vielleicht mehr politische Haltung braucht, und zu verstehen, wieso sich die Politik regelmäßig in den Sport einmischt. Man kann das gut finden oder nicht, man sollte es aber nicht ignorieren. Wer das tut, läuft sonst Gefahr, instrumentalisiert zu werden. Sport war, ist und wird noch sehr lange politisch sein.

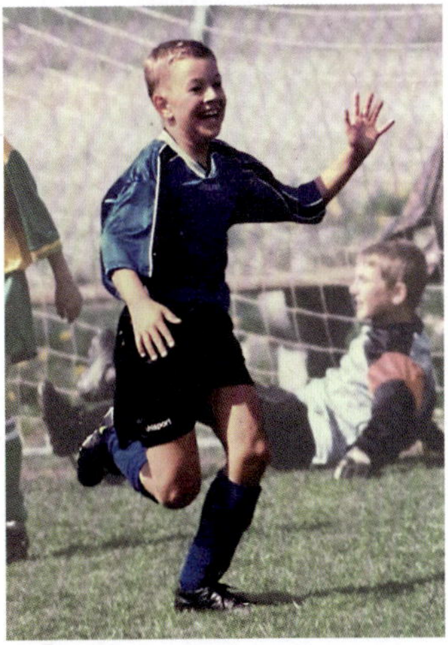

Fabian Sommavilla, geboren 1993, ist ein gescheiterter Fußballer, Tennisspieler und Skirennfahrer aus Tirol. Er studierte in Innsbruck, Den Haag und London. Seit 2018 ist er Redakteur bei der österreichischen Tageszeitung *Der Standard*, aktuell im Ressort Außenpolitik. 2021 veröffentlichte er *55 kuriose Grenzen und 5 bescheuerte Nachbarn* im KATAPULT-Verlag.

◀ Fabian nach seinem ersten Tor im April 2002

Fünf uncoole Dinge über Katar

Wer vor der Fußball-WM 2022 der Männer die Website der Fifa aufruft, wird dazu eingeladen, sich »fünf coole Dinge über Katar« durchzulesen. Da wird von der Gastfreundlichkeit und landestypischen Süßigkeiten, von Sandstränden und glasklarem Wasser, aber auch von historischen Ausgrabungsstätten und wunderschönen Wüstenlandschaften geschwärmt – zu Recht. Der Golfstaat bietet wie so viele andere Länder dieser Welt auch atemberaubende Natur. Und von den Menschen lässt sich überall etwas lernen. Weil Staaten und Verbände wie die Fifa aber besonders schlecht darin sind, sich selbst zu kritisieren, müssen das andere übernehmen. Hier also fünf uncoole Dinge über Katar:

Die Stadien für die WM-Endrunde wurden auch von ausgebeuteten Gastarbeiter:innen errichtet

Mindestens 440 Millionen US-Dollar wird die Fifa als Preisgeld an die 32 teilnehmenden Verbände ausschütten – Entschädigungszahlungen an Vereine und Finanzspritzen zur Vorbereitung auf das Turnier nicht eingerechnet. Dieselbe Summe fordert Amnesty International vom Weltfußballverband als Kompensation für geschädigte Arbeiter:innen und die Hinterbliebenen verstorbener Arbeitskräfte. Das Geld könne zwar keine Menschenrechtsverletzung ungeschehen machen. Die Anerkennung des Leids könnte aber zumindest ein wichtiges Signal für die Zukunft sein, so die Menschenrechtsorganisation. Die katastrophalen Zustände beim Bau der Stadien und der dazugehörigen Infrastruktur wie Straßen, Hotels und öffentlicher Verkehrsmittel seien nämlich »vermeidbar und vorhersehbar« gewesen, heißt es im Bericht. Und

Stadien in Katar

Spielorte der Fußball-WM 2022

Standort | Anzahl Sitzplätze

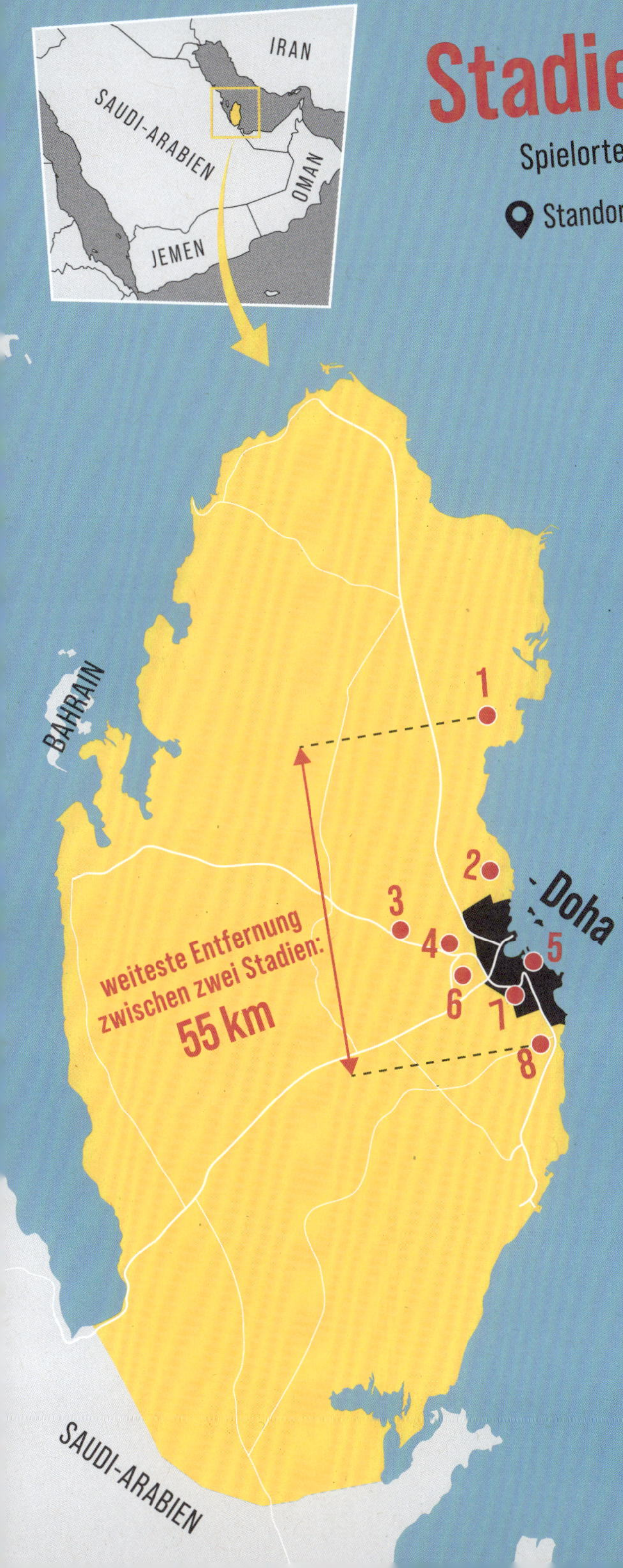

1 **Al-Bayt-Stadion**
al-Chaur | 60.000

2 **Lusail-Stadion**
Lusail | 80.000

3 **Ahmad-bin-Ali-Stadion**
ar-Rayyan | 40.000

4 **Education-City-Stadion**
ar-Rayyan | 40.000

5 **Stadion 974**
Doha | 40.000

6 **Khalifa-International-Stadion**
al-Chaur | 40.000

7 **Al-Thumama-Stadion**
Doha | 40.000

8 **Al-Janoub**
al-Wakra | 40.000

ohnehin würde das Turnier rund sechs Milliarden Dollar in die Kassen des Weltverbandes spülen.

Seit der Vergabe der WM an den Golfstaat im Jahr 2010 haben sich dank weltweiter Aufmerksamkeit und westlicher Entrüstung einige Dinge im Arbeitsschutz tatsächlich gebessert – allerdings erst reichlich spät und oft nicht nachhaltig. So wurde das sogenannte Kafala-System ab 2018 leicht reformiert, nachdem der Staat im Jahr zuvor eine Vereinbarung mit der Internationalen Arbeitsorganisation unterzeichnet hatte. Das Kafala-System schreibt vor, dass Gastarbeiter:innen eine Bürgschaft brauchen, um ins Land zu kommen. Meist bürgen die Arbeitgeber:innen selbst. Das Problem daran? Ohne die Zustimmung der Bürgenden durften die meist aus Indien, Sri Lanka, Bangladesch, Nepal, Kenia, den Philippinen oder Pakistan stammenden Arbeitskräfte weder ihren Job wechseln noch das Land verlassen. Die direkte Abhängigkeit öffnete der Ausbeutung Tür und Tor. Kündigungsschutz? Fehlanzeige! Doch auch das besserte sich ab 2020. Ziemlich cool, was so eine WM-Vergabe bewirkt, könnte man meinen.

Uncool bleibt, dass viele Probleme weiterhin bestehen: ein mickriger Mindestlohn von monatlich nur 1.000 Riyal, also etwa 230 Euro, in einem der reichsten Länder der Welt, extrem lange Arbeitstage, kaum Anspruch auf Urlaub, menschenunwürdige Unterkünfte, hohe Verschuldung und teure Kreditzinsen, die Arbeitswillige für die Rekrutierung aufnehmen müssen, sowie eine späte bis ganz ausbleibende Bezahlung. Und nur weil auf dem Papier einige strengere Vorschriften gelten, werden diese nicht automatisch in die Praxis umgesetzt. Das illegale Einbehalten von Reisepässen der Angestellten ist immer noch verbreitet. Nicht zuletzt sollen laut dem britischen *Guardian* in dem Jahrzehnt seit der Vergabe an Katar mindestens 6.750 Arbeiter:innen – allein aus Indien, Bangladesch, Nepal und Sri Lanka – im Emirat verstorben sein. Die Dunkelziffer liegt deutlich höher, auch weil Botschaften anderer Länder keine offiziellen Zahlen zu verstorbenen Gastarbeiter:innen veröffentlichten. Nicht alle Todesfälle standen freilich in direkter Verbindung zu den WM-Bauten. Ob jedoch tatsächlich 80 Prozent der 2.711 verstorbenen Inder:innen eines natürlichen Todes starben, der nichts mit den Arbeitsbedingungen auf den Baustellen zu tun haben soll – wie es die katarische Regierung behauptet – muss bezweifelt werden.

Homosexuellen drohen sieben Jahre Haft, schwulen Muslimen theoretisch der Tod

Katars Umgang mit Homosexuellen erinnert an den ugandischen Diktator Idi Amin, der einmal gesagt haben soll: »Du hast Redefreiheit! Die Freiheit, nachdem du geredet hast, kann ich aber nicht garantieren.« Jeder sei willkommen in Katar, selbstverständlich auch Fans aus der LGBTQIA*-Community, heißt es aus dem patriarchalen Wüstenemirat. Man solle aber doch bitte die Kultur der lokalen Bevölkerung achten und von jeglichen öffentlichen Liebesbekundungen, die von der heterosexuellen Norm abweichen, absehen, ließen katarische Offizielle im Vorfeld der WM verlauten. Auch Ex-Fifa-Präsident Sepp Blatter stieß ins selbe Horn, entschuldigte sich später aber für seine Aussagen.

Die Regenbogenflagge als weitverbreitetes Symbol der Community werde bei der WM nicht etwa einkassiert, weil man unsolidarisch sei, sondern um Schwule und Lesben vor Übergriffen anderer zu schützen, erklärte Sicherheitschef Abdulaziz Abdullah Al Ansari. Demonstriert werden solle gefälligst dort, wo es die Gesellschaft auch akzeptiere – was das Konzept des Demonstrierens ad absurdum führt (ziemlich uncool). Grundsätzlich können homosexuelle Handlungen in Katar weiterhin mit bis zu sieben Jahren Freiheitsentzug bestraft werden. Muslimischen Männern droht laut Scharia-Rechtssprechung theoretisch gar die Todesstrafe. Wenngleich bislang keine Hinrichtung fürs Schwulsein bekannt ist (cool), wurde in der Vergangenheit bereits ein US-Bürger zu einer sechsmonatigen Freiheitsstrafe und 90 Peitschenhieben verurteilt (äußerst uncool).

Einen kreativen Weg, um auf die Menschenrechtssituation in Katar hinzuweisen, fand übrigens der norwegische Fußballerstligist Tromsø IL, der sich seit geraumer Zeit an die Spitze einer – weitestgehend erfolglosen – Boykottbewegung gestellt hat. Zu Beginn der Saison 2021/22 präsentierte man ein Trikot mit integriertem QR-Code. Wer den scannt, findet keine Urlaubstipps, sondern Informationen über die Menschenrechtslage im Emirat. »Wir dürfen niemals wegschauen, wenn manche unser wunderbares Spiel dazu benutzen, um die Verletzung von Menschenrechten zu kaschieren«, heißt es auf der Website.

In Katar verstorbene Gastarbeiter:innen …

… bei der Arbeit an WM-Stadien, nach offiziellen Angaben von Katar und der Fifa

2014 bis 2020

3

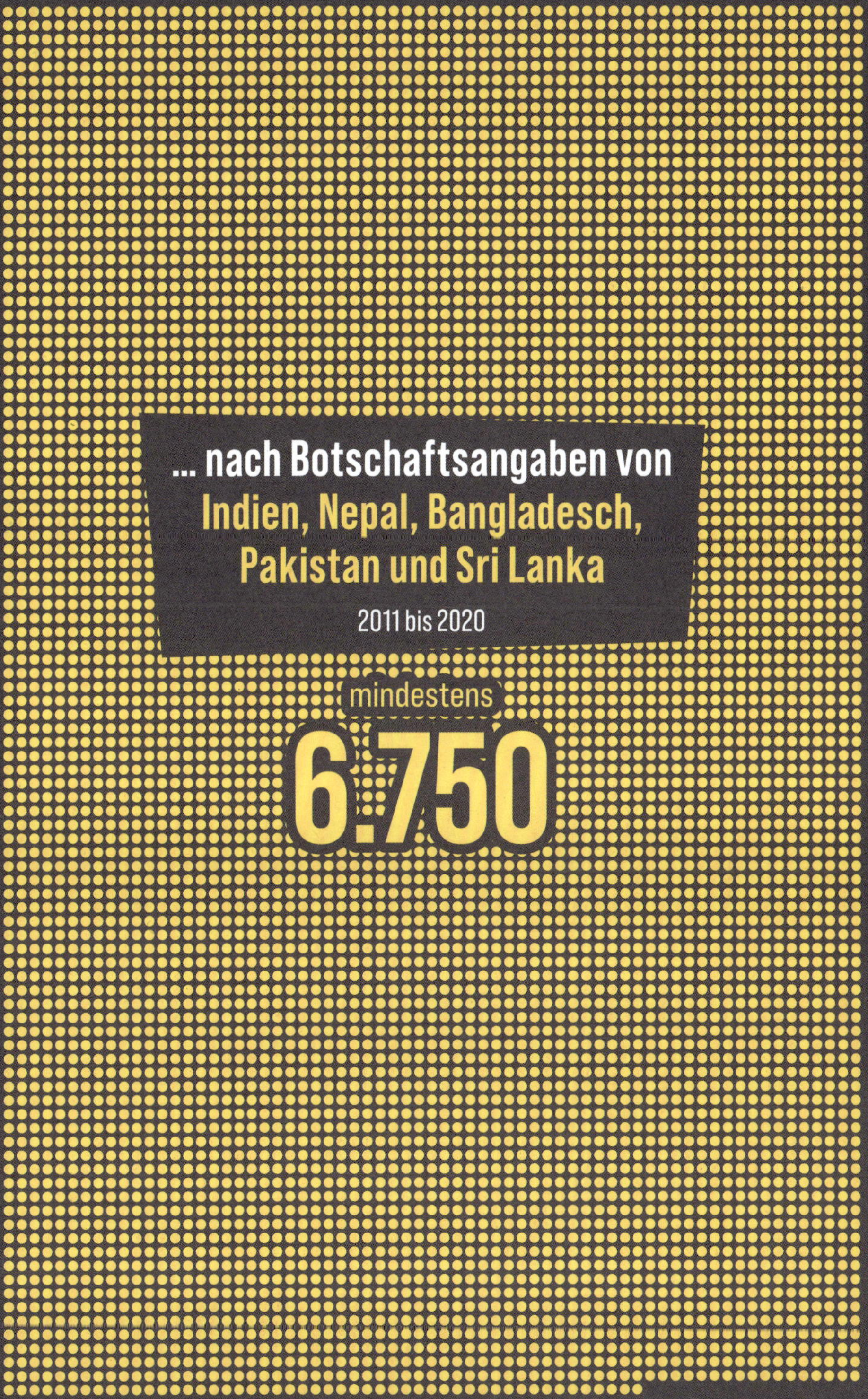

... nach Botschaftsangaben von
Indien, Nepal, Bangladesch,
Pakistan und Sri Lanka
2011 bis 2020
mindestens
6.750

Der Bau der Stadien verursacht achtmal mehr CO_2 als von Katar angegeben

Während man sich beim Bau der Stadien wenig um die Gesundheitsrisiken von Arbeiter:innen aufgrund der extremen Hitze scherte, wollte man bei Spielern, Trainern, Funktionär:innen und Fifa-Offiziellen auf Nummer sicher gehen. Weil es im katarischen Sommer schon mal 50 Grad werden können, wurden die Spiele nachträglich in den November und Dezember gelegt. Normalerweise sollten die Temperaturen da nicht über 30 Grad klettern, dennoch beschloss man, sicherheitshalber alle Stadien mit Klimaanlagen auszustatten. Bis zuletzt war unklar, ob die Anlagen zur Gewinnung von Solar- und Windenergie für die Produktion der kalten Luft rechtzeitig einsatzbereit wären. Beim Stadion 974, das gerne als Nachhaltigkeitsvorreiter gepriesen wird, will man dank einer innovativen Belüftung gänzlich auf künstliche Kühlung verzichten. Es wurde mithilfe von 974 Schiffscontainern im Baukastenprinzip errichtet und soll nach der WM wieder vollständig abgebaut werden. 974 ist übrigens die Ländervorwahl von Katar.

Auch besticht die WM in Katar durch kurze Distanzen. Die acht Stadien – ursprünglich waren sogar zwölf geplant –, die nicht mehr als 55 Kilometer Luftlinie voneinander entfernt sind, machen Flüge für Teams und Fans, wie sie bei den Turnieren in Russland, der

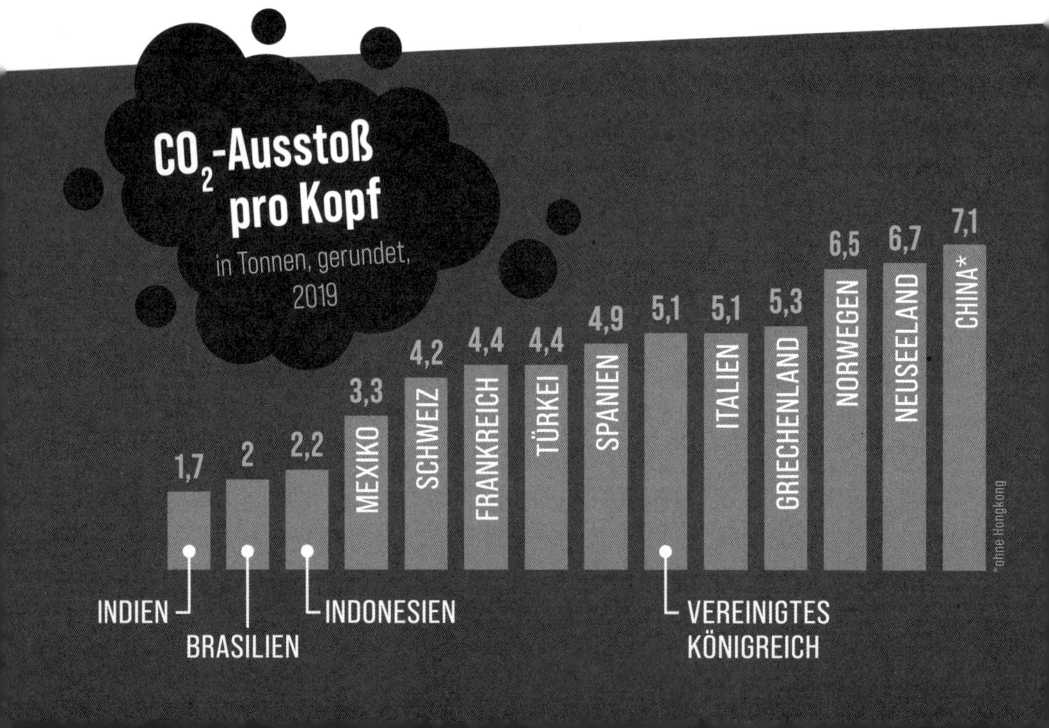

europaweiten EM 2021 oder der nächsten WM in Kanada, Mexiko und den USA nötig waren oder sein werden, überflüssig. Ziemlich cool. Da heimische Fans jedoch selten sind und die Übernachtungsmöglichkeiten an ihre Kapazitätsgrenzen stoßen, will man während des Turniers mit Hunderten täglichen Shuttleflügen aus der Region Tagesurlauber nach Doha bringen. Äußerst uncool fürs Klima.

Es stellt sich zudem die Frage, wer die sieben bleibenden Stadien später einmal nutzen soll, wo vorher gerade einmal eines dieser Größenordnung benötigt wurde. An dem Punkt setzt auch eine kritische Studie von Carbon Market Watch an, die die geschätzten CO_2-Emissionen des Turniers mindestens achtmal höher beziffert als der Veranstalter. Grund dafür ist unter anderem, dass Katar für die Berechnung des CO_2-Ausstoßes eine sehr hohe Lebensdauer der Arenen zugrunde legt, es aber keineswegs klar ist, wie die vielen Stadien dauerhaft Besucher:innen anziehen sollen.

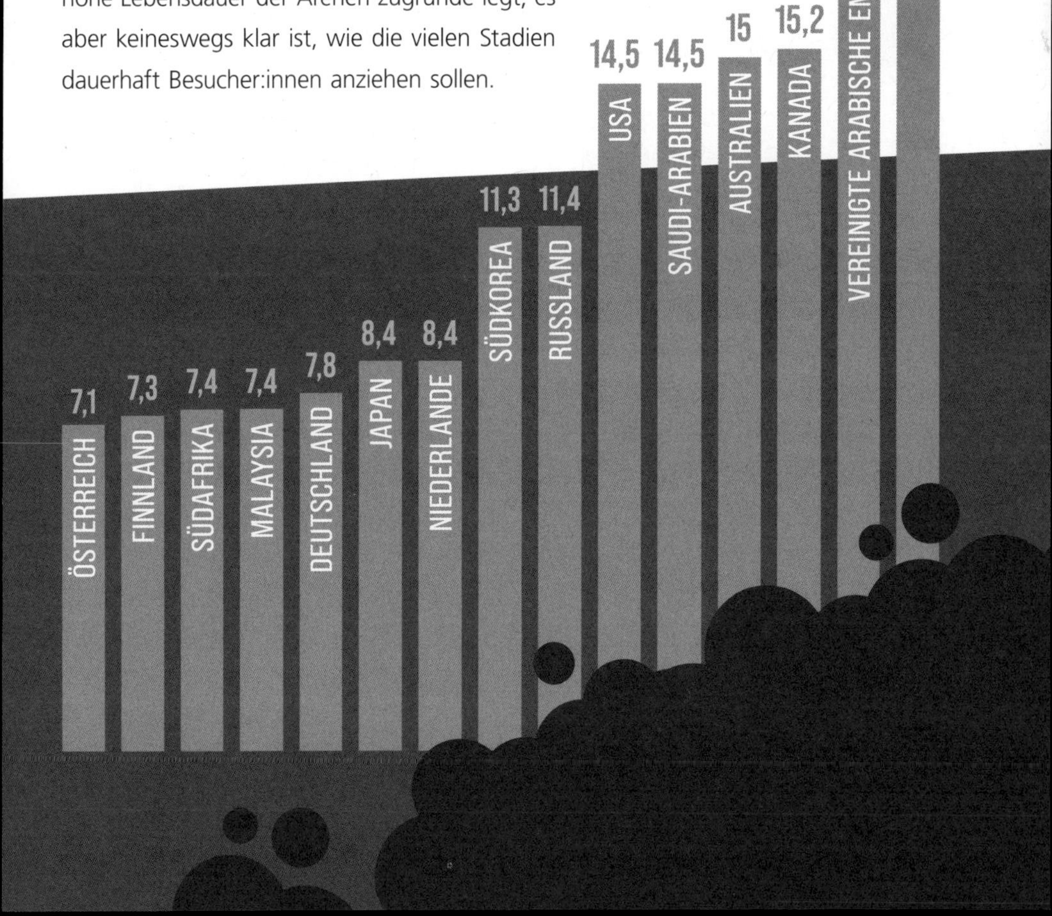

Während dem Einwegstadion 974 knappe 438.000 Tonnen CO_2-Äquivalent zugeschrieben wurden, summierten sich nach katarischer Rechnung die Emissionen der anderen sechs Stadionneubauten auf insgesamt gerade einmal 206.000 Tonnen. Das Etikett »klimaneutral«, das sich Katar selbst verliehen hat, ist auch wegen der Kompensationsmechanismen zu hinterfragen. Zum einen sind viele der Projekte zu erneuerbaren Energien, die durch teure Lizenzen finanziert werden, mittlerweile ohnehin schon so rentabel, dass sie auch ohne katarische Zertifikate gebaut werden würden – sie sparen also kein zusätzliches CO_2 ein. Zum anderen wird die Wirksamkeit des Aufforstens, wie Katar es mit 16.000 Bäumen und Hunderttausenden Sträuchern versucht, seit Langem prinzipiell in Frage gestellt – weil das Kohlendioxid dort lediglich mittelfristig gespeichert wird.

Die Vergabe an Katar wurde wohl mithilfe korrupter Fußballfunktionäre erkauft

Wäre alles mit rechten Dingen zugegangen, hätte die WM nie nach Katar vergeben werden dürfen. Schon ein Jahr nach dem Zuschlag gab es erste Korruptionsvorwürfe. Mehr als zehn Jahre später wird gegen mehr als die Hälfte jener 22 Mitglieder des Fifa-Exekutivkomitees ermittelt, die 2010 für die beiden Vergaben an Russland 2018 und Katar 2022 verantwortlich waren. Das erweiterte Umfeld miteingerechnet – vor allem im Zusammenhang mit TV- und Marketingrechten –, wurden allein in den USA 42 Personen angeklagt. Hunderte Millionen Euro an Lobbygeldern sollen geflossen sein. Auch eine Negativkampagne gegen die aussichtsreichsten Mitbewerber USA und Australien wurde lanciert. In einer Anklageschrift des US-Justizministeriums wird zudem festgehalten, dass drei südamerikanische Delegierte Bestechungsgelder angenommen haben sollen. Der ehemalige Fifa-Vizepräsident Jack Warner wird verdächtigt, fünf Millionen Dollar für seine Stimme für Russland kassiert zu haben. Alejandro Burzaco, selbst Kronzeuge und ehemaliger Chef einer argentinischen Sportmarketingfirma, beschuldigte zudem einen weiteren früheren Fifa-Vize, Julio Grondona, seine Stimme für Katar für mehr als 800.000 Euro verkauft zu haben. Und zwei Funktionäre durften gar nicht erst mitstimmen, nachdem sie bereits verdeckt recherchierenden Journalisten auf den Leim gegangen waren.

Mit dem Guatemalteken Rafael Salguero gab bislang ein Mitglied des Exekutivkomitees zu, eine Million Euro an Bestechungsgeldern angeboten bekommen zu haben. Alle anderen beteuern weiterhin ihre Unschuld, manche sind zwischenzeitlich verstorben.

Unangenehme Indizien gibt es jedenfalls zuhauf: Wenige Tage vor der Vergabe an Katar traf sich der damalige Uefa-Chef Michel Platini im Élyséepalast mit dem damaligen französischen Präsidenten Nicolas Sarkozy und dem heutigen Emir von Katar. Der aktuelle Fifa-Präsident Gianni Infantino bekam von Wladimir Putin nicht nur einen Freundschaftsorden verliehen, er hat mittlerweile auch seinen Lebensmittelpunkt nach Katar verlegt. Nicht zuletzt fand eine eigens von der Fifa eingesetzte Ethikkommission bei den WM-Vergaben zwar einige Ungereimtheiten, konnte aber beispielsweise nicht beweisen, dass die auf das Konto der Tochter eines Exekutivmitglieds eingezahlten zwei Millionen Euro etwas mit der Vergabe der Weltmeisterschaften zu tun hatten. Unglaublich uncool.

Katar bedroht kritische Stimmen mit Strafen und Zensur

Wer in Katar über die Arbeit der Regierung, die Herrscherfamilie oder den Islam berichten will, muss damit rechnen, dass Inhalte vorab zensiert werden – so will es das katarische Pressegesetz. Journalist:innen, die über die Situation der LGBTIQ-Gemeinschaft oder die Arbeitsbedingungen im Land schreiben, sehen sich ähnlichen Problemen ausgesetzt. Mit dem international renommierten Sender *Al Jazeera* könnte zumindest theoretisch ein Medienriese die Probleme im Land aufdecken und thematisieren. Im Gegensatz zum internationalen, englischsprachigen Ableger des Senders sind die Berichte über Katar im eigenen Land aber deutlich zurückhaltender – kein Wunder, gehört der Sender doch der Herrscherfamilie Al Thani.

Der kenianische Arbeitsrechteaktivist Malcolm Bidali bekam die kurze mediale Leine des Emirats schmerzhaft zu spüren. Der Wachmann bloggte und schrieb – zunächst anonym – regelmäßig über die unmenschlichen Arbeitsbedingungen von Gastarbeiter:innen im Land. Im Juni 2021 erhielt er dann plötzlich einen Haftbefehl wegen Verbreitens von Falschnachrichten. Nach einem Monat Einzelhaft und der Zahlung einer empfindlichen Strafe von knapp 6.000 Euro durfte Bidali das Land verlassen. Sein Handy wurde konfisziert, seine Profile in Sozialen Medien zunächst gesperrt. Das Wissen über Bidalis Aufenthaltsort könnten sich die Behörden laut Amnesty International zuvor womöglich mithilfe einer Phishing-Attacke erlangt haben, indem sie ihn dazu brachten, einen Link auf Twitter anzuklicken (uncool). Aber Bidali berichtet weiter und lässt sich nicht mundtot machen (cool).

Wie ein Fußballfan um ein Haar eine Staatskrise auslöste

An kaum einem anderen Ort der Welt kann ein gestreiftes oder kariertes Stück Stoff solch eine explosive Wirkung entfalten wie in einem Sportstadion. Ein Länderspiel bietet all das, was die symbolische Macht des Nationalismus ausmacht: Nationalflaggen, Nationalhymnen und nationales Gemeinschaftsgefühl sollen die eigenen nach vorne peitschen, um die anderen zu besiegen. Nur allzu gerne hüllen Verbände, Sponsoren und Ultras deshalb ganze Straßenzüge oder Tribünen in die Farben der Nationalflagge, oder wie im Falle der Niederlande: in jene des Königshauses – Oranje.

Nationalflaggen sind regelmäßiger Konfliktherd in den Stadien, und das nicht nur, wenn Länderspiele anstehen. Die betont projüdische Einstellung von Klub und Fans des Londoner Vereins Tottenham Hotspur oder Ajax Amsterdam etwa wird gerne mit der Flagge Israels zur Schau gestellt. Nicht weniger oft sind in den gegnerischen Fanblöcken deshalb palästinensische Flaggen zu sehen – manchmal als politisches Statement, immer wieder aber auch nur um der Provokation willen. Sowohl der europäische als auch der Weltfußballverband würden das Thema Politik daher am liebsten ganz aus den Stadien verbannen. Die Realität holt Uefa und Fifa aber regelmäßig ein.

Immer wieder wird es auch ganz unerwartet politisch, wie ein kurioser Vorfall während der Qualifikation zur Fußballweltmeisterschaft im November 2021 zeigte. Die Ukraine war am letzten Spieltag der Gruppenphase nach Bosnien-Herzegowina gereist. Dort trafen in Zenica zwei Mannschaften aufeinander, zwischen deren Fanlagern bislang keinerlei Feindseligkeiten geherrscht hatten. Viel eher hätte man damit rechnen können, dass die enge Freundschaft des jeweiligen Erzrivalen – nämlich Serbien und Russland – für Verbundenheit unter den Fans sorgen würde. Ganz nach dem Motto: Gemeinsame Feinde schweißen zusammen.

Doch ausgerechnet diese Konstellation und ein riesiges, eigentlich amüsantes Missverständnis hätte neben Buhrufen während der ukrainischen Hymne beinahe zu schweren Ausschreitungen geführt. Als Zeichen der Geringschätzung gegenüber dem großen Nachbarn hielt ein Ukrainer während des Abspielens der Hymnen eine umgedrehte russische Flagge samt Wappen hoch. Was er nicht bedacht hatte: Eine kopfstehende russische Flagge sieht der serbischen zum Verwechseln ähnlich. Und tatsächlich hielten einige Fans aus dem angrenzenden Block Bosnien-Herzegowinas die gegen Russland gerichtete Geste für eine schwere Provokation ihres eigenen Landes und sahen sich gezwungen, einzugreifen. Eine Handvoll Polizisten konnte knapp drei Dutzend aufgebrachte bosnische Fans gerade noch rechtzeitig aufhalten, bevor diese den Zaun des Gästesektors erreichten.

Flaggen, die auf dem Kopf wie andere Flaggen aussehen*

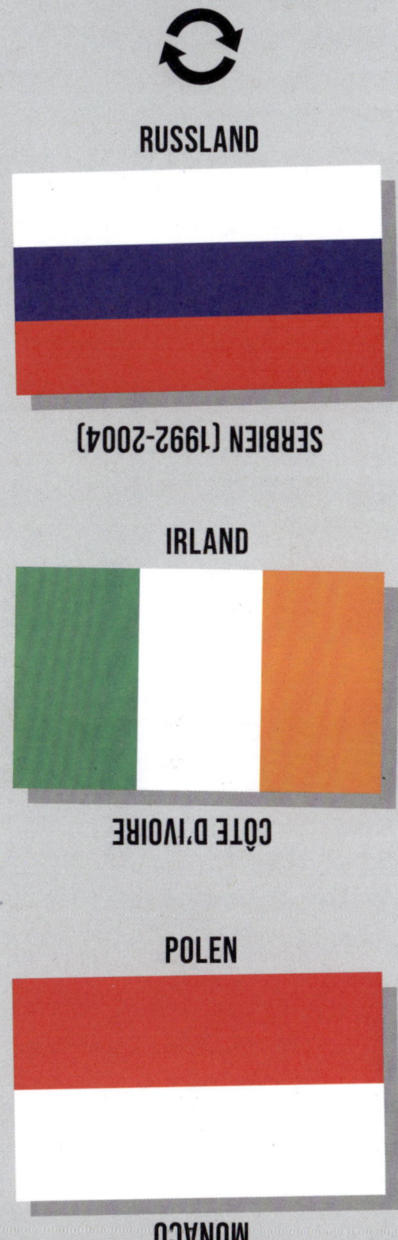

*unterschiedliche Seitenverhältnisse nicht berücksichtigt

Mit der Drohne von der Kirche ins Stadion

Weitaus weniger glimpflich war ein anderer Vorfall auf dem Westbalkan ein paar Jahre zuvor ausgegangen. Die Vorgeschichte zu diesem Flaggenskandal war wenig überraschend: ein Flaggenskandal. Ein serbischer Fan, Roter-Stern-Belgrad-Ultra Ivan Bogdanov, hatte 2010 bei einem Gastspiel in Italien ohne erkennbaren Anlass eine albanische Flagge abgefackelt. Zahlreiche Albaner waren empört, unter ihnen Ismail Morina, der die Szene von seinem Mailänder Wohnzimmer aus verfolgte. Der schwarzhaarige Lockenkopf Morina war unter den albanischen Fans kein Unbekannter. Einmal balancierte er während eines Spiels ungesichert auf einem zehn Meter hohen Zaun, um dort die albanische Flagge zu hissen. Als Albanien vier Jahre nach der verbrannten Flagge das erste Mal seit den Sechzigerjahren wieder auf den Erzfeind Serbien treffen sollte, sah Morina seine Gelegenheit zur Rache gekommen. Aus Sicherheitsgründen waren albanische Fans im Belgrader Stadion nicht zugelassen. Morina aber brauchte für seine Störaktion keinen Zutritt. Stattdessen steuerte er eine Drohne von einer nahe gelegenen serbisch-orthodoxen Kirche aus direkt aufs Spielfeld.

An der Drohne war eine schwarze Flagge angebracht, darauf zu sehen Ismail Qemali, der erste Ministerpräsident Albaniens, und Isa Boletini, ein gefeierter Unabhängigkeitskämpfer und Nationalheld. Neben dem Schriftzug »autochthonous«, was in etwa »einheimisch« bedeutet, und dem Datum der Unabhängigkeit Albaniens vom Osmanischen Reich (28.11.1912), verärgerte viele vor allem der Umriss Großalbaniens in der Mitte der Flagge. Als *Großalbanien* bezeichnen albanische Nationalist:innen nämlich die angestrebte Vereinigung aller mehrheitlich von ethnischen Albaner:innen bewohnten Gebiete in der Region. Die nationalistische Vision umfasst sowohl den kompletten Kosovo als auch Gebiete im Osten Montenegros, im Süden Serbiens, rund die Hälfte Nordmazedoniens sowie Gebiete im Nordwesten Griechenlands. Bis auf einige Kosovar:innen – die ihren jungen Staat gerne mal als Übergangslösung bis zur Wiedervereinigung mit Albanien sehen – hatte Morina damit so gut wie alle Nachbarn Albaniens provoziert.

Als die Flagge über dem Spielfeld schwebte, bekam sie ein serbischer Spieler zu fassen. Morina selbst hielt die Aktion damit zunächst für gescheitert, wollte er doch

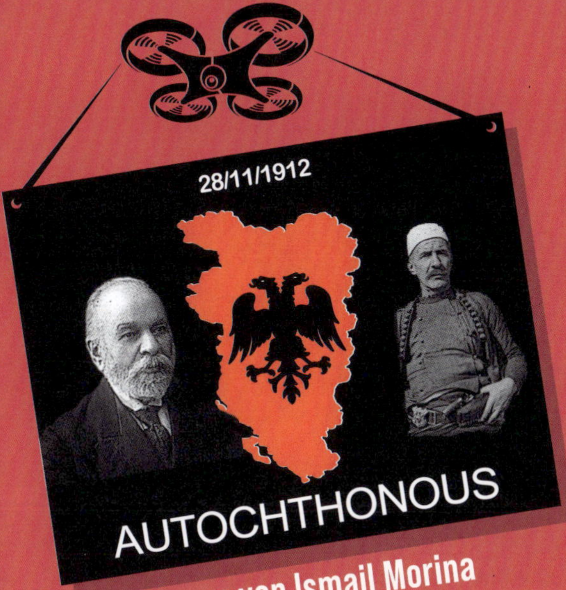

Flagge von Ismail Morina

28.11.1912
Unabhängigkeitserklärung Albaniens vom Osmanischen Reich

ISMAIL QEMALI (links)
erster Premierminister Albaniens

ISA BOLETINI (rechts)
albanischer Unabhängigkeitskämpfer und Nationalheld

UMRISS GROẞALBANIENS
von Nationalist:innen angestrebte Vereinigung aller mehrheitlich von ethnischen Albaner:innen bewohnten Gebiete

AUTOCHTHONOUS
Englisch für „einheimisch“

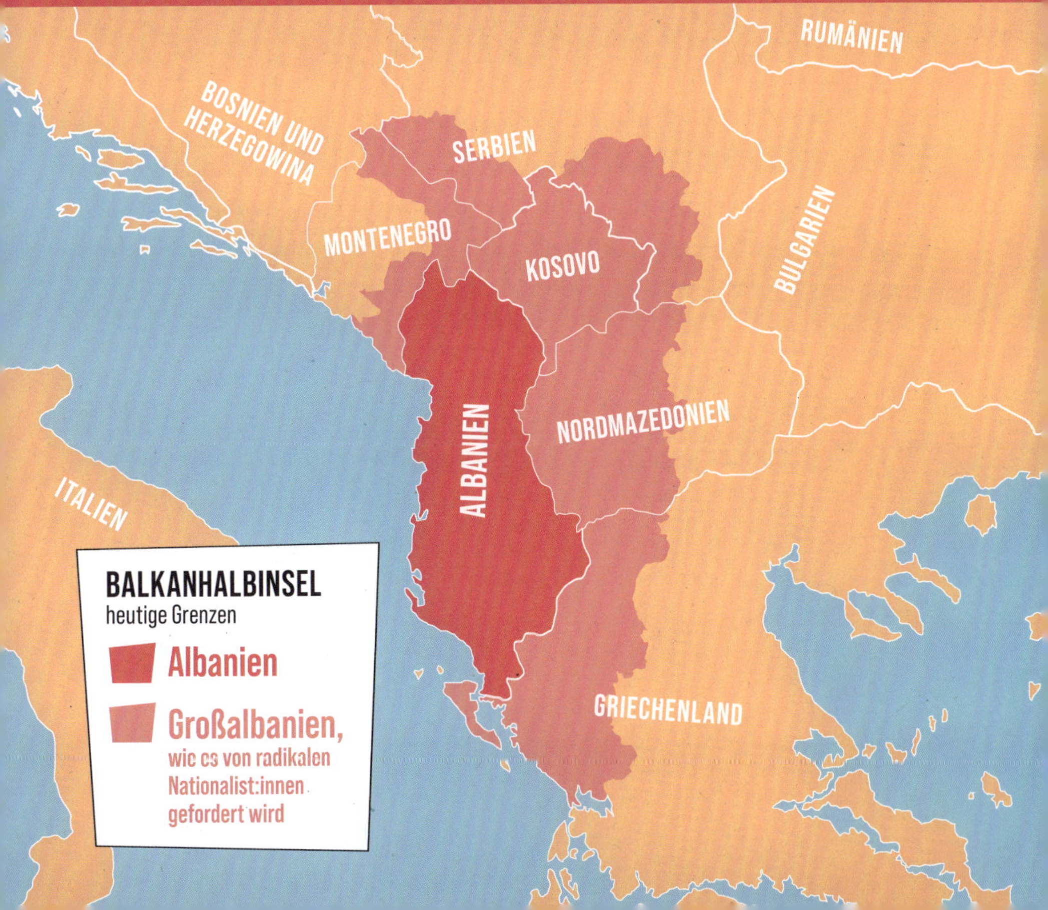

mit Drohne und Flagge zur Kirche zurückkehren. Schon bald aber sollte er von albanischen Nationalisten zum Volkshelden erhoben werden. Nachdem der serbische Spieler – der später zu Protokoll gab, er habe die Flagge lediglich dem Schiedsrichter übergeben wollen – die Flagge aus der Luft geholt hatte, wurde sie ihm von einem albanischen Spieler entrissen. Auf dem Spielfeld brach daraufhin eine handfeste Prügelei aus. Zahlreiche wütende serbische Fans stürmten den Platz und schlugen auf die albanischen Spieler ein. Das albanische Team musste teils unter Schutz der serbischen Spieler in die Kabine flüchten.

Grund für die spätere Popularität Morinas unter albanischen Fans war neben der Provokation hauptsächlich der – durch seine Aktion verursachte – Spielabbruch beim Stand von 0:0 in der 42. Minute. Den Albanern wurde nämlich nicht nur ein Sieg und damit wichtige Punkte auf dem Weg zum Gruppensieg zugeschrieben. Eine zusätzliche Strafe für die Serben sorgte auch dafür, dass diese ohne Aussicht auf einen der begehrten EM-Qualifikationsplätze blieben.

Die Brille des serbischen Ministerpräsidenten

Ernsthafte diplomatische Verstimmungen waren die Folge. So wurde zunächst der Bruder des damaligen albanischen Premiers verdächtigt, hinter der Aktion zu stecken, und noch am selben Abend im VIP-Bereich des Stadions verhaftet. Verschwörungstheorien gingen gar von einer Aktion der Nato, der CIA oder anderer Geheimdienste aus. Den Kranfahrer Morina aber hatte lange niemand auf dem Schirm. Sein Geständnis brachte ihm später neben Anerkennung aus dem Heimatland vor allem zahlreiche Morddrohungen, ein auf ihn ausgesetztes Kopfgeld und einen internationalen Haftbefehl wegen Anstiftung zu rassistischem und ethnischem Hass ein. Doch die Drohnenaktion sollte nicht die letzte Eskapade Morinas gewesen sein.

2015, ein knappes Jahr nach dem Flaggenskandal, wurde Morina nur Stunden vor dem Rückspiel in Albanien von der Polizei verhaftet. Begründet wurde die Festnahme mit illegalem Waffenbesitz – angesichts der großen Menge an illegalen Waffen in Albanien wirkte das jedoch vorgeschoben. Der eigentliche Grund soll eine abermalige

Provokation Morinas gewesen sein, diesmal gegenüber dem serbischen Ministerpräsidenten Aleksandar Vučić. Was war passiert?

Vučić war im Juli 2015 nach Bosnien und Herzegowina gereist, um an einer Gedenkveranstaltung anlässlich des zwanzigsten Jahrestages des Völkermords in Srebrenica teilzunehmen. Weil aber Serbien den Genozid nicht als solchen anerkennt, wurde Vučić von bosnischen Demonstrant:innen angegriffen. Im Zuge der Ausschreitungen traf ihn ein Stein am Kopf, woraufhin seine Brille zersplitterte und offenbar verlorenging.

Dieser Vorfall verleitete Morina Wochen später zu einem folgenreichen Scherz: In einem Youtube-Video erklärte er – wohl das gleiche Modell der Brille in Händen haltend –, diese sei ihm aus Bosnien und Herzegowina zugesandt worden und er würde sie dem Präsidenten bei seinem Stadionbesuch des serbisch-albanischen Rückspiels zurückzugeben. Daraufhin wurde Morina schließlich verhaftet, kam für drei Monate ins Gefängnis und anschließend in albanischen Hausarrest. Nachdem er diesen abgesessen hatte, reiste er ohne Pass zurück in sein italienisches Zuhause. Als er später zum Begräbnis seines Vaters zurück nach Albanien reisen wollte, wurde er an der Grenze erneut verhaftet. Serbien hatte nach ihm fahnden lassen. Dem serbischen Auslieferungsantrag wurde aus Sorge um Morinas Sicherheit allerdings nicht stattgegeben. Stattdessen wurde er nach langem Hin und Her nach Italien überstellt, wo er 2018 freikam.

Morina sagte später, dass die Aktion sein Leben ruiniert habe und er um Verzeihung bitte – aber auch, dass er mächtig stolz darauf sei, sie alleine durchgezogen zu haben. Entschuldigen wolle er sich bei den Gläubigen, die Kirche als Ausgangspunkt für seinen Drohnenflug sei unangebracht gewesen. Hätte sich die Aktion tatsächlich zu einem zwischenstaatlichen Konflikt entwickelt, wäre sein Gewissen sicher um einiges belasteter. Dass hingegen ein Stück Stoff eine derartige Krise auslösen kann, leuchtet vielleicht auch nicht jedem ein.

Der größte Sportler aller Zeiten: ein Nordkoreaner

Echte Sportfans suchen eigentlich immer nach dem *GOAT.* Aber sicher nur die wenigsten von ihnen haben eine besondere Vorliebe für Ziegen. Stattdessen suchen sie die oder den »Greatest of All Time«. Aber wer ist der größte Athlet, die größte Sportlerin? Ist es der Basketballer Michael Jordan, sechsfacher NBA-Champion und Doppelolympiasieger, wie der US-Sportsender *ESPN* behauptet? Oder Muhammad Ali, ebenfalls Olympiasieger und mehrfacher Weltmeister im Schwergewichtsboxen, wie das Olympische Komitee und unzählige Sportsender finden? Oder die 23-fache Gewinnerin von Grand-Slam-Turnieren und vierfache Tennis-Olympiasiegerin Serena Williams? Oder etwa doch der brasilianische Fußball-Dreifachweltmeister Pelé, der in 1.390 Spielen unglaubliche 1.301 Treffer erzielte? Oder einer jener beiden Fußballer, die in den vergangenen 15 Jahren ihren Sport geprägt und Rekorde am Fließband gebrochen haben: Lionel Messi und Cristiano Ronaldo?

Tatsächlich verblassen all ihre Rekorde angesichts der sportlichen Erfolge eines 1,60 Meter großen Mannes, der 1941 im Fernen Osten der Sowjetunion geboren wurde. Sein Name: Juri Irsenowitsch Kim – der Welt besser bekannt als Kim Jong-il. Der zweite Herrscher aus der nordkoreanischen Diktatorendynastie Kim war ein sportliches Multimegatalent!

In jungen Jahren fiel Kim Jong-ils außergewöhnliches sportliches Talent zunächst jedoch gar nicht auf. Zu sehr war er mit anderen Dingen beschäftigt. So komponierte Kim im Alter von zehn Jahren sein erstes Lied, mit zwölf gründete er das Tourismusministerium und mit 15 unterrichtete er Schulkameraden und Lehrkräfte in Geschichte, Philosophie und Politik. Mit 16 beaufsichtigte er den Bau von 20.000 »Luxuswohnungen« für das arbeitende Volk und später sollte er den Kapitalismus besiegen, das beste Schulsystem der Welt entwickeln, bei den drei besten Filmen aller Zeiten Regie führen und die sechs besten Opern überhaupt komponieren. Allein während seiner Studienzeit veröffentlichte er laut offizieller Biografie 1.500 Bücher – gerade einmal 1.498 mehr als der Autor dieser Zeilen.

Dass aber auch sein athletischer Körper dem westlichen weit überlegen war, bezeugen seine sportlichen Erfolge im fortgeschrittenen Alter. In einer Lebensphase, in der europäische, US-amerikanische oder südkoreanische Sportler ihre aktive Karriere längst beendet haben, setzte Kim Jong-il zum sportlichen Höhenflug an. Bei der Eröffnung der *Gold Lane*-Bowlingarena in der Hauptstadt Pjöngjang etwa beeindruckte der Führer 1994, im zarten Alter von 53 Jahren, mit einem perfekten Spiel: zwölf Strikes hintereinander, 300 Punkte. Für Profis stehen die Chancen dafür bei 1 zu 460.

Für die Sportwelt noch viel enttäuschender als sein unmittelbarer Rückzug aus dem Bowlingsport aber war, dass es Kim Jong-il Zeit seines Lebens bei nur einer einzigen Golfrunde beließ. In der Sportart, in der Profis im Schnitt nur bei jedem dreitausendsten Abschlag ein sogenanntes Hole-in-one gelingt – und das auch nur auf kurzen Bahnen –, zirkelte der talentierte Führer den Golfball gleich fünfmal mit nur einem einzigen Schlag ins Loch. Noch mal: in seiner ersten und einzigen Golfpartie! Die international oft angesetzte Zahl von 72 Schlägen für eine Golfrunde (Par) unterbot Kim auf dem *Pyongyang Golf Complex* mit gerade einmal 34 Ballberührungen deutlich. Seiner Leistung am nächsten kam bisher der australische Golfprofi Rhein Gibson mit lächerlichen 55 Schlägen in einer Partie.

Wenngleich auf Kims Zählkarte wohl fast alle Ergebnisse geschönt wurden, so könnte die unglaubliche Zahl der Hole-in-ones tatsächlich einem Fehler der staat-

Wahrscheinlichkeit für Profis, beim Bowling ein „perfektes Spiel“ hinzulegen

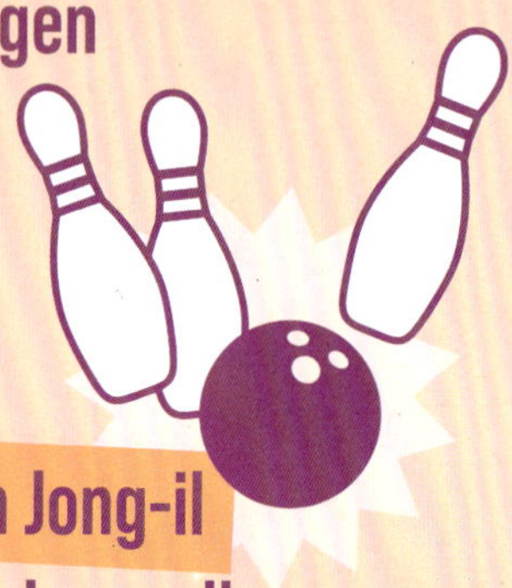

1:460

Anzahl der Bowlingrunden, die Kim Jong-il für ein „perfektes Spiel“ benötigt haben soll

1

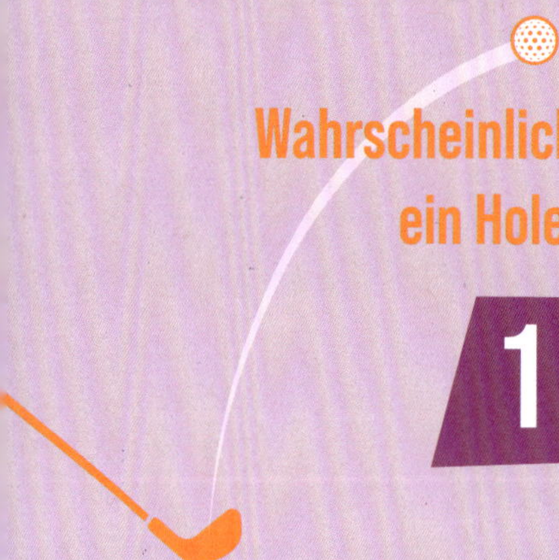

Wahrscheinlichkeit für Profis, beim Golf ein Hole-in-one zu erzielen

1:3.000

Anzahl der Hole-in-ones, die Kim Jong-il bei seiner ersten Golfrunde erzielt haben soll

5

lichen Nachrichtenagentur geschuldet sein. Das fand der US-Golfjournalist Josh Sens während seiner Teilnahme an den nordkoreanischen Amateur Golf Open Jahre später heraus. Laut dem Manager des Golfplatzes soll Kim zwar *selbstverständlich* ein Ausnahmetalent im Golfsport gewesen sein, dessen Caddie habe aber ein etwas unorthodoxes Zählsystem angewandt. So habe er nicht alle Schläge eingetragen, sondern nur die Abweichung von der vorgegebenen Schlagzahl. Kims fünf Loch mit eins über Par soll die staatliche Behörde dann fälschlicherweise als fünf Asse interpretiert haben. Und so nahm die Legende ihren Lauf. Ein anderer Journalist, Eric Ellis, hingegen glaubt hinsichtlich der Entstehung der 34-Schläge-Runde an eine aufgebauschte Story eines überforderten, regimetreuen Golfplatzmitarbeiters. Genau wird man es wohl nie herausfinden.

Kim Jong-il war natürlich auch ein ausgewiesener Taktikfuchs und im Passivsport eine Ausnahmeerscheinung. Seine Tipps rief er Fußballern allerdings nicht einfach von der Seitenlinie zu. Nein, er übermittelte seine Ratschläge dem Trainer mithilfe eines so winzigen Telefons, dass es mit bloßem Auge nicht erkennbar war. So berichtete es Nordkoreas Fußballverbandspräsident Kim Jong-su. Sie ahnen schon, wer diese Technologie eigenhändig entwickelt hat.

Angst macht erfolgreich

Dass Sport in Nordkorea ein wesentlicher Teil der Propagandamaschinerie ist, wird jedem klar, der die spärlichen, mühevoll zusammengetragenen Informationen und Anekdoten von Geflüchteten, Geheimdiensten und ausländischen Expert:innen liest. Der mehr als überraschende Viertelfinaleinzug nach einem 1:0 gegen Italien bei der Herrenfußball-WM 1966 war eine der ersten internationalen Duftmarken des damals noch jungen Staates. Die erste olympische Goldmedaille des Sportschützen Ri Ho-jun sechs Jahre später war dann schon eher ein Vorbote dessen, was von Nordkorea in den nächsten Jahrzehnten sportlich zu erwarten war.

Für die Schützlinge des Regimes reichte es nämlich meist nur in wenigen von Kraft oder Präzision geprägten Einzelsportarten zu Edelmetall bei internationalen Großveranstaltungen. Besonders erfolgreich war man bei Olympia, etwa im Judo, Ringen,

Gewichtheben, Boxen, Turnen oder eben Sportschießen. Bei Winterspielen reichte es lediglich zu zwei Medaillen im Eisschnelllauf und dem damit verwandten Shorttrack. Insgesamt 57 Olympiamedaillen haben nordkoreanische Athlet:innen in den letzten 60 Jahren erkämpft – fast ausschließlich in Sportarten, bei denen harter Drill zu Erfolg führen kann. Goldmedaillengewinner:innen sollen als Dank für das eingeheimste Prestige sogar in relativem Luxus leben und Autos sowie Wohnungen als Prämien erhalten. Auch andere Spitzensportler:innen sollen einen besseren Lebensstandard genießen als gewöhnliche Nordkoreanerinnen und Nordkoreaner und zumindest niemals Hunger leiden.

Die relativ ansehnliche Spielstärke des nordkoreanischen Fußballnationalteams der Frauen vermochte der Staat aber bislang kaum propagandistisch zu verwerten. Viel eher sorgte der offensichtlich schlechte Zustand der Zähne der Nordkoreanerinnen bei der WM 1999 für eine schmerzhafte Blamage des Regimes. Auch wegen eines solchen Risikos werden die Teilnehmenden vor Sportgroßveranstaltungen sorgfältig ausgesucht und auf Schritt und Tritt verfolgt. Nicht einmal alleine zu pinkeln soll ihnen erlaubt sein – die Aufpasser:innen des Regimes weichen ihnen nicht von der Seite. Zu groß ist die Angst, dass jemand fliehen könnte, zu verbreitet die Sorge, dass Sportler:innen das Regime in Interviews bloßstellen oder gar zu viel vom Leben außerhalb Nordkoreas mitbekommen könnten. Das für die Olympischen Winterspiele 2018 im südkoreanischen Pyeongchang zusammengestellte gesamtkoreanische Frauen-Eishockeyteam etwa musste in getrennten Zimmern untergebracht werden, weil Nordkorea einen zu großen Informationsaustausch zwischen den Athletinnen unterbinden wollte.

Denn trotz zwischenzeitlicher Annäherung der verfeindeten Bruderstaaten wird nördlich der innerkoreanischen Grenze weiter mit harter Hand regiert. Deshalb gibt es immer mal wieder Spekulationen über Arbeitslager, die auf erfolglose Wettkämpfer:innen warten. Expert:innen bezweifeln dies jedoch, denn viele Sportler:innen tauchten auch nach verheerenden Niederlagen erneut in den Kadern und bei internationalen Turnieren auf. Sehr wohl soll es gelegentlich aber stundenlange Demütigungen und Schimpftiraden durch Funktionäre gehagelt haben. In unfreiwillig komischer Weise bestätigte auch die Marathonweltmeisterin von 1999, Jong Song-ok, ihre Furcht, ohne zählbaren Erfolg heimzukehren. Nach dem Rennen wurde sie von Reportern gefragt, was sie so schnell laufen ließ. Ihre zweideutige Antwort: »Ich stellte mir stets das Bild unseres Führers vor, das inspirierte mich!«

Größtes Fußballstadion der Welt steht in Nordkorea

Eine besonders bizarre Episode spielte sich jedoch 2011 nach einer 0:2-Niederlage der nordkoreanischen Fußballerinnen gegen die USA ab. Nicht nur wurde der Misserfolg auf einen angeblichen Blitzeinschlag geschoben, der mehrere Koreanerinnen während der Vorbereitung auf das Turnier in Pjöngjang getroffen haben soll. Als einige Spielerinnen später dann auch noch positiv auf Steroide getestet wurden, fand man überdies eine naheliegende Erklärung für die erhöhten Werte: Infolge des Blitzeinschlags seien die Sportlerinnen mit einem Drüsenextrakt des Moschushirsches behandelt worden, das Bestandteil traditioneller chinesischer Medizin ist.

Mitunter wird das stalinistische Regime Nordkoreas in sportlicher Hinsicht mit anderen sozialistischen Ländern wie der DDR oder der Sowjetunion verglichen. Tatsächlich konnte Pjöngjang den kommunistischen Brüdern in Sachen Doping aber nie das Wasser reichen. Trotzdem hält auch Nordkorea auf den Schulhöfen fleißig Ausschau nach jungen Talenten, um sie früh in Kaderschmieden zu stecken und zu drillen. Auch Polizei und Armee unterhalten eigene Sportteams.

Große Ausgaben im Sportbereich waren und sind meist direkt mit propagandistischen Zielen verbunden – wie etwa der Bau des Stadions *Erster Mai* in Pjöngjang. Das Fußballstadion samt Leichtathletikanlage wurde für die kommunistischen Weltfestspiele der Jugend und Studierenden 1989 erbaut. Seine ursprüngliche Kapazität von 150.000 Plätzen wurde etwa bei einem Wrestlingevent mit 190.000 Besucher:innen – unter ihnen Muhammad Ali – oder bei gemeinschaftlicher Gymnastik mit angeblich bis zu einer Viertelmillion Teilnehmenden deutlich überschritten. Noch heute gilt es mit einer geschätzten Kapazität von 114.000 Plätzen als größtes Fußballstadion der Welt. Als Sportarena wird es nur vom indischen Narendra-Modi-Cricketstadion übertroffen, das 132.000 Besucher:innen Platz bietet. Seine Bedeutung für den Fußball ist tatsächlich aber nur gering. Viel eher geht es darum, die Kim-Dynastie zu verherrlichen und als möglichst mächtig darzustellen.

Basketballer im Tausch gegen Weizen

Unter Kim Jong-un, dem dritten »starken Mann« aus der Kim-Dynastie und heutigen Herrscher des Landes, sollen bisweilen bis zu sechs Prozent des nordkoreanischen Haushalts in die Ausbildung neuer Sporttalente fließen. Der Basketballfan soll in seiner Schulzeit in der Schweiz regelmäßig durch detailgetreue Skizzen von Michael Jordan aufgefallen sein. Ein von Jordan signierter Basketball, den US-Außenministerin Madeleine Albright einst Kim Jong-il als Gastgeschenk mitbrachte, soll die Kims gar dazu ermuntert haben, den Basketballsuperstar nach Nordkorea einzuladen. Jordan lehnte allerdings ab. Jahre später tauchte dann aber plötzlich dessen kongenialer und durchaus streitbarer Teamkollege von den Chicago Bulls, der exzentrische Dennis Rodman, als angeblicher Freund des jungen Kim und Friedensvermittler in Pjöngjang auf.

Offiziell hätten die Kims wohl nie einen US-Amerikaner wie Jordan zum größten Sportler des 20. Jahrhunderts erklärt. Nicht zuletzt, weil sie mit Ri Myung-hun selbst um ein Haar den größten NBA-Spieler aller Zeiten hätten stellen können. Zumindest auf dem Papier. Der 2,35-Meter-Hüne konnte sich jedoch nie mit den Besten der Welt in Nordamerika messen. Zahlreiche Talentsucher wollten ihn nach Trainingseinheiten in Kanada Ende der Neunziger zwar in ihr Team holen, ein US-Handelsembargo gegen Nordkorea verhinderte dies jedoch. Als die US-Amerikaner im Jahr 2000 schließlich eine Spielerlaubnis erteilten, sofern keine Anteile von Ris Gehalt nach Nordkorea zurückflössen, wollte ihn das Kim-Regime nicht mehr ausreisen lassen. Ris Einkommen in Form von Weizen an Nordkorea bezahlen, wollten wiederum die USA nicht. Und so platzte der Deal und damit der Traum mindestens zweier Kims, einen nordkoreanischen Spieler in der besten Basketballliga der Welt zu sehen. Eventuell gar im Duell mit dem zweitgrößten Sportler des 20. Jahrhunderts – nach Kim Jong-il.

Aussichtsreich im Rennen um den Titel »größter Sportler des 21. Jahrhunderts« liegt übrigens wenig überraschend auch Kim Jong-un selbst. Nordkoreanischen

Schulbüchern zufolge hat dieser nämlich schon im Alter von drei Wochen das Gehen und mit drei Jahren das Autofahren erlernt. Mit schlappen neun Jahren besiegte er zudem den Geschäftsführer eines internationalen Jachtbauers bei einer Segelregatta. Nun wartet die ganze Welt gespannt darauf, zu welch sportlichen Höchstleistungen sich der relativ junge Machthaber noch aufschwingen wird – wenn er erst einmal das Alter erreicht hat, in dem die Kims für gewöhnlich ihre Weltrekorde aufstellen.

Die 10 größten Stadien der Welt

Standorte und Anzahl der Sitzplätze

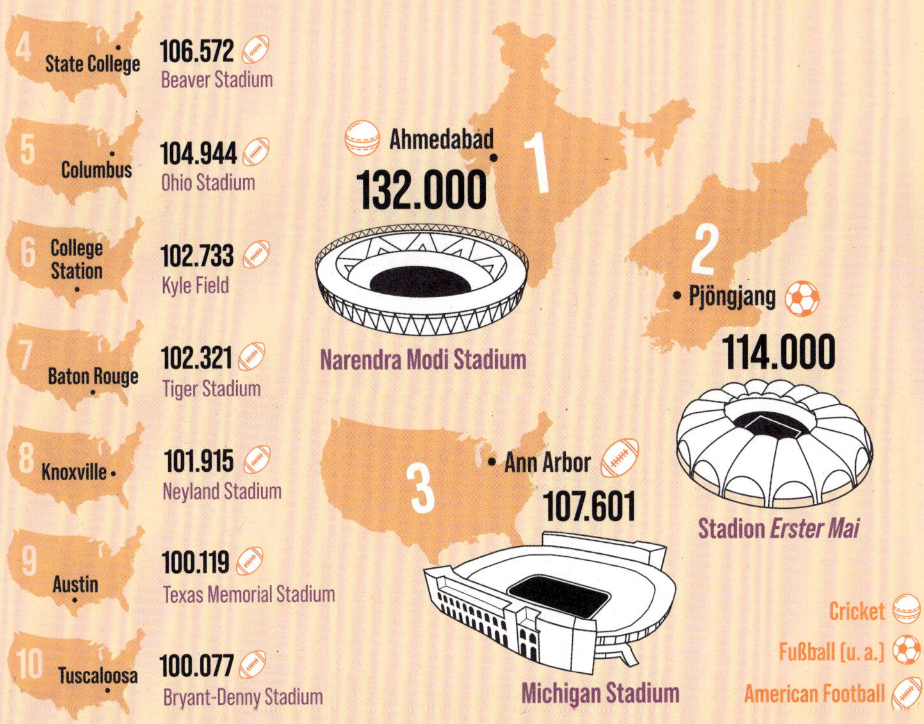

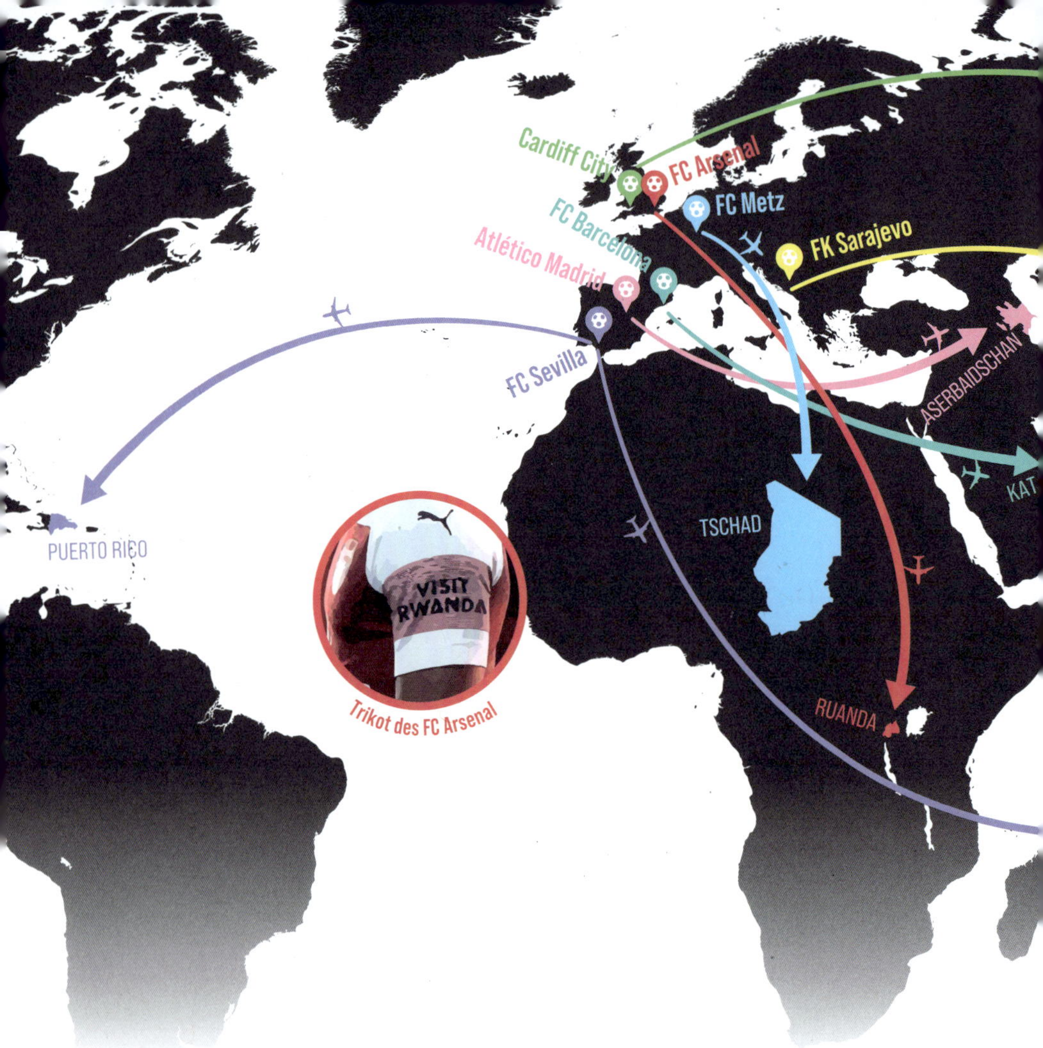

Trikot des FC Arsenal

Sportswashing: Menschenrechtsverletzungen, blütenweiß

Jennifer Lopez für die Eröffnungsfeier, Shakira für die Schlusszeremonie. Man kann den Organisator:innen der U17-Fußballweltmeisterschaft der Frauen 2012 nicht vorwerfen, den Jugendlichen nicht die größtmögliche Bühne für ihr Turnier geboten zu haben. Gespart wurde da wahrlich nicht! Dass aber ausgerechnet Aserbaidschan eine derart

Welche Orte Fußballfans laut der Trikotwerbung ihrer Vereine besuchen sollen

Auswahl, verschiedene Saisons

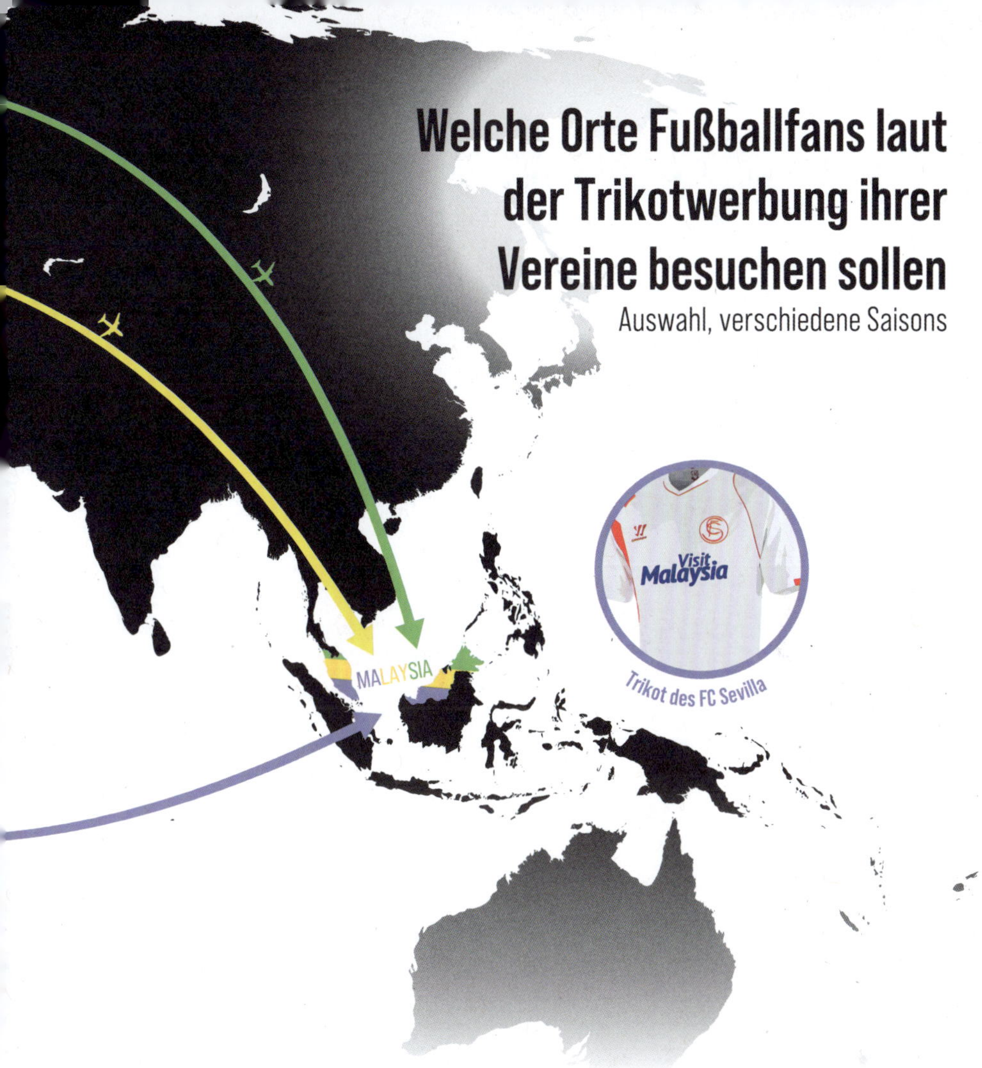

Trikot des FC Sevilla

kostspielige Veranstaltung organisierte, könnte einen schon überraschen. Allerdings nur, wenn man nicht weiß, dass gerade Aserbaidschan zu jenen Staaten gehört, die sich seit Jahren mit sogenanntem Sportswashing hervortun. Angelehnt an die bekannteren Phänomene des Green- oder Pinkwashings geht es beim Sportswashing darum, mit der Ausrichtung von Großevents und dem Sponsoring von Vereinen und Sportler:innen sein Image aufzupolieren. Gerade richtig also für ein Land, das vielen lange vor allem wegen seines dauerhaft lodernden Erdgasfeuers Yanar Dağ, mangelnder Pressefreiheit und regelmäßiger Kriege mit Armenien ein Begriff war.

Auch deshalb zierte vor ein paar Jahren der Spruch »Aserbaidschan – Land des Feuers« die Brust der Fußballer von Atlético Madrid. Zwölf Millionen Euro ließ sich der Südkaukasusstaat die Sportwerbung für eineinhalb Jahre kosten. Und trotzdem ein lohnendes Geschäft für das Feuerland, denn fast 200 Millionen Menschen sahen Atlético im Champions-League-Finale im Fernsehen und Hunderttausende kauften die Trikots mit seiner Werbung.

Atlético, der zweiterfolgreichste spanische Hauptstadtklub, ist für seine außergewöhnlichen Deals mit Sponsoren bekannt. Nach einem Vertragsabschluss mit dem Filmunternehmen Columbia Pictures trugen die Spieler 2003/04 während einer Saison sogar 16 verschiedene Trikots – je nachdem, welcher neue Film gerade beworben werden sollte: von *Spiderman* über *Hellboy* bis *Peter Pan*. Ein fremdes Land als Geldgeber war für viele Fans dann aber doch ungewöhnlich.

Trotzdem nahm das Nationen-Sponsoring im Fußball seither an Fahrt auf. 2016 warb etwa ein US-Außengebiet mit dem Spruch »Visit Puerto Rico« auf den Trikots des FC Sevilla. 2014/15 hatten die Andalusier bereits einen Besuch in Malaysia empfohlen – ebenso wie die Spieler von Cardiff City und FK Sarajevo. »Tschad: die Oase des Sahel« prangte wiederum auf den Jerseys des französischen Erstligisten FC Metz. Und für Dutzende Millionen Euro kaufte sich das ruandische Tourismusministerium mit dem Slogan »Visit Ruanda« zunächst auf die Ärmel des Londoner FC Arsenal und später auf die Aufwärmleibchen von Paris Saint-Germain.

Italienisches Finale am Persischen Golf

Das Team aus dem Westen der französischen Hauptstadt hat sich damit bereits zum wiederholten Mal einen ausländischen Staat als Finanzier ins Boot geholt. Bereits seit einigen Jahren gehört der Verein einem Staatsfond aus Katar. Und auch englische Spitzenvereine lassen sich von Staaten aus dem Nahen Osten kaufen. So sind die größten Anteilseigner von Manchester City Scheichs aus den Vereinigten Arabischen Emiraten, und Newcastle United wird neuerdings über einen Staatsfonds vom saudischen Königshaus kontrolliert. Dieses holte sich auch schon die spanischen und italienischen Supercupfinals an den Persischen Golf. Zum Verständnis: Dabei handelt es sich eigentlich um nationale Wettbewerbe. Die italienischen Klubs Juventus Turin und AC Mailand in der Provinz Mekka gegeneinander antreten zu lassen, ist tatsächlich aber nur mit den üppigen Geldflüssen zu erklären. Seit 2022 leistet sich Saudi-Arabien für mehrere Hundert Millionen US-Dollar Preis- und Antrittsgeld übrigens auch eine Golfserie mit 48 internationalen Profis. US-Superstar Phil Mickelson soll um die 200 Millionen Dollar allein für die Teilnahme erhalten, Tiger Woods eine Summe im Bereich einer Dreiviertelmilliarde abgelehnt haben. Im E-Sport-Bereich kauften die Saudis zuletzt für Milliarden von Dollar Gaminggiganten auf. Und 2029 wird man die Asien-Winterspiele nahe der noch nicht existierenden Planstadt Neom ausrichten – in der staubtrockenen Wüste.

Mit ihren staatlichen Fluglinien sind die arabischen Ölmilliardäre aber ohnehin seit Jahren Stammgäste auf den Trikots der größten Vereine der Welt – siehe etwa Bayern München und Qatar Airways, Real Madrid und Emirates oder Manchester City und Etihad Airways. Im besten Fall steigern sie damit die Touristenzahlen und das Interesse internationaler Investor:innen – freilich ohne lästige Fragen zu Menschenrechten, die in auffällig vielen Sportswashing-Ländern erfolgreicher mit Füßen getreten werden als Fußbälle. Die großen internationalen Sportverbände präsentieren sich dabei oft als dankbare Handlanger und vergeben Olympische Spiele und Weltmeisterschaften in verschiedensten Sportarten immer wieder an Länder mit fragwürdiger Menschenrechtslage. Zuletzt standen bei den Vergaben der Austragungsorte immer wieder Korruptionsvorwürfe im Raum.

Erst waschen, dann bügeln: Waschprofi Putin

Der oberkörperfrei reitende, eishockeyspielende und judokämpfende russische Präsident Wladimir Putin galt jahrelang als Experte im Sportswashing. Keinen Monat nach dem Ende der Olympischen Winterspiele von Sotschi 2014 annektierte er völkerrechtswidrig die wenige Hundert Kilometer entfernte ukrainische Halbinsel Krym. Nur um wenige Monate später mit dem Segen der Formel 1 den ersten Motorsport-Grand-Prix seit mehr als 100 Jahren ins Land zu holen. 2018 präsentierte der Autokrat bei der Fußball-WM Russland als sicher. Gewaltbereite Hooligans ließ er bereits im Vorfeld des Turniers durch Polizei und Inlandsgeheimdienst verhören und einschüchtern. Zahlreiche bekannte Schläger wurden vorsorglich gleich weggesperrt – eine Praxis, die politische Oppositionelle in Russland nur zu gut kennen. Den kollektiven Freudentaumel nach dem 5:0-Heimsieg beim Eröffnungsspiel gegen Saudi-Arabien nutzte Putin dann sogleich zu einer deutlichen Erhöhung von Mehrwertsteuer und Renteneintrittsalter. Der Sport half ihm also nicht nur dabei, international von Völkerrechtsbrüchen abzulenken, sondern auch innenpolitisch unpopuläre Projekte durchzudrücken.

Auch der russische Oligarch Roman Abramowitsch hat die Herzen vieler Fußballfans lange weichgewaschen, wie spätestens im Frühjahr 2022 offensichtlich wurde – nur eine Woche nach dem Überfall Russlands auf die Ukraine: Bei einem Spiel zwischen dem FC Burnley und dem FC Chelsea, der seit Jahren Abramowitsch gehörte, gedachten die Burnley-Fans mit einer Minute Applaus der Opfer und Verteidiger der Ukraine – während die Chelsea-Anhänger den Namen jenes Mannes skandierten, der sein Geld hauptsächlich mit russischem Öl machte, lange einen guten Draht zu Putin gehabt haben soll und nie öffentlich mit ihm brach. Zu jener Zeit wurde Druck auf Verbände ausgeübt, Russland von Sportveranstaltungen auszuschließen, und Abramowitsch sah sich dazu gezwungen, seinen Verein zu verkaufen. Denn er landete schnell auf der Sanktionsliste und es bestand das Risiko, dass seine Vermögenswerte konfisziert würden. Ob Abramowitsch sein Versprechen, die Gewinne aus einem Verkauf des Vereins ukrainischen Opfern zu spenden, wahr gemacht hätte, wird man allerdings nie erfahren. Denn die britische Regierung kam dem Oligarchen zuvor und fror dessen Vermögen ein.

Radeln mit Staaten auf der Brust

Als weltweit lukrativster Markt ist der europäische Profifußball zwar die erste Adresse für internationale Sponsoren, aber auch in anderen Sportarten werben Staaten gerne für sich selbst. Die kasachische Hauptstadt Astana etwa baute ab 2007 um den späteren Olympiasieger und Kasachen Alexander Winokurow ein Radsportteam auf. Das Witzige: 2019 benannte sich der langjährige Sponsor Astana in *Nur-Sultan* um – doch die Mannschaft heißt bis heute *Astana Qazaqstan Team*. Vielleicht entschied man sich deshalb 2022 dazu, die Metropole erneut umzubenennen. 2015 stieg auch Israel mit einem Konglomerat aus staatsnahen Betrieben in den Radsportzirkus ein. Und seit Ende der 2010er mischen Bahrain und die Vereinigten Arabischen Emirate mit eigenen Profiteams und eingekauften ausländischen Topstars äußerst erfolgreich mit. Für die Saison 2022 bedeutete das, dass fast ein Viertel der 18 Teams auf der vom Weltradsportverband veranstalteten UCI World Tour ein Land oder eine Hauptstadt im Namen trugen. 2018 fanden sogar die ersten drei Etappen des Giro d'Italia in Israel statt. Damit startete das prestigeträchtige Radrennen erstmals in seiner über 100-jährigen Geschichte außerhalb Europas. 4,8 Millionen Euro ließ sich Israel die Werbemaßnahme kosten. Umso gereizter reagierten viele Politiker, als die Giro-Verantwortlichen bekanntgaben, das Rennen würde in »Westjerusalem« beginnen. *West*-Jerusalem?! Israel, das Jerusalem mitsamt dem von ihm annektierten palästinensischen Ostteil als seine unteilbare Hauptstadt ansieht, wollte das nicht hinnehmen und drohte gar mit einer Absage. Der Giro-Veranstalter korrigierte daher die Ankündigung: Unter den Augen Tausender Fans und Sicherheitskräfte startete der Giro letztlich in *Jerusalem* – gutes Sportswashing will gelernt sein.

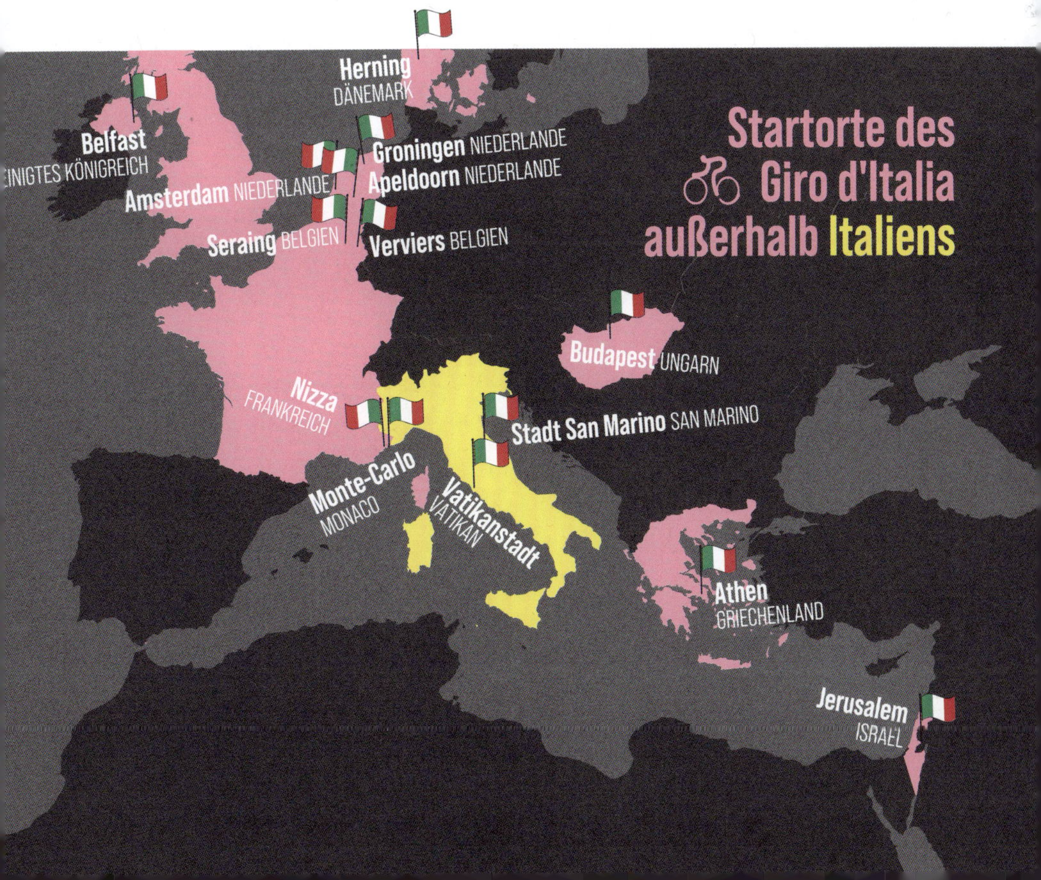

Klimakiller Formel 1?

Die Formel 1 hat ein Problem – ihren Erfolg. Noch vor wenigen Jahren sank das Zuschauerinteresse. Doch seit 2017 die US-amerikanische Firma Liberty Media sich die weltweiten Vermarktungsrechte sicherte und es wieder zu spannenden Titelkämpfen kommt, boomt die Königsklasse des Rennsports so richtig. Der geniale Schachzug von Liberty war es, sich verstärkt auf jüngere Fans und die Vereinigten Staaten zu konzentrieren. Noch 2014 erklärte Formel-1-Geschäftsführer Bernie Ecclestone, dass junge Leute sich nun mal keine Rolex und auch keine Finanzdienstleistungen Zürcher Großbanken leisten könnten. »Mir ist der Siebzigjährige mit reichlich Cash lieber«, sagte Ecclestone. Die Jungen fand er für die finanzkräftigen Sponsoren der Rennserie nicht interessant genug.

Liberty Media sah das anders und schaffte die Trendwende auch mithilfe der *Netflix*-Dokumentation *Drive to Survive*, die seit 2019 die Fahrer und Teams der größten und wichtigsten Motorsportserie der Welt über das ganze Jahr hinweg begleitet. Sie gewährt exklusive Einblicke in die Rivalitäten zwischen den Rennställen und Fahrern – Emotionen ziehen schließlich immer. Die Serie wurde ein weltweiter Hit, zeitweise war sie gar die beliebteste Serie auf Netflix. Drei Jahre nach Start der Dokuserie konnte die Formel 1 rund 40 Prozent mehr TV-Zuschauer:innen in den USA verbuchen, beim Grand Prix im texanischen Austin versammelte sich mit 400.000 Fans die größte Besucher:innenschar aller Zeiten an einer

US-Rennstrecke. Sieben der zehn Rennen mit den höchsten Einschaltquoten weltweit fanden in den Jahren 2017 bis 2021 statt. Und nach dem packenden Vorjahresfinale begann die Saison 2022 gleich mit einem abermaligen Zuschauerrekord. Der Marktwert der Rennserie steigerte sich um unglaubliche 63 Prozent von acht auf 13 Milliarden US-Dollar. Und mit der Aufnahme von Miami als Rennstrecke in den WM-Kalender gelang ein weiterer Marketingcoup – was uns zum Problem der Formel 1 zurückbringt.

Vettel, du Heuchler!

Ihr unglaublicher Erfolg und ihr Expansionsstreben sind nämlich Wasser auf die Mühlen der Kritiker:innen, die eine globale Autorennserie in Zeiten der immer stärker voranschreitenden Klimaerwärmung für unverantwortlich und verzichtbar halten. Doch die Formel 1 wächst weiter. Zwei der prominentesten Kritiker kommen dabei überraschenderweise aus den eigenen Reihen. Neben dem britischen Rekordweltmeister Lewis Hamilton, der wiederholt darauf aufmerksam machte, dass ihm die Bestrebungen nach einer klimaneutralen Formel 1 nicht schnell genug gehen, war das vor allem der deutsche Vierfachweltmeister Sebastian Vettel. Der Heppenheimer, der nach dem Silverstone-Grand-Prix einmal Müll einsammelte und sich für Tempolimits auf deutschen Autobahnen einsetzt, trug zum Premierenrennen in Florida ein ganz besonderes Shirt: »Miami 2060. Erster Unterwasser-Grand-Prix. Handelt jetzt oder schwimmt später.«

Ein Umweltaktivist in einem 1.000-PS-Boliden? Macht ihn das nicht zu einem Heuchler? Doch! Findet übrigens auch Vettel selbst, wie er in einem *BBC*-Interview bestätigte. Er liebe das Rennfahren, doch jedes Mal, wenn er aus dem Auto steige, frage er sich, »ob das etwas ist, das wir tun sollten – um die Erde fliegen, Ressourcen verschwenden«.

Vettel sprach damit das Kernproblem der Formel 1 an. Der Spritverbrauch der Karossen mitsamt allen Tests, Trainings und Rennen ist hoch, macht insgesamt aber gerade einmal 0,7 Prozent der jährlichen Kohlendioxidemissionen des Rennzirkus aus. Auf ein Jahr gerechnet verbrauchen die Boliden mit 150.000 Litern Sprit genauso viel wie eine Boeing 747 auf einem einzigen Zehn-Stunden-Flug. Mit 45 beziehungsweise 27,7 Prozent der CO_2-Emissionen sind die wahren Dreckschleudern die Bereiche Logistik und Personaltransport – also wie man die Autos, Ersatzteile, Mechaniker:innen und Fahrer von A nach B und C und wieder nach B und dann nach D bekommt. Mehr als drei Erdumrundungen wird das Formel-1-Equipment 2023 aufgrund des zickzackartigen WM-Verlaufs zurücklegen – knapp 134.000 Kilometer reine Luftlinie.

Das Rennen gegen das Klima gewinnen

Insgesamt summierte sich der CO_2-Ausstoß im Jahr 2019 auf mehr als eine Viertelmillion Tonnen, wie die Formel 1 selbst berechnete – und das, bevor mit Miami ein 22. Rennen hinzukam. 2023 sollen es gar 24 Rennen werden. Tatsächlich soll der 2019 veröffentlichte Bericht aber den Beginn einer anderen, umweltfreundlicheren Formel 1 markieren. Bis 2030, so der Plan, will man CO_2-neutral sein, 100 Prozent des Treibstoffs soll bereits Mitte des aktuellen Jahrzehnts nachhaltig sein – also entweder synthetisch hergestellt oder aus biologischem Anbau oder Bioabfall kommen. Neben Bilbao in Spanien steht ausgerechnet das erdölreiche Saudi-Arabien als Produzent im Raum. Zudem sollen Einwegplastikverpackungen verschwinden, kein nichtrecycelbarer Müll mehr anfallen und Veranstalter dazu gebracht werden, umweltfreundliche Anreisemöglichkeiten zu schaffen.

Was teils utopisch klingt, kann in der Formel 1 durchaus gelingen, verfügt man doch über die besten aller Ingenieure und Technikerinnen. Schon heute fahren die Formel-1-Wagen mit den effizientesten Hybridmotoren der Welt. Seit jeher wird aus den Motoren das Maximum herausgeholt, um die entscheidenden Zehntel schneller zu sein und den Spritverbrauch zu reduzieren – was auch nichtrasenden 08/15-Autos hilft. Ross Brawn, langjähriger Sportdirektor der Formel 1, verglich die Situation mit der Corona-Pandemie: Im Rennen um einen Impfstoff sei dieser in Rekordzeit geliefert worden, weil es sich um ein globales Problem handelte. Nun habe man eben mit dem »Klimarennen« zu kämpfen und es gilt, zu liefern – ähnlich schnell. In den Rennställen sei zumindest jeder alarmiert ob der klimatischen Entwicklung des Planeten, versicherte Brawn.

Flugverbindung

zu den Strecken der Formel 1 gemäß Rennkalender 2023

Gesamtstrecke

133.600 km

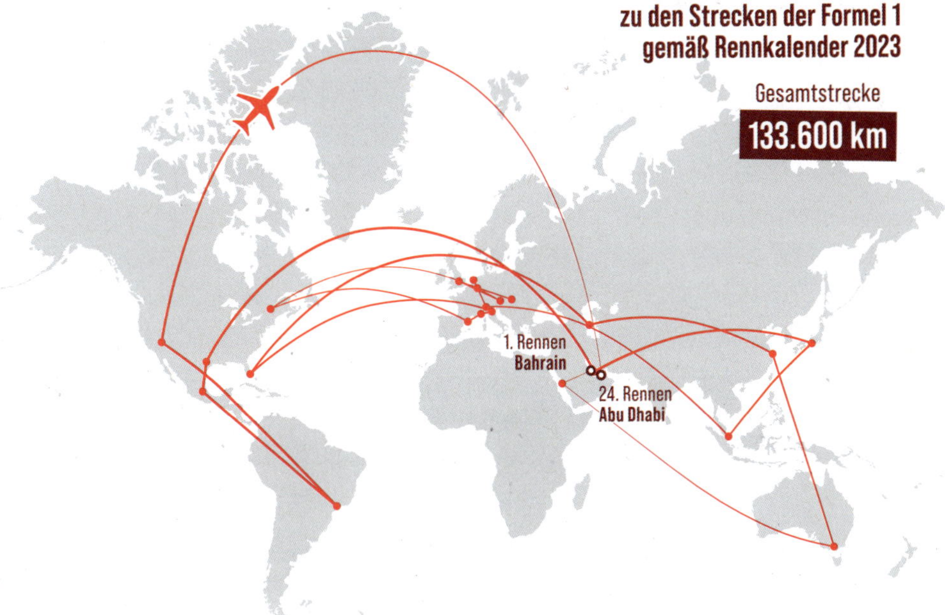

Flugverbindung

bei alternativem Kalender*

Gesamtstrecke

49.650 km

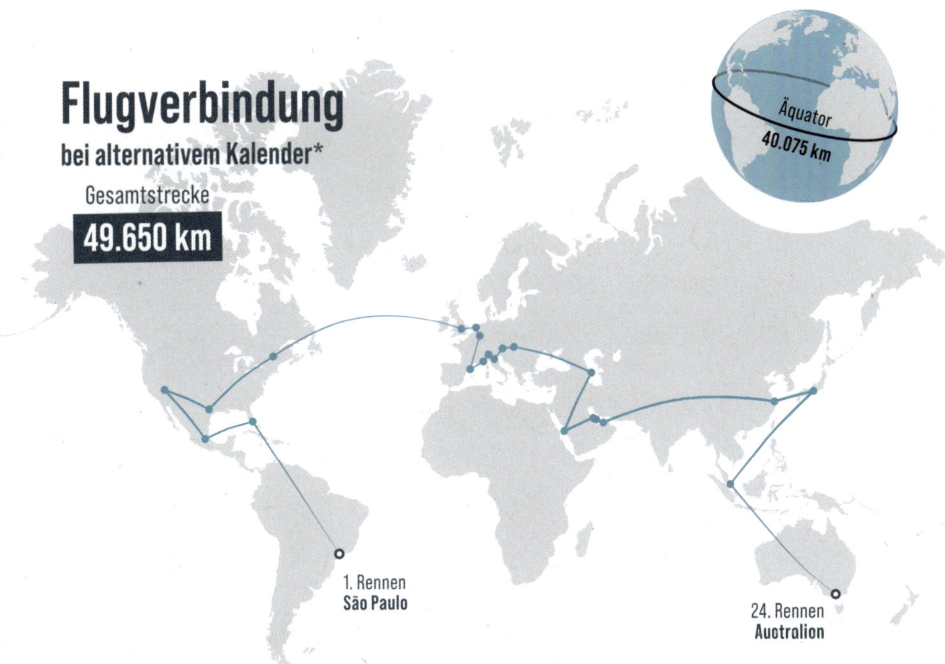

*die Tradition sowie mögliche klimatische Probleme wegen der Jahreszeit werden dabei nicht berücksichtigt

Geschätzter CO_2-Ausstoß der Formel-1-Saison 2019

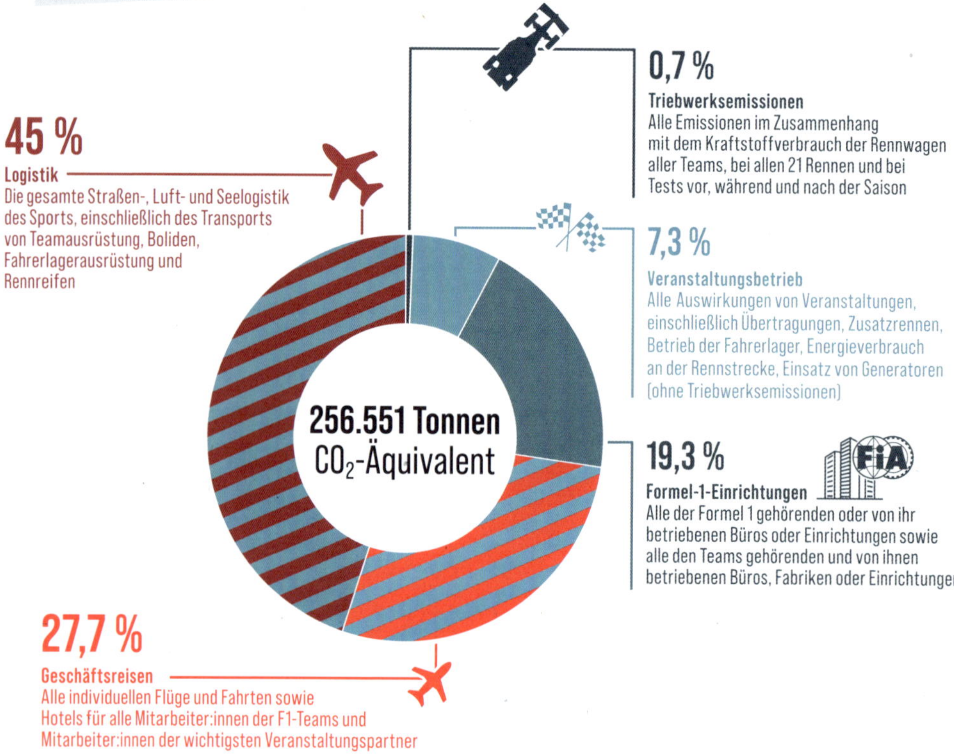

Rundherum elektrifizieren

Dass dennoch auch die Formel 1 Motivationsschübe von außen braucht, zeigte sich während der Pandemie. Sie sorgte für eine Verschlankung des Rennkalenders mit einer Konzentration auf Europa und den Nahen Osten. Dass dieser Trend kein nachhaltiger war, musste zwar jedem klar sein. Hatte man früher aber noch den gesamten Multimediatross im Gepäck, um die Übertragung vor Ort zu stemmen, zwang das Virus die Formel 1 zum Umdenken. Die zentrale Schnittstelle für Übertragungen befindet sich seit 2020 in einem Medienzentrum im britischen Kent. Das spart rund ein Drittel der zu transportierenden Ausrüstung und ein Drittel an Personal im Medienbereich ein – insgesamt 70 Tonnen und Hunderte Passagiere weniger pro Rennwochenende! Das Klima freut's.

Ganz auf einen elektrischen Antrieb der Fahrzeuge umstellen will man in der Formel 1 dennoch nicht. Die 2014 gegründete Formel E mit rein elektrischen Boliden gebe es ja schon, weshalb der Fokus in der Königsklasse eher darauf liege, alles rund um die Verbrenner schnellstmöglich zu elektrifizieren und Rennstrecken mit Solarpaneelen vollzupflastern. Neben den zahlreichen Fragen, die sich in Sachen Menschenrechtspolitik dank Veranstaltungsorten in autoritär geführten Ländern aufdrängen, wird es in der Formel 1 abseits vom Sport künftig also vor allem um ihre Umweltverträglichkeit gehen. Andernfalls gibt es diesen Sport so irgendwann nicht mehr. Oder wie es Sebastian Vettel formuliert: »Was wir als Menschheit machen, ist vermutlich nicht genug. Und wenn wir so weitermachen, haben wir keine Zukunft.« Falls der Grand Prix von Miami 2060 stattfinden kann, wird Vettel Anfang 70 sein. Vielleicht holt er dann sein T-Shirt noch mal aus der Kiste, bevor er im E-Flieger zum klimaneutralen Event in die Staaten reist. Vielleicht braucht er die Badehose nur am Strand und nicht auf der Rennstrecke. Vielleicht sagt er aber auch: »Ich hab's euch ja gesagt«, und hadert immer noch mit seiner Berufswahl.

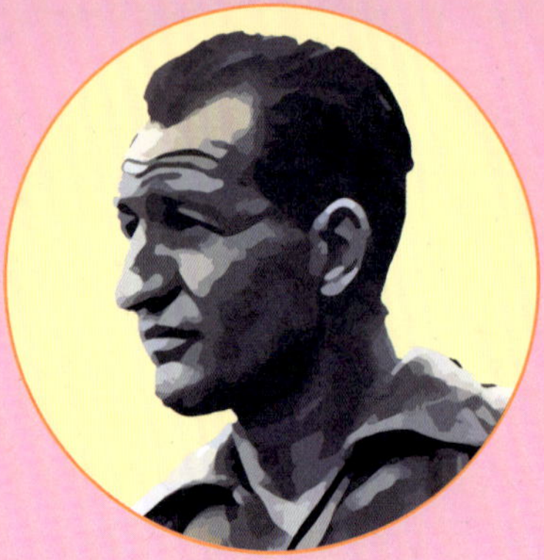

Der Lebensretter auf zwei Rädern

Gino Bartali war auf doppelte Weise eine Legende: gefeierter Radstar und antifaschistischer Widerstandskämpfer. Dabei war der gebürtige Florentiner für den Kriegsdienst wegen eines schwachen Herzens ausgemustert worden und nie sonderlich politisch. Er war streng katholisch, vor allem aber ein Menschenfreund. Bis zu 800 Menschen sollen »Il Pio«, dem Frommen, ihr Leben zu verdanken haben – fast alle von ihnen Jüd:innen. Außerdem soll Bartali auch noch einen italienischen Bürgerkrieg verhindert haben. Aber der Reihe nach.

In den Jahren vor dem Zweiten Weltkrieg avancierte der wortkarge, in sich gekehrte Bartali mit drei Siegen beim Giro d'Italia und einem Triumph bei der Tour de France, dem wichtigsten Radrennen der Welt, zum italienischen Nationalhelden. »Ginettaccio«, »Gino der Schreckliche«, wurde er genannt. Den Spitznamen erhielt er allerdings nicht wegen seiner Persönlichkeit, sondern weil Gegner seine Zermürbungstaktik bei Bergetappen fürchteten. Diktator Benito Mussolini hätte Bartalis Triumph in Paris gerne für seine Propaganda instrumentalisiert – dieser hatte seinen Sieg jedoch bereits der Heiligen Jungfrau Maria gewidmet. Er verweigerte deshalb den *Saluto romano*, den faschistischen »römischen Gruß«, und bekreuzigte sich stattdessen. Weil Bartali neben dem Radfahren als Laienbruder im Karmeliterorden diente, wurde er auch als »radelnder Mönch« bezeichnet. Seine wohl besten Jahre auf dem Sattel raubte ihm dann aber der Krieg. Was die Welt lange nicht wusste: Bartali bestritt ausgerechnet in den Kriegsjahren seine wohl wichtigsten Etappen auf dem Drahtesel.

Gino Bartalis Widerstandsroute

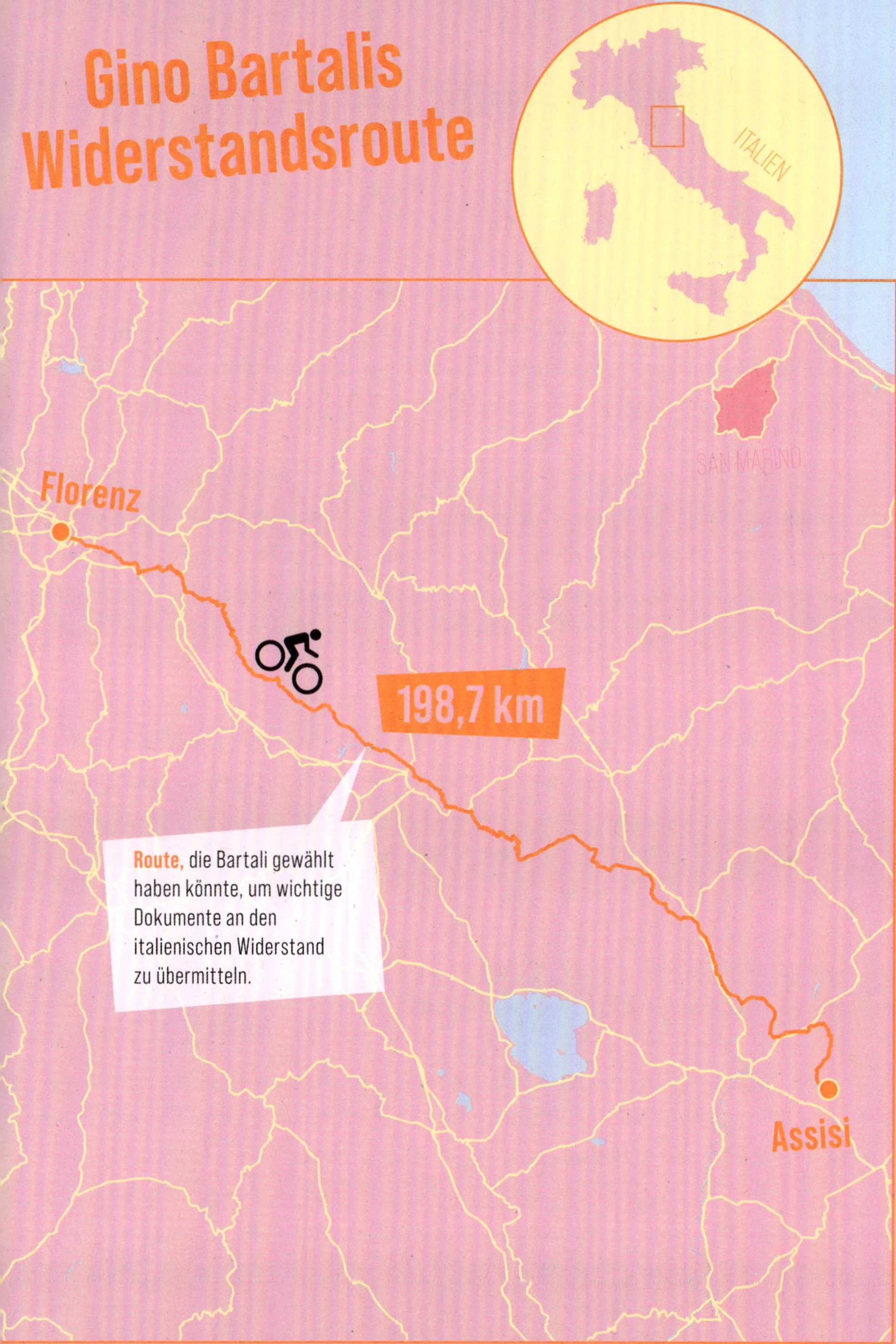

Tausende Kilometer im Widerstand

1943 verlor Italien Sizilien an die Alliierten, Mussolini wurde entmachtet und ein Waffenstillstand vereinbart. In der Folge wurde der Norden des Landes von Nazideutschland besetzt und die Lage der Jüdinnen und Juden verschlechterte sich drastisch. Ihnen drohten plötzlich nicht mehr »nur« Entrechtung und gesellschaftliche Ausgrenzung, sondern Deportation und Vernichtung. Zu jener Zeit kontaktierte Elia Dalla Costa, der Erzbischof von Florenz, den Radstar. Dalla Costa war mit Bartali befreundet, hatte ihn und seine Frau getraut und war zudem schon länger im katholischen Widerstand aktiv. Die Bitte, mithilfe seines Fahrrades Passfotos und Dokumente zu schmuggeln, konnte und wollte der fromme Bartali nicht ablehnen. Dutzende Male absolvierte er die 180 Kilometer lange Strecke zwischen seinem Heimatort Florenz und dem Wallfahrtsort Assisi, wo direkt neben dem Kloster ein Drucker nachts die neuen Pässe anfertigte. Die Ordensschwestern sollen währenddessen nächtelang durchgesungen haben, um den Lärm der Druckerpressen zu übertönen. Oft fuhr Bartali hin und am gleichen Tag wieder zurück. Immer wieder spähte er dabei deutsche Stellungen aus und hielt Ausschau nach Fluchtrouten. Mitunter radelte er sogar bis nach Rom.

Bartali war seiner Bekanntheit und seines Berufs wegen fürs Schmuggeln prädestiniert: Nicht nur blieben ihm Polizeikontrollen meist erspart, er hatte auch eine perfekte Ausrede für seine vielen Touren. Nicht immer kaufte man ihm die ab. Ein Polizeibeamter, der sein Gefährt auseinanderschrauben wollte, konnte nur nach minutenlanger Überzeugungsarbeit und mit Verweis auf die penibelst genaue Kalibrierung des Rades davon abgebracht werden. Hätte ihm der Polizist nicht geglaubt, wäre das Bartalis Ende gewesen: Die geschmuggelten Dokumente verbarg er stets im Sattelrohr und in der Lenkergabel seines grünen Legnano-Fahrrads.

Doch Bartali beließ es nicht beim Schmuggeln von Pässen: In seinem Haus versteckte er eine jüdische Familie, und er soll einmal mehrere Flüchtlinge in einem Anhänger über die Grenze in die Schweizer Alpen gezogen haben. Bei seinen Fahrten soll mitunter auch auf Bartali geschossen worden sein, er entkam aber stets – und wenn es einen Sprung in den Straßengraben oder auf einen Misthaufen erforderte. Einmal ließ er drei Tage Verhöre und Folter über sich ergehen, ohne ein Wort über seine Taten zu verlieren.

Posthume Würdigung

Der Sohn jener Familie, die sich in Bartalis Keller versteckt hielt, trug letztendlich auch zur späten Ehrung des Gino Bartali bei. Für eine Aufnahme in die Halle der *Gerechten unter den Völkern* in der Jerusalemer Holocaust-Gedenkstätte Yad Vashem fehlten nämlich lange Zeit die Beweise für sein selbstloses Handeln. Jener Sohn lieferte sie. Denn Bartali schwieg Zeit seines Lebens zu den Ereignissen, schrieb nichts nieder und erzählte nur seinem eigenen Sohn ausführlich davon. Über Gutes spreche man nicht, man tue es einfach – nach diesem Motto lebte der 2000 verstorbene Bartali, wie seine Nachfahren berichteten.

Und die Sache mit dem verhinderten Bürgerkrieg? Als 1948 auf den Kommunistenführer Palmiro Togliatti ein Attentat verübt wurde, kam es in Italien zu wütenden Protesten der politischen Linken. Ministerpräsident Alcide De Gasperi soll Bartali damals angerufen und um den Sieg bei der anstehenden Etappe der Tour de France gebeten haben, um das Land zu befrieden. Bartali soll nur gesagt haben: »Ich werde es noch besser machen. Ich werde die ganze Tour gewinnen!« Tatsächlich schnappte sich der bereits 34-jährige Bartali den Gesamtsieg und ließ viele Italiener:innen im Freudentaumel den Frust über den Mordversuch vergessen.

Das sportliche Selbstvertrauen Bartalis stand stets im Widerspruch zu seiner Bescheidenheit im Alltag. Als seine Heldentaten nach und nach ans Licht kamen, lehnte er Interviews dazu stets ab. »Gewisse Medaillen heftet man sich nicht an die Jacke, sondern an die Seele«, sagte er, und dass die wahren Helden andere seien: all jene, die leiden mussten. Er sei nur ein Radfahrer. Rückblickend muss man sagen: der vielleicht außergewöhnlichste Radfahrer aller Zeiten.

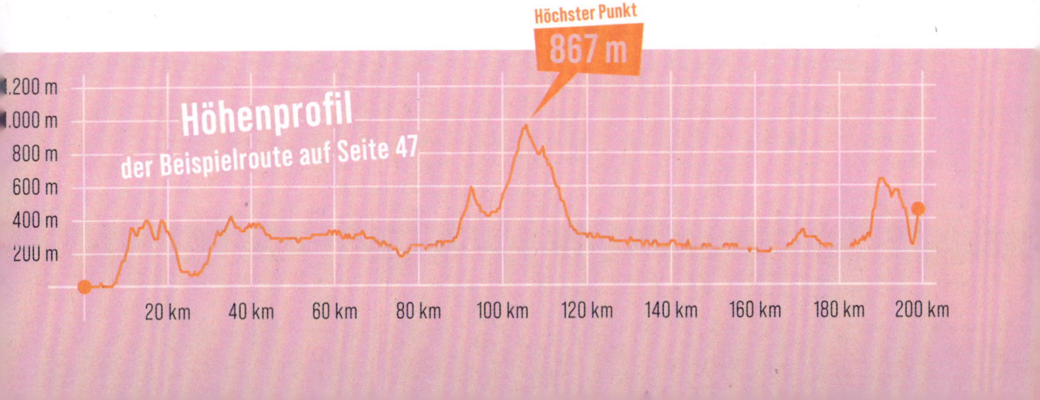

Ich kauf mir Stars für mein Nationalteam

Am 27. Januar 2019 freestylte sich Eileen Gu mit nur 15 Jahren zu ihrem ersten Weltcupsieg im Ski-Slopestyle. Doch keine fünf Tage nachdem für das US-Talent die US-Flagge gehisst und die US-Hymne gespielt worden war, wurde die amerikanische Zukunftshoffnung in China offiziell als chinesische Teilnehmerin für die Winterspiele 2022 in Peking vorgestellt. Die Freestyle-Skierin stand auf einmal im roten Trainingsanzug wenige Meter neben Staatspräsident Xi Jinping, der die Athletinnen und Athleten an die einmalige Chance erinnerte, mit ihren Erfolgen zur »Wiedererweckung der chinesischen Nation« beizutragen. Und auch sonst war Eileen Gu plötzlich Feuer und Flamme für die Volksrepublik. Was war da los? Und wer ist diese junge Frau, um die zwei Weltmächte ringen?

Eileen Gu wurde in San Francisco geboren und wuchs in den USA auf. Ihre Mutter, die Anfang der 90er aus China in die Vereinigten Staaten ausgewandert war, zog die kleine Eileen allein auf und brachte ihr auch das Skifahren bei. Über den US-Vater weiß man wenig bis gar nichts. Gu spricht fließend Mandarin mit nordchinesischem Akzent und besuchte das Reich der Mitte regelmäßig in den Sommerferien. Heute, mit gerade einmal 19 Jahren, hat sie nicht nur einen Studienplatz an der Eliteuni Stanford sicher. Sie ist auch Weltmeisterin, Olympiasiegerin, mehrfache Weltcupgewinnerin, X-Games-Champion – quasi alles, was man in ihrem Sport erreichen kann.

Geburtsland der Spieler:innen der chinesischen Eishockeyteams bei den Olympischen Winterspielen 2022

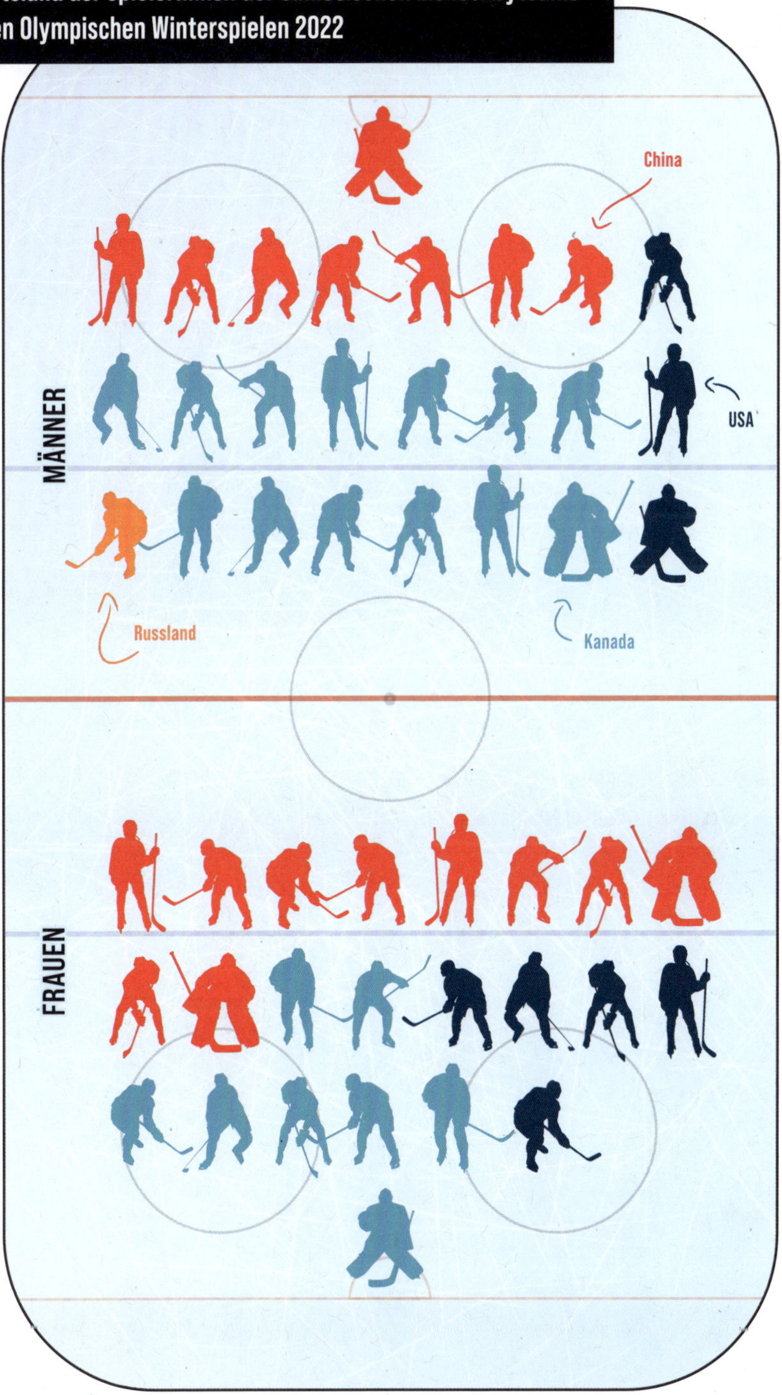

Bei ihrem »Transfer« nach China 2019 stand das alles noch in den Sternen. Für Kenner:innen der Szene waren die Erfolge damals aber durchaus absehbar. Auch Peking wusste, was für eine Wunderwaffe Eileen Gu sein würde.

Obwohl sie seither für China startet, liegt Gus Lebensmittelpunkt nach wie vor in den USA. Ob sie denn noch US-Bürgerin sei, beantwortet sie in den wenigen Interviews, die sie westlichen Medien gibt, nicht. Nach olympischen Regeln jedenfalls müsste sie chinesische Staatsbürgerin sein, um bei Olympia für China antreten zu dürfen. Nach US-Recht wäre eine Doppelstaatsbürgerschaft kein Problem, nach chinesischem Gesetz darf sie hingegen nur *einen* Pass besitzen. Gu selbst meint dazu nur lächelnd: »Wenn ich in den USA bin, bin ich Amerikanerin, wenn ich in China bin, Chinesin.«

Möglicherweise haben die sonst strengen chinesischen Behörden für Gu 2019 eine Art Ausnahme gemacht. Denn die aufstrebende Supermacht China sieht sich zu sportlichem Erfolg verpflichtet – im Sommer wie im Winter. Nicht nur weil es ein milliardenschwerer Wirtschaftszweig ist. Es geht auch um Prestige. Die Blamage von

Anteil der im Ausland geborenen Spieler bei den Fußballweltmeisterschaften der Herren

von jeweils 15 Nationalmannschaften

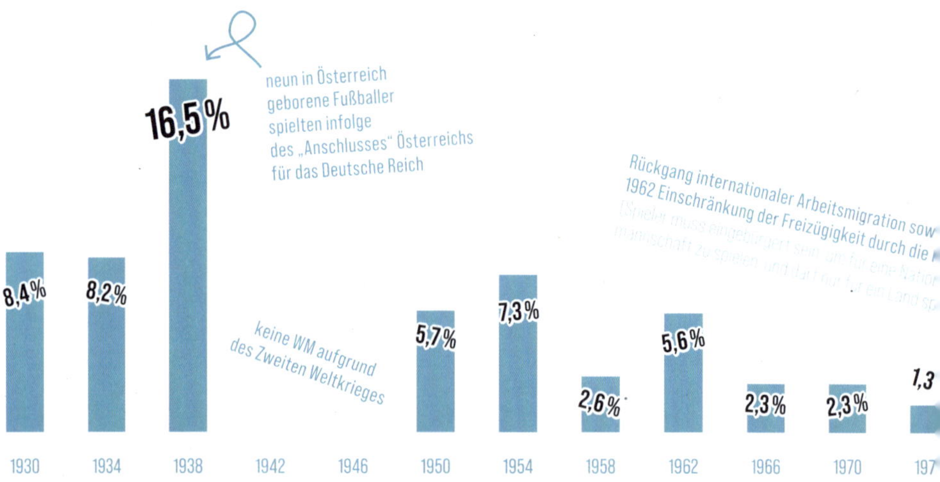

Pyeongchang 2018 mit nur einer Goldmedaille und lediglich Platz 16 im Medaillenspiegel durfte sich keinesfalls wiederholen, schon gar nicht auf heimischem Boden. Und erst recht nicht, wenn die USA, Russland und europäische Staaten regelmäßig abliefern.

300 Millionen Wintersportfans im Breitensport und ein deutlich besseres Ergebnis im Medaillenspiegel war deshalb die Vorgabe der Regierung, als man 2015 den Zuschlag für die Winterspiele 2022 erhielt. Über 346 Millionen Schneesportbegeisterte sollen es geworden sein, vermeldete die Regierung stolz – auch wenn Zweifel an der Zahl angebracht sind. Der beeindruckende Platz drei im Medaillenranking mit nicht weniger als neun Goldmedaillen ist hingegen unstrittig. Allein Eileen Gu holte in den Ski-Freestyle-Disziplinen zwei davon, und noch eine silberne obendrauf.

Neben ihrem mutmaßlichen Freiraum in Staatsbürgerschaftsfragen lässt man Superstar Gu dank ihrer Popularität auch in den Sozialen Medien viele Freiheiten – sogar in den westlichen, die in China sonst streng zensiert sind. Gu macht sich offenbar gut als chinesische Werbeikone. Während der Winterspiele in Peking war ihr Gesicht so gut wie überall in der Stadt zu sehen. Sie zierte in der Vergangenheit nicht nur das Cover chinesischer Ausgaben von Modemagazinen wie der *Vogue*, auch andere globale Marken wie Tiffany's, Adidas, Red Bull oder Louis Vuitton haben das großgewachsene Model längst unter Vertrag.

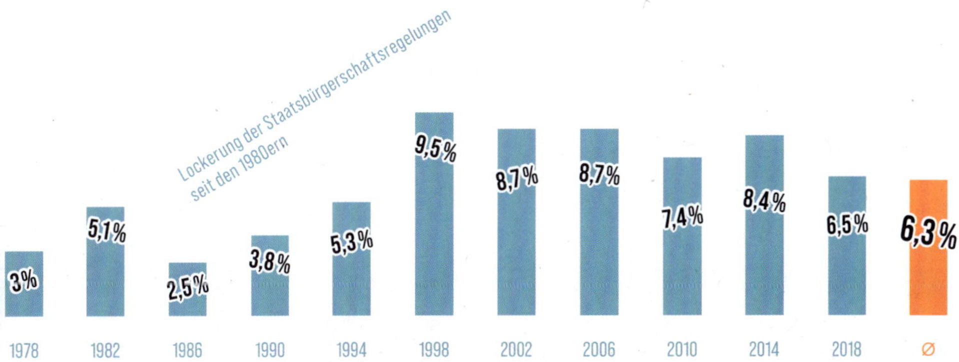

Während sie sich wiederholt für Mädchen- und Frauenrechte starkmachte, schweigt sie zur Menschenrechtslage in der Volksrepublik. Dafür erscheint Gu regelmäßig im chinesischen Staatsfernsehen. In der Eröffnungssequenz einer 28-minütigen Doku über sie schlendert die damals 13-jährige Gu über den Tian'anmen-Platz, wo die kommunistische Staatsmacht 1989 Proteste für mehr Demokratie brutal niederschlug. Ihre Mutter bittet sie, die Aufschrift am Tor des Himmlischen Friedens vorzulesen. »Lang lebe die Volksrepublik China«, sagt Gu, ehe sie für ihre Mutter den Gründervater der Volksrepublik, den Diktator Mao Zedong, auf dessen überdimensional großem Porträt identifiziert. Dass Rot neuerdings ihre Lieblingsfarbe sei, wie sie erklärt, passt in das Bild, das die Partei von Eileen Gu zeichnen will.

Wenn sogar der eigene Fanklub eingekauft wird

Gu war aber freilich nicht die einzige Sportlerin, die vor den Winterspielen 2022 ihre Liebe zum bevölkerungsreichsten Land der Erde wieder- oder gar zum ersten Mal entdeckte. Mindestens 30 weiteren Athletinnen und Athleten erging es genauso, fast alle davon waren auf dem Eis zu finden. 28 der 48 chinesischen Eishockeyprofis, die an den Spielen teilnahmen, wurden außer Landes geboren – sechs hatten nicht einmal chinesische Wurzeln. Gebracht hat es ihnen aus Medaillensicht wenig: Die Herren schieden punktelos aus, bei den Damen war trotz fünf Punkten ebenfalls bereits in der Vorrunde Schluss. Als Gastgeberland und selbsternannte Wintersportnation konnte man aber zumindest Prestigepunkte sammeln. Und genau darum geht es der chinesischen Führung schließlich: international ein gutes Bild abzugeben, sowie da und dort mit sportlichen Erfolgen von innenpolitischen Problemen und Menschenrechtsverletzungen abzulenken. Und zu zeigen, dass man mit China rechnen muss. Ob beim Rennen um die Besiedelung des Mars, beim Duell um die Vorherrschaft im Südchinesischen Meer oder eben beim Kampf um olympisches Gold.

Ist China allein mit dieser Taktik? Keineswegs. Für den Arabien-Pokal des Weltfußballverbandes 2021 in Katar meldete das Gastgeberland 17 eingebürgerte Spieler in seinem 23-Mann-Kader. Sieben stammten aus dem Sudan, je zwei aus Algerien, dem Irak und dem Jemen. Je einer wurde in Ägypten, Bahrain, Ghana und Kap Verde geboren. Auch bei den Sommerspielen 2016 in Rio de Janeiro stammte mehr als die Hälfte der 39 Athlet:innen Katars nicht aus dem Emirat.

Bereits im Jahr zuvor gab es bei der Heim-WM einige Kontroversen um die katarische Handball-Auswahl – ganz abgesehen von den fragwürdigen Schiedsrichterentscheidungen, die dazu beitrugen, dass das Emirat bis ins Finale vorstoßen konnte. Besonders absurd: Nicht nur wurde fast der gesamte Kader eingekauft, auch die Fans wurden extra für das Turnier aus dem Ausland eingeflogen. Die als lauteste Handball-Fangemeinde Spaniens geltende »Peña Furia Conquense« stellte rund die Hälfte der 60 »Söldnerfans«, wie die Männer und Frauen in Weinrot genannt wurden. Die Gruppe – die für gewöhnlich das Team aus der Stadt Cuenca anfeuert – wurde auch deshalb ausgewählt, weil sich ihre Fangesänge relativ einfach auf das ähnlich klingende *Katar* umschreiben ließen. Sie mussten lediglich ins Englische übersetzt werden. Eine Bezahlung gab es angeblich nicht. Den handballbegeisterten Fans soll es gereicht haben, gratis zu den Spielen an den Persischen Golf reisen zu können und in einem luxuriösen All-inclusive-Hotel absteigen zu dürfen. Dafür nahmen sie sogar in Kauf, mit ihren Trompeten, Trommeln und Saxofonen gegen ihr Heimatland Spanien zu jubeln. Die »katarische Weltauswahl«, wie die Mannschaft auch spöttisch genannt wurde, wurde übrigens am besten von ihrem Torhüter verkörpert. Für den ehemaligen Weltklassekeeper Danijel Šarić war es nach Serbien-Montenegro, Serbien und Bosnien-Herzegowina bereits die vierte Nationalmannschaft, für die er spielte.

»Treffe ich, bin ich Franzose. Treffe ich nicht, bin ich Araber«

Erlaubt ist das alles. Fragwürdig ist es im Falle Katars aber vor allem deshalb, weil man die katarische Staatsbürgerschaft – ebenso wie die chinesische – normalerweise nicht gerade leicht erhält. Zwar ziehen ständig Zigtausende Gastarbeiter und Fachkräfte ins Emirat – so viele, dass Kataris mit rund zwölf Prozent selbst nur eine deutliche Minderheit im eigenen Land sind. Trotzdem sind Einbürgerungen per Gesetz nur für einige handverlesene Personen vorgesehen, die dafür durchgehend 25 Jahre in Katar gelebt haben und fließend Arabisch sprechen müssen. Dass aber ausgerechnet ein paar Sportler, nicht aber Ärztinnen, Ingenieure oder Physikerinnen, die seit Jahren im Land leben, dem Emir von Katar eine Einbürgerung wert sind, lässt viele staunen.

Einbürgerungen und Personen mit mehreren Staatsbürgerschaften gibt es in einer immer mobileren Welt selbstverständlich immer häufiger. Schon 1934 bürgerte etwa Italien für die anstehende Fußballweltmeisterschaft vier Südamerikaner mit italienischen Wurzeln ein. Heute beherbergt so gut wie jeder Staat aufgrund von Fluchtbewegungen, wirtschaftlicher Migration oder Liebesbeziehungen Dutzende Spitzensportler:innen, die anderswo geboren wurden. Das macht menschliche Vielfalt aus. Oft lässt die Herkunft der Starspieler:innen mancher Nationen – etwa der Niederlande oder Frankreichs – aber auch auf deren belastete, koloniale Geschichte zurückschließen. Regelmäßig hört man von Athlet:innen, die ihre Staatsangehörigkeit für den Sport gewechselt haben, dass in ihrer Brust eigentlich zwei Herzen schlagen würden, sie sich aber für das aussichtsreichere Nationalteam entschieden hätten. Und dass sie dem neuen Land für die entgegengebrachte Hilfe etwas zurückgeben möchten. Allerdings lassen solche Transfers auch immer wieder den Rassismus in der Gesellschaft zutage treten. Karim Benzema, der im französischen Lyon geborene Stürmerstar mit algerischen Wurzeln, brachte die »flexible« Unterstützung vieler französischer Fans einmal auf den Punkt: »Treffe ich, bin ich Franzose. Treffe ich nicht, bin ich Araber.«

Manchmal brauchen Sportler:innen aber auch nur einen neuen Pass, um ihren Lieblingssport professionell weiter betreiben und damit Geld zu verdienen zu können. In manchen Ländern und Sportarten ist die Leistungsdichte derart hoch, dass die Athlet:innen sich einen neuen nationalen Verband suchen müssen, um weiterhin aufgestellt zu werden. Diese harte Konkurrenz betrifft etwa den brasilianischen Fußball oder das österreichische Skiteam. Die Sportler:innen stellen ihren Patriotismus dafür hintan – oder haben einen solchen gar nie empfunden.

Dass Talente für Sportgroßveranstaltungen international geradezu »eingekauft« werden, wirkt dennoch einigermaßen bizarr. Denn eigentlich fußt der dahinterstehende – politisch oft ungesunde – Nationalstolz ja darauf, dass die eigene

Nation besser ist als die anderen. Stolz ist man auf die österreichischen Snowboarderinnen nicht nur, weil sie so schnell den Hügel runterfahren, sondern vor allem, weil sie schneller sind als die Deutschen und Italienerinnen. Das lässt sich problemlos auf die deutschen Rodler, die Schweizer Abfahrerinnen oder die slowenischen Skispringer übertragen. Wenn eine chinesische Ski-Freestylerin ihre US-Gegnerinnen schlägt oder die katarische Fußballmannschaft sich zum dominierenden Team im Nahen Osten hochkickt, ist das nicht anders. Wenn man sich für die sportliche Besserstellung gegenüber anderen Nationen aber an Talenten aus aller Welt bedient, was ist der Nationalstolz dann noch wert? Geht es dann vielleicht doch um mehr als nur den Sport?

Die WM der verbotenen Staaten

Unvergessen, dieses Sommermärchen! Es ist der 5. Juni 2016, das Flutlicht erhellt das 4.300 Fans fassende Dinamo-Stadion in Sochumi am Schwarzen Meer. Die Männer in den blauen Trikots wähnen sich schon als Sieger. Doch kurz vor Schluss, in der 88. Minute, erzielt Ruslan Schonija doch noch den 1:1-Ausgleichstreffer für Abchasien und zwingt Punjab in die Verlängerung des Weltmeisterschaftsfinales. Anschließend das packende Elfmeterschießen. Die Nerven liegen blank. Und dann scheitert Aaron Minhas tatsächlich vom Punkt! Der dritte Fehlschuss der Punjabis bedeutet, dass Wladimir Argun den ersten WM-Titel für die Männer aus dem Südkaukasus klarmachen kann. Er trifft und stürzt eine ganze Region in kollektiven Freudentaumel! Abchasien ist Weltmeister!

Was? Sie erinnern sich nicht? Echt nicht? Sind Sie überhaupt ein echter Fußballfan, wenn Sie nicht einmal die jüngeren WM-Finals parat haben?

Keine Sorge, Sie lagen nicht im Koma. Stattdessen waren Sie an diesem Tag vermutlich mit der schweizerischen Volksabstimmung zum bedingungslosen Grundeinkommen beschäftigt oder mit der Trauer um den kurz zuvor verstorbenen Boxchampion Muhammad Ali oder den letzten Vorbereitungen Ihrer Nationalmannschaft auf das »echte« Fußballgroßereignis, die Europameisterschaft in Frankreich. Dass an diesem

Abend eine Fußball-WM zu Ende ging, haben wirklich nur die fanatischsten aller Fußballfreaks mitbekommen. Wie kann das sein?

Alle vier Jahre lockt die »echte« WM, das vom Weltfußballverband Fifa ausgerichtete Turnier, mehr als die halbe Weltbevölkerung in die Stadien, vor die Fernseher oder auf die Fanmeilen. Denn alle Uno-Staaten sind Mitglied der Fifa – na ja, zumindest fast. Nur acht Länder gehören nicht dazu: Kiribati, die Marshallinseln, Mikronesien, Monaco, Nauru, Palau, Tuvalu und das Vereinigte Königreich, das seine Landesteile lieber einzeln aufs Feld schickt (siehe Seite 130). Und dann gibt es da noch eine Reihe von Staaten, die offiziell gar keine sind und daher nicht in die Fifa aufgenommen werden dürfen. Dabei handelt es sich um Länder wie die Türkische Republik Nordzypern, Abchasien oder Jersey, die auf dem diplomatischen Weltparkett nicht als souverän anerkannt werden.

Duelle zwischen Nationen, die sich als Staaten sehen

Dass man ihnen die Eigenständigkeit abspricht, liegt daran, dass die Welt derzeit in ein System von rund 200 Staaten unterteilt ist. Ein System, das von ebenjenen rund 200 Staaten gestützt und getragen wird. Sie akzeptieren einander grundsätzlich und haben sich darauf verständigt, dass sie alle die gleiche Daseinsberechtigung haben – auch wenn sich manche als gleicher verstehen als andere. Sie haben diplomatische Vertretungen in den jeweils anderen Ländern und treten miteinander in Kontakt, sei es kulturell, politisch, wirtschaftlich oder eben im Sport. Internationale Duelle – also solche *zwischen den Nationen* – machen nur dann Sinn, wenn akzeptiert wird, dass es eine bestimmte Anzahl von Staaten gibt und wenn genügend davon bereit sind, gegeneinander anzutreten.

Doch egal wie viele internationale Organisationen man betrachtet, eine identische Zusammensetzung ihrer Mitglieder findet man aufgrund unterschiedlicher Anerkennungen selten. Während ein Land in der einen als eigenständig gelten kann, wird es in einer anderen möglicherweise nicht akzeptiert. Wie Abchasien, das sich seit dem russischen Angriff auf Georgien 2008 als eigenständige Republik präsentiert, als solche aber nur von Russland, Nicaragua, Venezuela, Nauru und Syrien anerkannt wird.

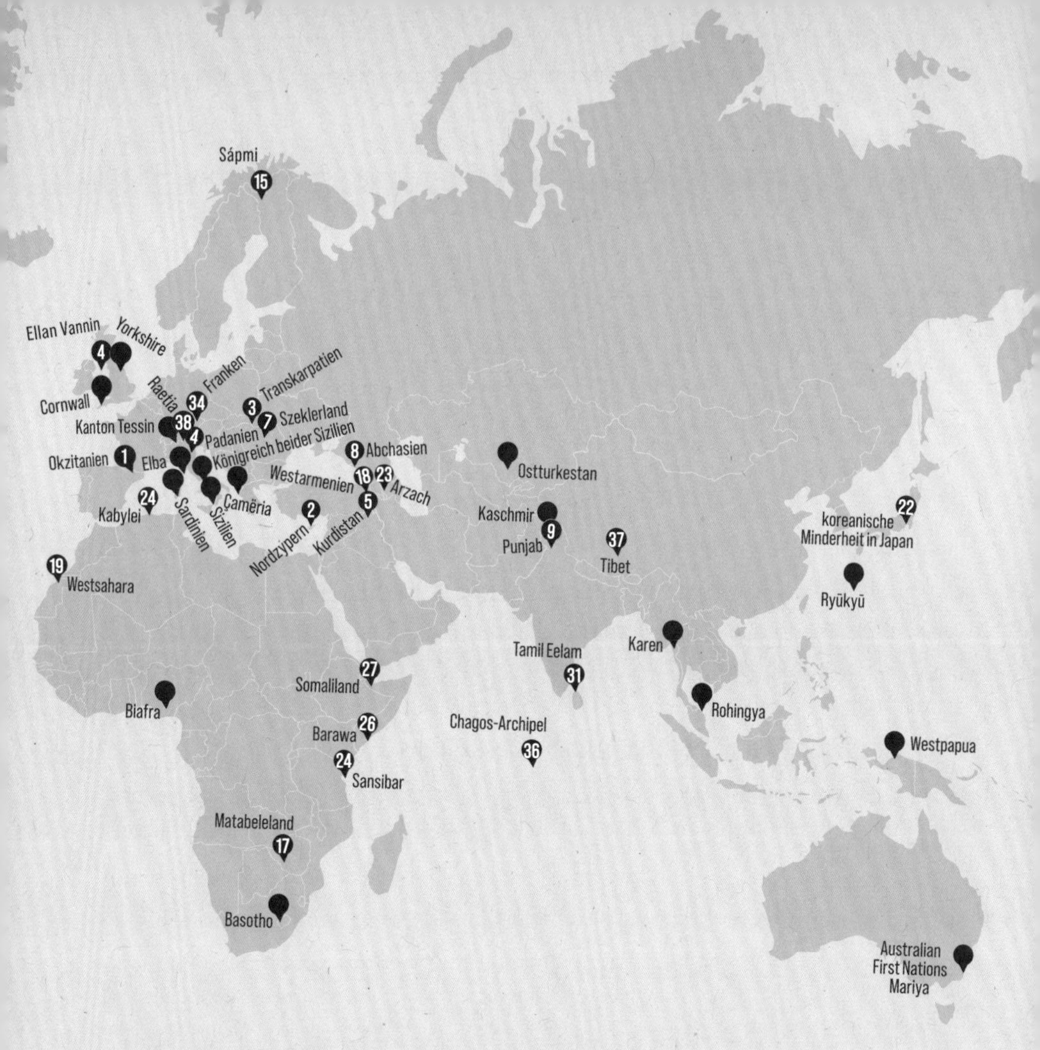

Oder wie Taiwan, das von der Weltgemeinschaft im Zuge der Ein-China-Politik der großen Volksrepublik mehrheitlich fallen gelassen wurde. Oder wie die Samen, bei deren Siedlungsgebiet sich der Klub der 200 mehrheitlich einig ist, dass Sápmi, nördlich des skandinavischen Polarkreises, kein eigenes Staatsgebilde ist – vor allem, da es am Staatsgebiet Norwegens, Schwedens, Finnlands und Russlands knabbern würde.

Ein internationales Kräftemessen auf dem grünen Rasen ist für diese Länder, die laut den anderen keine sein dürfen, demnach eigentlich nicht möglich. Für all diese nicht anerkannten Staaten, autonomen oder nach Autonomie strebenden

Mitglieder der Conifa

und Platz auf der Conifa-Weltrangliste, Stand 6. Oktober 2022

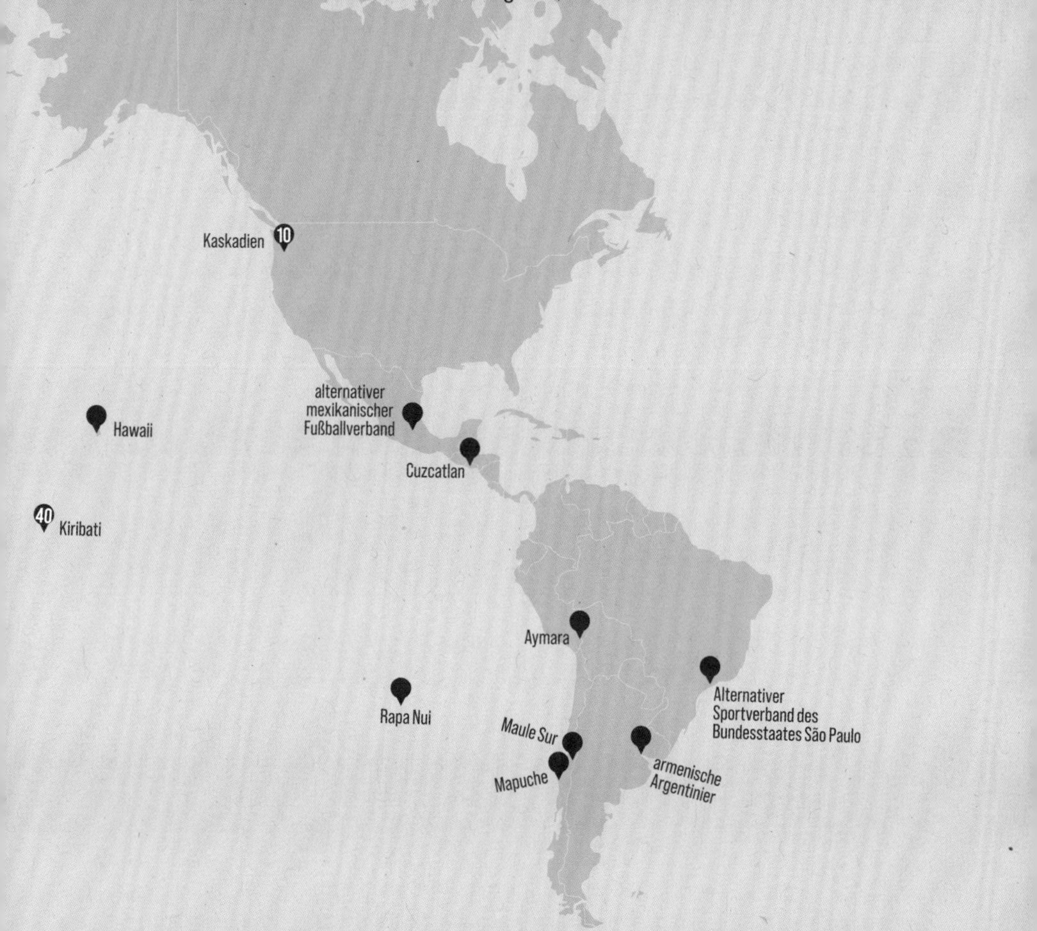

Regionen, die weltweit verteilten Diasporas, Nationen ohne eigenes Territorium, ethnischen Minderheiten und Zwergstaaten gibt es deshalb eine ganz eigene Weltfußballorganisation: die Conifa. Die Außenseiter haben sich einfach zusammengetan und veranstalten im Kreise der Konföderation unabhängiger Fußballverbände die sogenannte Weltfußballmeisterschaft (WFM). Sie gilt als inoffizieller Nachfolger des zwischen 2006 und 2012 insgesamt fünfmal ausgetragenen Viva World Cups und als aktuell größte und bekannteste Alternativveranstaltung zur WM der Fifa.

Zu den Teilnehmern zählten neben den drei Conifa-Weltfußballmeistern Abchasien, Padanien und der Grafschaft Nizza bisher unter anderem auch die Türkische Republik Nordzypern, Westarmenien, Kurdistan, die Vereinigten Koreaner in Japan, Matabeleland, Okzitanien, Südossetien, Tibet, Somaliland und das bisher punkt- und torlose Darfur.

Nationalismus und Kommerz statt Freundschaft und Inklusion

Dass vor so gut wie jedem Turnier meist mehr Mannschaften genannt wurden, als schlussendlich antraten, hat verschiedene Gründe. Mal fanden die Meisterschaften in Krisengebieten wie Abchasien statt, was die An- und Abreise nur über das russische Sotschi möglich und dadurch kompliziert machte. Mal fehlten die notwendigen Visa für die Einreise oder gar die Ausreiseerlaubnis aus dem eigenen Staat. Lange hatten die Conifa-Verantwortlichen beispielsweise dafür gekämpft, dass Darfur an der WFM 2014 in Sápmi teilnehmen durfte, und erst Stunden vor Abflug die dafür nötigen Visa der französischen Botschaft erstritten. Kurz nach der Ankunft floh jedoch nahezu das gesamte Team Darfurs, um in Schweden ein neues Leben zu beginnen (siehe Seite 116). Und auch bei dem einen oder anderen Staatspräsidenten musste schon direkt interveniert oder um einen Zuschuss für die Flugkosten gebeten werden.

Immer wieder übersteigen die Kosten die finanziellen Mittel der kleinen Verbände und verhindern so deren Teilnahme an den Turnieren. Nicht zuletzt deshalb gibt es auch zahlreiche kontinentale Verbände und regionale Turniere, die es vielen Fußballteams erlauben, sich »international« zu messen. So gibt es neben der Conifa-Europameisterschaft beispielsweise auch die Europeada, ein Turnier nationaler und ethnischer Minderheiten in Europa. Dreifacher und bislang einziger Titelträger ist Südtirol. Bei den sogenannten Island Games hingegen treffen alle zwei Jahre Mannschaften verschiedener autonomer Inselgebiete wie Ålands, Bermudas, der Falkland-Inseln, Guernseys, der Isle of Man, Menorcas oder Sankt Helenas aufeinander. Fußball ist dabei nur eine von vielen Sportarten, in denen die beste Inselnation gesucht wird. Ein vom französischen Fußballverband FFF finanziertes Turnier zwischen französischen Überseegebieten wurde allerdings nach nur drei Ausgaben und mit La Réunion als Rekordchampion aus Kostengründen eingestellt.

Mindestens so hart wie auf dem Platz ging es bei der Conifa in den vergangenen Jahren auch verbandsintern zu. Neben der Sorge, dass nationalistische und mitunter fremdenfeindliche Strömungen zunehmend Interesse an den Turnieren zeigten, um so Abspaltungsgedanken zu schüren, entzündete sich vor allem auch Streit über die allgemeine Ausrichtung des größten Inoffiziellenverbandes. Während sich ein Flügel für eine Professionalisierung und Kommerzialisierung der Strukturen einsetzte, wollte ein zweiter den gemeinschaftlichen Charakter der Turniere beibehalten. Die Vertreter:innen dieser Fraktion verlangten beispielsweise, dass man auch weiterhin bei Freundschaftsspielen Punkte für die Qualifikation zum Turnier sammeln könne – wobei sich sogar Niederlagen positiv auswirken. Hauptsache, man spielt. Wenngleich Inklusion eigentlich an oberster Stelle der Conifa-Prinzipien steht, setzte sich derjenige Flügel durch, der nur noch die besten Mannschaften bei Turnieren sehen will.

Das Resultat war wieder einmal eine Spaltung, sodass mit der World Unity Football Alliance (Wufa) nun eine weitere Alternative zur Fifa existiert. Mit rund zwei Dutzend Mitgliedern aus Asien, Europa, Afrika, Nord- und Südamerika stehen die Chancen gut, dass schon bald bei einer weiteren WM mitgefiebert werden kann. Sie wird kaum Aufmerksamkeit erzeugen, nur einen Bruchteil an Fans anlocken – und dennoch irgendwo für eine berauschende Partynacht sorgen

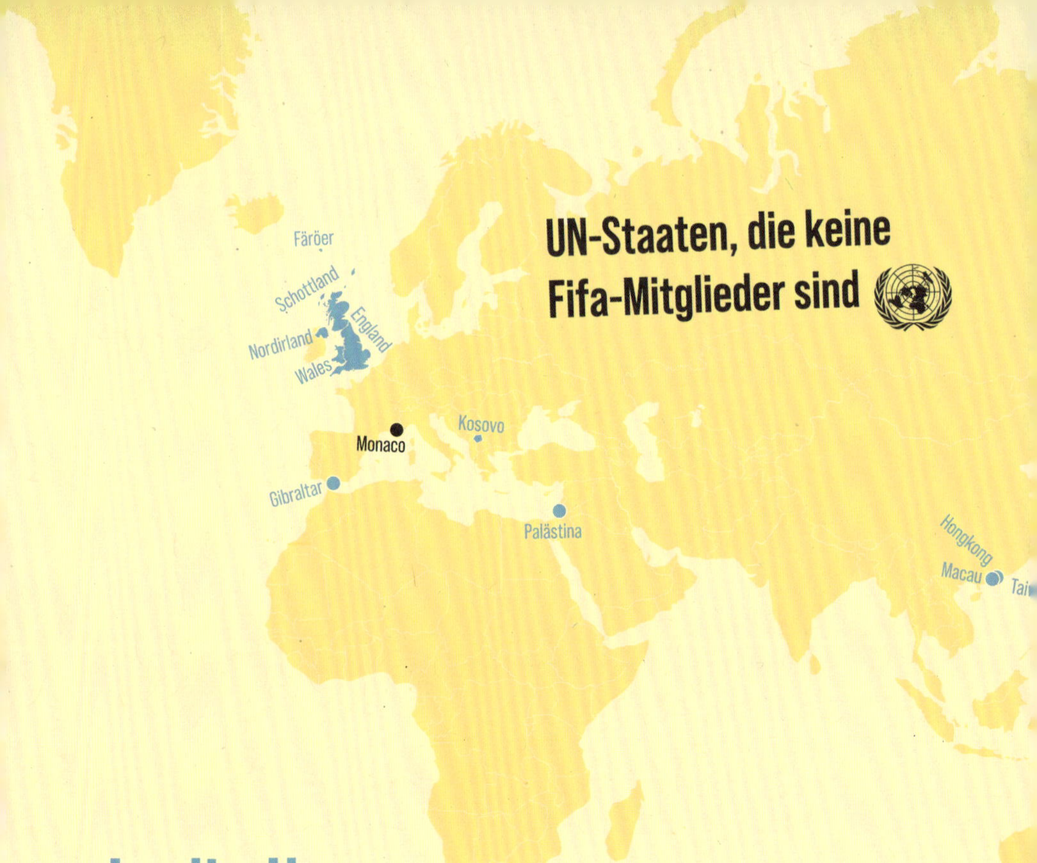

In die Uno durch die Hintertür

Olympisches Gold zu gewinnen, ist für die meisten Sportlerinnen und Sportler der Höhepunkt ihrer Karriere. Viele haben ihr ganzes Leben darauf hintrainiert und große Entbehrungen auf sich genommen. Der Wert einer olympischen Goldmedaille ist für sie mit Geld nicht aufzuwiegen. Zumindest fast nicht! Denn hin und wieder trennt sich die eine oder der andere von der Auszeichnung und sie landet bei einem Auktionshaus – sei es aufgrund finanzieller Nöte oder um Spenden für einen guten Zweck zu sammeln. 2012 etwa versteigerte Boxer Wolodymyr Klytschko, der auch mehrfach Weltmeister war, seine 1996 errungene Goldmedaille zugunsten der Klitschko Foundation, die benachteiligte Kinder in Bildung und Sport unterstützt. Das erfolgreiche Gebot betrug eine Million Dollar. Klytschko aber sollte sich nicht vom Edelmetall trennen müssen: Denn der erfolgreiche Bieter zahlte, gab die Medaille jedoch unmittelbar zurück.

Fifa-Mitglieder, die keine UN-Staaten sind

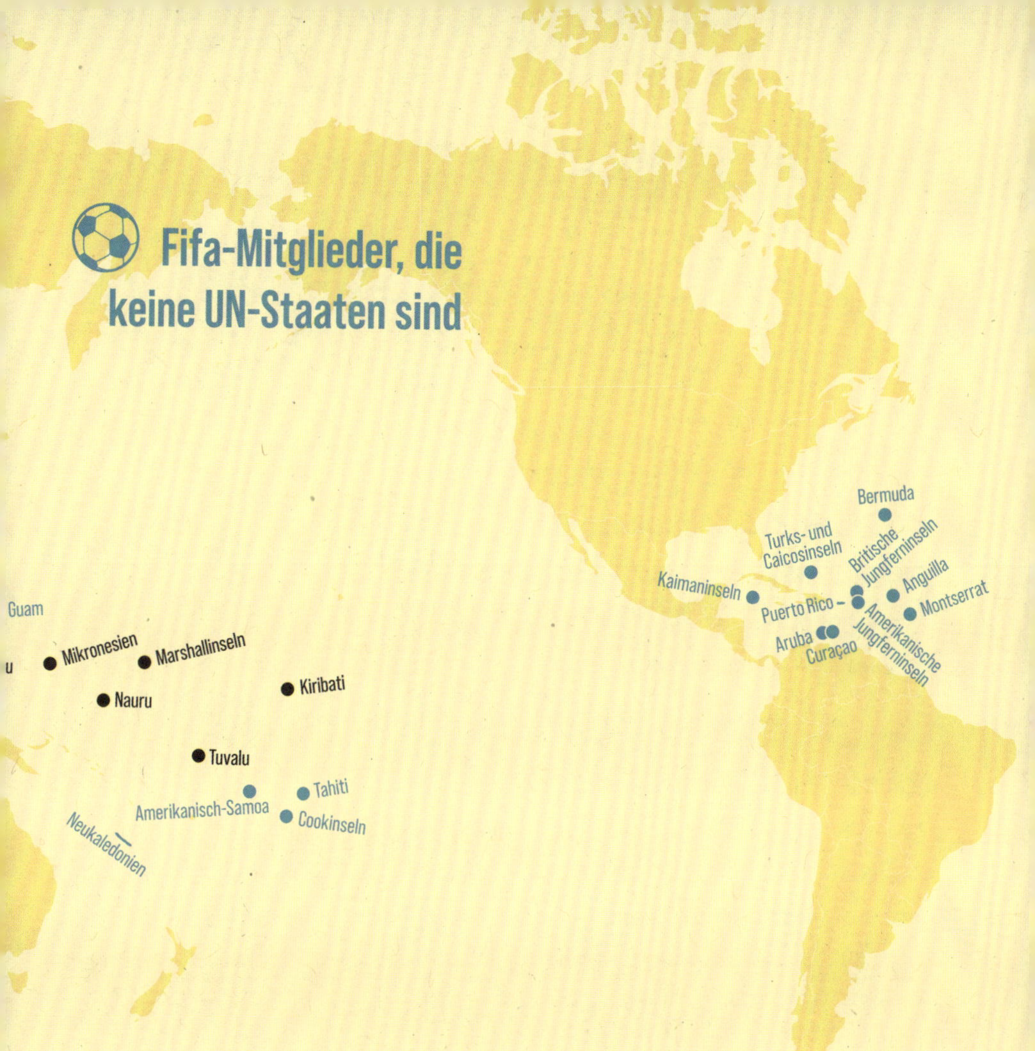

Auch Majlinda Kelmendi hat ihre Goldene von den Sommerspielen 2016 in Rio noch. Auf einen Verkauf war die kosovarische Judoka auch nicht wirklich angewiesen. Immerhin wurde sie nicht nur zur Nationalheldin des Kosovo erklärt, sondern erhielt für ihren Sieg auch einen staatlichen Bonus von 100.000 Euro. In einem Land, in dem das durchschnittliche Jahresgehalt zu jener Zeit 6.228 Euro betrug, ist ein sechsstelliger Betrag ein ordentlicher Batzen Geld. Nur neun Staaten lassen sich die sportlichen Erfolge ihrer Athlet:innen noch mehr kosten. Und das, obwohl die Wirtschaftskraft des Kosovo pro Kopf im weltweiten Vergleich irgendwo auf den Plätzen 100 bis 110 rangiert. Anders ausgedrückt: Das nur knapp zwei Millionen Einwohner:innen zählende Land ist alles andere als reich. Warum ist Europas jüngstem Staat sportlicher Erfolg ein 16-faches Durchschnittsgehalt wert?

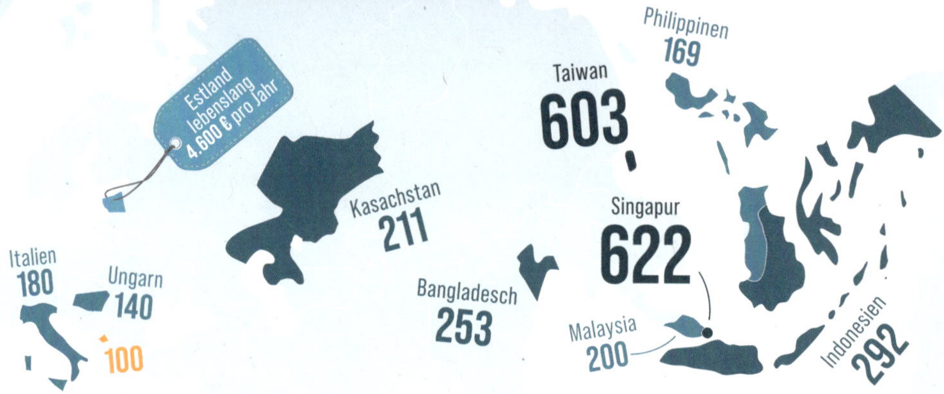

Länder, in denen Gewinner:innen von olympischen Goldmedaillen mehr Preisgeld bekommen als im Kosovo
in Tausend Euro, gerundet, Stand Juli 2021

Wann ist ein Staat ein Staat?

Ganz einfach, Sport ist die mit Abstand wirksamste Waffe im diplomatischen Holster des Kosovo! Dem Staat geht es nämlich gar nicht so sehr um den sportlichen Erfolg an sich. Seit seiner Unabhängigkeitserklärung von Serbien im Jahr 2008 kämpft der Kosovo um internationale Anerkennung. Neben Serbien und dessen traditionellem Verbündeten Russland akzeptieren vor allem solche Staaten den Kosovo nicht, die selbst mit Separatist:innen und Autonomiebestrebungen eigener Landesteile zu kämpfen haben. Spanien etwa mit Katalonien und dem Baskenland oder Zypern mit der abtrünnigen Türkischen Republik Nordzypern oder auch die Ukraine mit der annektierten Krym und dem besetzten Donbas. Auch Staaten, die die »imperialistischen« USA und die Nato ablehnen, blockieren eine Aufnahme des Kosovo in die Vereinten Nationen seit Jahren, mitunter als Vergeltungsmaßnahme für das Nato-Bombardement Serbiens 1999. Kurz: Der Kosovo hat international einen schweren Stand.

Weil traditionelle diplomatische Bemühungen, ein anerkannter Staat zu werden, weitgehend scheiterten, suchte das kosovarische Außenministerium andere Wege, um sich einen Sitz am Tisch der internationalen Staatengemeinschaft zu erkämpfen. Es galt,

Anlässe und Möglichkeiten zu finden, um die kosovarische Flagge, die Hymne und überhaupt den Landesnamen weltweit möglichst schnell und regelmäßig in die Köpfe der Menschen zu bringen. Irgendwann würde es sich »normal« anhören, gegen den Kosovo zu spielen oder anzutreten. Junge Menschen würden es dann gar nicht mehr anders kennen, so das Kalkül. Würde der Kosovo seit Jahren am Eurovision Song Contest (ESC) teilnehmen, käme niemand auf die Idee, dass der Staat keinen Sitz in der Uno-Vollversammlung hat. Serbien, Zypern oder auch Spanien vereitelten bisher aber eine Aufnahme in die Europäische Rundfunkunion und somit einen kosovarischen Beitrag beim Gesangswettbewerb.

Aber ein Ereignis wie der ESC, der nur einmal im Jahr stattfindet, macht ohnehin nicht so viel Wirbel wie regelmäßige Auftritte bei sportlichen Großveranstaltungen oder in Fußballvideospielen. Und nirgends sind die Symbole eines Nationalstaates schließlich so präsent wie in den Sportstadien dieser Welt. Auch deshalb setzte der Kosovo verstärkt auf diplomatische Bemühungen im Sport und lobbyierte sich 2014 schließlich erfolgreich ins Internationale Olympische Komitee und 2016 in Uefa und Fifa. Zuvor hatte man sich noch mit Serbien darauf geeinigt, die Annäherung des jeweils anderen Landes an die EU sowie die Aufnahme in Sportverbände nicht zu behindern.

Der Fifa-Beitritt war mit 141 zu 23 Stimmen dann wesentlich eindeutiger als jener in die Uefa. Die knappe 28:24-Mehrheit reichte letztlich aber auch dort aus – auch weil es in den Fußballverbänden kein russisches Veto wie in der Uno gibt. Ein 1:1-Unentschieden gegen Finnland in der WM-Qualifikation 2016 markierte das erste offizielle Länderspiel des kleinen Westbalkanstaates. Zum ersten Mal wurde bei einem internationalen Fußballspiel seine Flagge gehisst und seine Hymne gespielt. Für viele war es die zweite Geburt der noch jungen Nation.

Mehrere Herzen in der Brust

Weil die kosovarischen Stadien internationalen Standards anfangs jedoch nicht entsprachen und so manches Verbandsmitglied den neuen Mitgliedsstatus des Kosovo weiterhin ablehnte, konnte man bei den ersten WM-Qualispielen durchaus verwirrt sein. So musste das Hinspiel im ukrainisch-kosovarischen Duell auf neutralem Boden im polnischen Krakau stattfinden, weil die ukrainische Regierung sich weigerte, das kosovarische Team zu empfangen. Ihr Heimspiel gegen Kroatien konnten die Kosovaren dann nicht in der Heimat austragen, sondern mussten auf das albanische Shkodra ausweichen. Aus Sicht des Kosovo ging es aber vor allem erst einmal darum, überhaupt dabei zu sein.

Während die kosovarische Diaspora das junge Nationalteam frenetisch feierte, wussten viele im Land nicht, wie sie mit den zwei Herzen in ihrer Brust umgehen sollten. Zu viel bedeutete manch albanischem Kosovaren die albanische Nationalelf, die in den Jahren vor der Unabhängigkeit ein willkommener Zufluchtsort war. Die Lösung: Die meisten beschlossen einfach, beide Mannschaften zu unterstützen. Auch aus diesem Grund sind bei Kosovo-Spielen bis heute beinahe gleich viele rot-schwarze und blau-weiß-gelbe Flaggen zu sehen – neben vereinzelten US-Bannern.

Kein Duell mit dem Feind

Für die Fifa, die so gern unpolitisch wäre, ergaben sich durch die neue Mitgliedschaft freilich neue Sicherheitsrisiken. Aufeinandertreffen von Albanien und Serbien etwa hatten bereits schwere diplomatische Verstimmungen ausgelöst (siehe Seite 20). Ein Duell zwischen dem Kosovo und Serbien würde die Alarmglocken noch lauter schrillen lassen. In Qualifikationsgruppen vermied man dies bisher jedoch erfolgreich, indem bei den Auslosungen die direkte Begegnung unterbunden wurde. Gleiches gilt etwa für Spanien und Gibraltar. Dass sich Gibraltar irgendwann für eine EM qualifiziert und Spanien in einem Viertelfinale herausfordert, ist jedoch weit weniger realistisch als ein Duell zwischen Kosovaren und Serben.

Die erfolgreiche Teilnahme des Kosovo an mehreren Sportgroßveranstaltungen hat bisher allerdings nicht zu einer völligen Normalisierung der serbisch-kosovarischen Beziehungen geführt. Ganz egal, wie erfolgreich Majlinda Kelmendi oder die kosovarische Fußballnationalmannschaft auch sein mögen. Serbien behindert kosovarische Sportler:innen, so gut es nur kann. So verwehrten serbische Grenzbeamte kosovarischen Boxern im Oktober 2021 mehrfach die Einreise, als diese auf dem Weg zu der in Belgrad stattfindenden Weltmeisterschaft waren. Nicht einmal, als sie ihre Trainingsanzüge mit den kosovarischen Symbolen auszogen, wurden sie durchgelassen. Einige Monate zuvor war

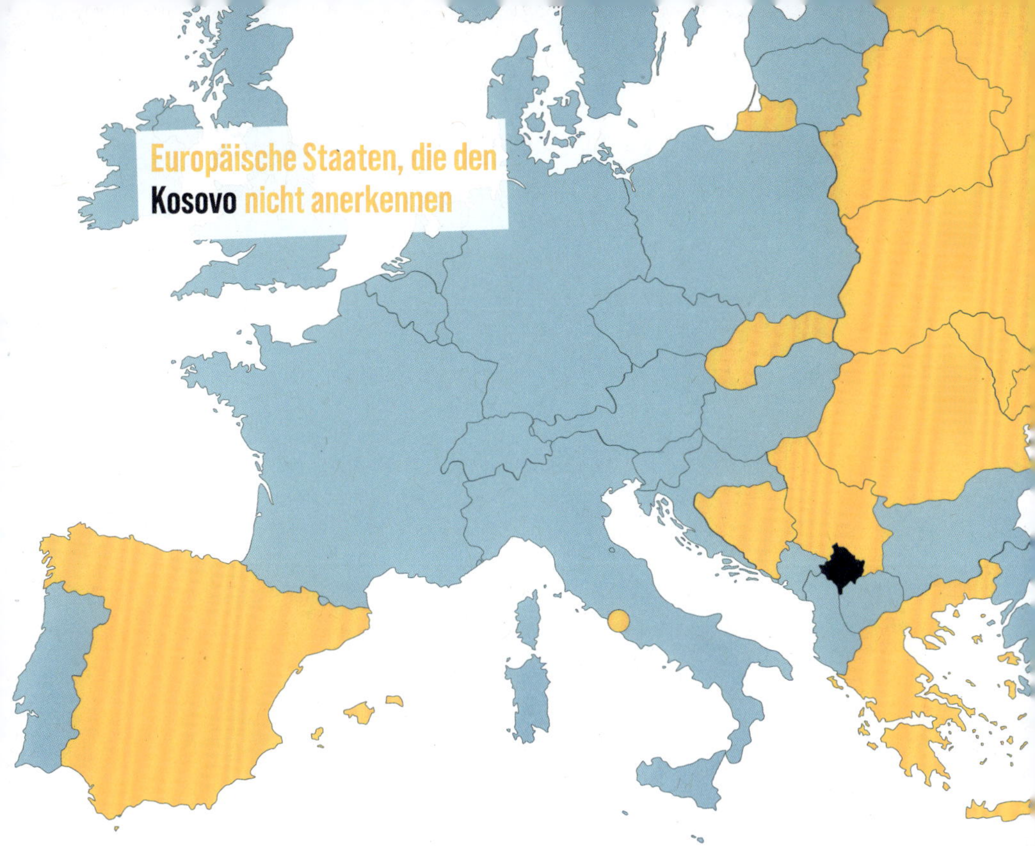

es einer 18-jährigen Karatekämpferin ähnlich ergangen – diesmal aufgrund griechischer Schikanen. Mit einiger Mühe hatte sie zwar ein Visum für ein Turnier in Zypern erhalten, während ihrer Anreise versperrten ihr allerdings griechische Beamte die Grenze, wodurch sie ihre Kämpfe verpasste und auf dem Balkan festsaß. Genauso wie Zypern gehört Griechenland nämlich zu den fünf EU-Mitgliedern, die den Kosovo nicht anerkennen. Eine andere kosovarische Boxerin erhielt 2018 nicht einmal ein Visum für ihren Wettkampf in Indien. Neben Rückschlägen in der sportlichen Karriere junger kosovarischer Talente bedeuten solche diplomatischen Hürden aber immer wieder auch persönliche finanzielle Einbußen – denn die Prämie für einen Olympiasieg erhalten dann doch nur die wenigsten von ihnen.

Uncle Sam holt sich die Zockerkids

Kein Spiel ohne US-Hymne und riesige Stars-and-Stripes-Banner, kein Superbowl ohne den Überflug von Kampfjets der Air Force und keine Halbzeitpause, in der nicht irgendeine Veteranin oder irgendein Soldat geehrt wird. Das ist Zuschauersport in den USA. »Ich war bei einer Militärparade, als plötzlich ein Footballspiel ausbrach«, scherzen manche und kritisieren damit den exzessiv gelebten Patriotismus bei Spielen der National Football League (NFL). Der Superbowl – das jährliche Finale der Liga – sei die Winterversion des Unabhängigkeitstages am 4. Juli geworden, brachte es der damalige NFL-Präsident Paul Tagliabue bereits 1991 auf den Punkt. Spätestens seit den Terroranschlägen vom 11. September 2001 aber wurden Patriotismus und die Verehrung der Streitkräfte zum festen Bestandteil der milliardenschweren US-Ligen im Basketball, Eishockey, Baseball und Football. Wurde früher noch Baseball als *die* US-amerikanische Sportart vermarktet, ist es mittlerweile vor allem der American Football, bei dem seit jeher vor allem physische Stärke und Athletik im Vordergrund stehen.

Wer aber glaubt, dass die Teams und Verbände dem Militär nur aus bloßer Überzeugung eine solche Bühne boten, der täuscht sich. Alleine zwischen 2011 und 2014 erhielten 14 der 32 NFL-Teams insgesamt 5,4 Millionen US-Dollar für das Abhalten patriotischer Zeremonien in ihren Stadien. 114.000 Dollar kassierten die Atlanta Falcons nur dafür, dass bei ihnen ein Nationalgardist die Nationalhymne intonieren durfte. Der Motorsportverband Nascar erhielt 2015 satte 1,5 Millionen Dollar von den US-Luftstreitkräften unter anderem dafür, dass die Rennfahrerlegende Richard »The King« Petty ein paar Veteranen öffentlichkeitswirksam die

Das US-Verteidigungsministerium gab zwischen 2012 und 2015 **über 10 Millionen Dollar** für Marketing- und Werbeverträge mit professionellen Sportteams und Sportveranstaltungen aus

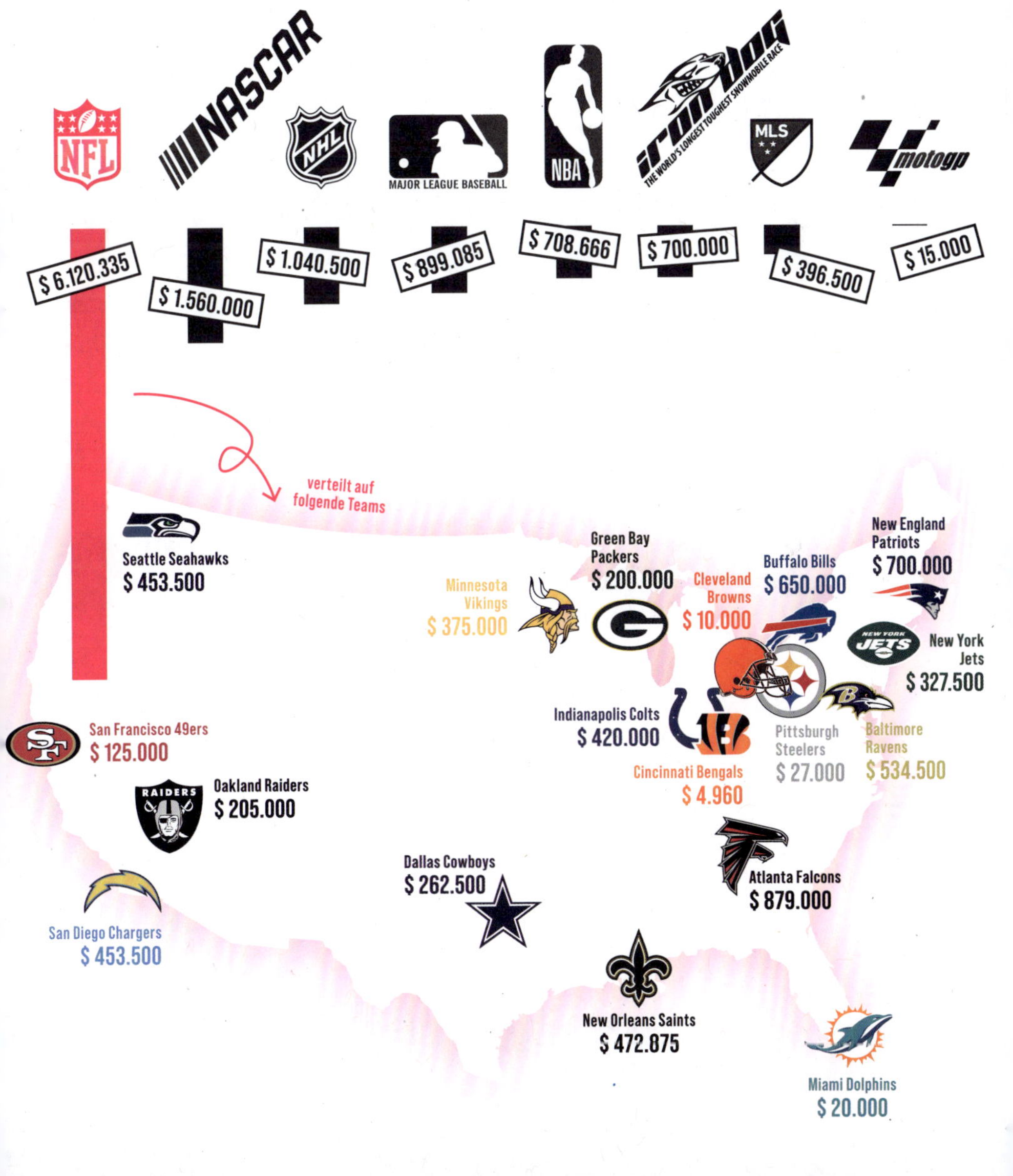

Hände schüttelte. Alles finanziert aus Steuergeldern, wohlgemerkt. Der ehemalige republikanische Präsidentschaftskandidat John McCain kritisierte die Ausgaben damals in einem Report, sagte aber, er schätze den Patriotismus, solange er gratis daherkomme. Die Praxis des »bezahlten Patriotismus« wurde daraufhin 2016 offiziell eingestellt.

Rekrutierung mit Videospielen

Die Präsenz der Streitkräfte in den Stadien blieb dennoch. Sie war mittlerweile quasi zur Tradition geworden. Das Militär verfolgt dabei verschiedene Ziele. Zunächst ist es Öffentlichkeitsarbeit, um das Ansehen der Streitkräfte zu festigen und so bei der breiten Bevölkerung für eine Akzeptanz der enormen Kosten zu werben. Die USA geben immerhin rund 3,5 Prozent ihres Bruttoinlandprodukts für Rüstung aus – zuletzt mehr als 800 Milliarden Dollar pro Jahr. Nur drei Staaten räumen ihrem Militär einen größeren Anteil ihres Haushalts ein: Saudi-Arabien, Israel und Russland. Außerdem ist es eine ernst gemeinte Würdigung der Opfer, die die Soldatinnen und Soldaten bringen – auch wenn die Gesellschaft nicht immer hinter ihren Streitkräften oder deren Entscheidungsträgern steht. Veteranen selbst kritisieren mitunter, dass die brutale Kriegsrealität im Stadion unangemessen glorifiziert und dadurch verklärt werde. Dass das Militär dort verherrlicht wird, kommt jedoch nicht von ungefähr. Geht es dabei doch vor allem um eines: die Rekrutierung neuer Soldatinnen und Soldaten.

Und das gibt man in den USA auch offen zu. Als ein Journalist dem mehrfach ausgezeichneten Ex-General Russel Honoré in einem Interview mitteilte, dass er nicht wolle, dass sein Sohn beim Besuch eines Baseballstadions rekrutiert werde, antwortete dieser: »Wenn du [deine Kinder] nicht in der Armee sehen willst, dann hältst du sie am besten fest. Denn wir werden sie rekrutieren, wo wir nur können. So besetzen wir unsere Truppen.« Und so tauchen die Männer und Frauen in Uniform nicht nur regelmäßig bei Spielen der Profis und seit den 80ern in der Fernsehwerbung auf, sondern kommen auch zu Spielen der Little League, der Baseballliga der Kinder und Jugendlichen. Dort stehen dann beispielsweise Vans der Air Force und locken die Kinder nicht mit einer Kugel Eis, sondern mit Videospielen.

Früher sorgte Hollywood noch für Nachschub für die Truppe. Als etwa 1986 der Action-Blockbuster *Top Gun* in die Kinos kam, in dem Tom Cruise einen Navy-Kampfpiloten verkörpert, verzeichnete das Militär einen plötzlichen Anstieg der Bewerberzahlen um 20.000. 16.000 davon wollten in die Navy und die allermeisten in das Cockpit eines Kampfjets – auch weil die US-Streitkräfte direkt vor den Kinosälen zu rekrutieren begannen. Heute sind Onlinecomputerspiele der Ort, an dem neue Soldat:innen gefunden werden sollen. Man müsse dorthin, wo die jungen Leute sind, sagte vor einiger Zeit der für die Rekrutierung zuständige US-Generalmajor Frank Muth. Und das sei eben die digitale Welt.

Begnügte man sich zu Beginn noch mit Werbung in Spielen, hat sich die Zusammenarbeit mit der Gaming-Branche mittlerweile merklich professionalisiert. So produziert das Militär gemeinsam mit dem Spielehersteller Activision Inhalte für die *Call of Duty*-Liga, die professionelle E-Sport-Liga zum beliebten Egoshooter, in dem die Spieler:innen üblicherweise die Rolle eines Soldaten in einem Kriegsszenario übernehmen. Auch für das beliebte Onlinerollenspiel *World of Warcraft* werden Inhalte vom Militär mitentwickelt. Zudem wird es E-Sportler:innen ermöglicht, in echten Flugsimulatoren der US-Armee Kriegsluft zu schnuppern. In ähnlicher Manier hat auch die Luftwaffe ihren Vertrag mit der Drone Racing League verlängert und spricht ganz offen davon, dass man hoffe, die besten Drohnenpiloten für sich zu gewinnen.

Sportler für das Heer

Dass die Armeen dieser Welt im Sport rekrutieren, ist nichts Neues. Viele Sportarten wie Fechten, Orientierungslauf oder Biathlon haben gar einen militärischen Hintergrund. Analog zu den Olympischen Spielen finden seit Sommer 1995 alle vier Jahre die Militärweltspiele statt, seit 2010 gibt es zudem eine Winterausgabe. Die ersten Weltmeisterschaften der Streitkräfte fanden allerdings schon kurz nach dem Zweiten Weltkrieg statt, ebenfalls organisiert vom internationalen Militärsportverband *Conseil International du Sport Militaire*. Sie werden jährlich ausgetragen, außer in den Jahren der Militärweltspiele. Allerdings haben nicht alle Sportarten ihren militärischen Bezug bis heute behalten. Geschicklichkeit auf dem Pferd etwa, die in Sportarten wie Polo

Militärischer Luftfahrt-**Fünf**kampf besteht aus **sechs** Sportarten. Und Fliegen gehört nicht dazu

Sportarten
anerkannt vom Internationalen Militärsportverband
Conseil International du Sport Militaire

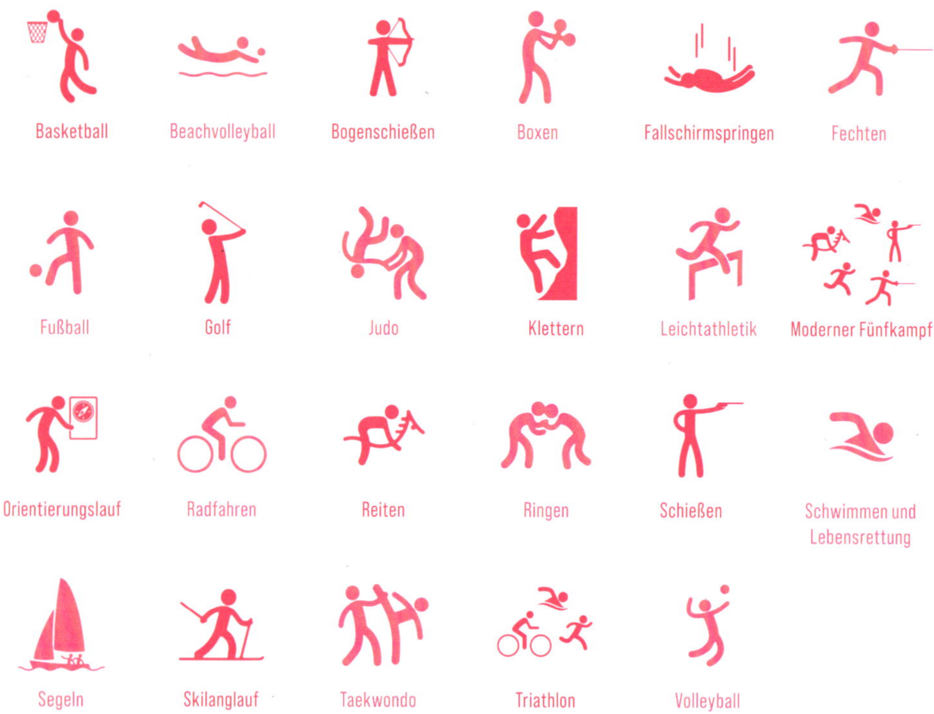

... und Sportarten, die es nur beim Militär gibt

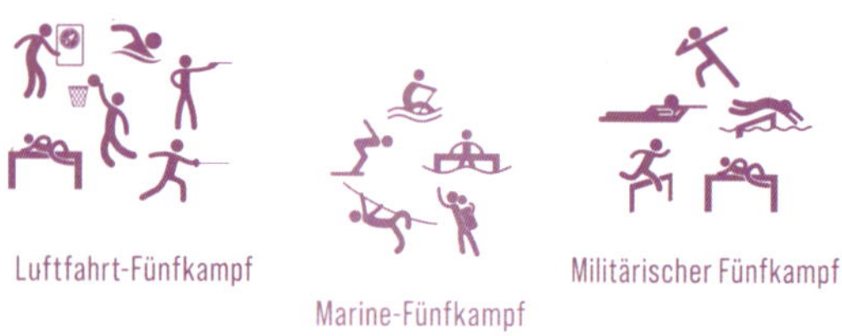

oder Springreiten gefragt ist, hat ihre Bedeutung für den Kampf auf dem Schlachtfeld längst verloren. Die im Hindernislauf, Skibergsteigen, Taekwondo, Ringen oder bei den Schießwettbewerben erlernten Fähigkeiten sind aber nach wie vor auch im Kampf zweckdienlich. Eigenschaften wie Disziplin, Ehrgeiz und Kameradschaft, wie sie beim Sport gefördert werden, sowieso.

Teamgeist und Patriotismus waren auch die treibenden Kräfte hinter dem ersten Fußballbataillon im Ersten Weltkrieg. Nachdem sich 41 Spieler und Funktionäre des heutigen britischen Viertligisten Leyton Orient FC dem 17. Bataillon des Middlesex-Regiments angeschlossen hatten, folgten Ende 1914 weitere Fußballprofis dem Ruf zu den Waffen. Andersherum stellten die Militärs dieser Welt auch immer wieder Sportmannschaften, die an zivilen Wettkämpfen teilnahmen, um so das Image der Streitkräfte aufzupolieren und neue Rekruten anzulocken. So hieß es 1972 auf Flyern der britischen Armee beispielsweise: »Du müsstest ein sehr reicher Zivilist sein, um all jene Sportarten auszuüben, aus denen ein durchschnittlicher Infanterist wählen kann.« Auch deshalb hatte so gut wie jeder britische Stützpunkt in Indien ein Polofeld. Wenn heute weltweit Tausende Jugendliche mit dem Versprechen rekrutiert werden, fürs Computerspielen bezahlt zu werden, ist das nichts anderes. Nur, dass die Treffer dann plötzlich echte Menschenleben fordern und viele Veteranen mit dem Schuldgefühl, jemanden getötet zu haben, ihr Leben lang nicht werden umgehen können.

Niederknien und aufstehen gegen Rassismus

Es ist mehr als ein halbes Jahrhundert her, dass Tommie Smith und John Carlos auf dem olympischen Siegertreppchen gegen Rassismus demonstrierten – und dafür vom Internationalen Olympischen Komitee (IOC) hart bestraft wurden. Der Protest war einer der öffentlichkeitswirksamsten politischen Sportmomente aller Zeiten. Und bis heute hat sich das IOC dafür nicht bei den beiden entschuldigt. Auch deshalb blieb vor allem Carlos stets ein Stachel im Hintern der Sportfunktionäre.

Doch der Reihe nach: Olympia 1968 in Mexiko-Stadt. Die beiden schwarzen US-Athleten Tommie Smith und John Carlos sprinten aufs Podest und fiebern dem Moment entgegen, wo sie endlich das begehrte Edelmetall erhalten. Doch nicht nur deswegen. Auch, weil sie die Gelegenheit nutzen wollen, ein Zeichen zu setzen. Bei der Siegerehrung des 200-Meter-Laufs reckt der drittplatzierte Carlos gemeinsam mit Olympiasieger Smith die Faust in die Höhe und senkt leicht den Kopf. Sie haben keine Schuhe an, nur schwarze Socken. Carlos trägt eine Holzkette, die an die Sklaverei erinnern soll. Smith einen Olivenzweig in einem Holzkasten, der für den olympischen Frieden steht. Ihre erhobenen, in schwarze Lederhandschuhe gehüllten Hände waren jene Solidaritätsbekundung für die Black-Power-Bewegung, die zum prompten Ausschluss der beiden Läufer von den Spielen durch das Olympische Komitee der Vereinigten

Staaten führte – auf Druck des IOC, wohlgemerkt. Dieses hatte damit gedroht, andernfalls das gesamte US-Leichtathletikteam zu disqualifizieren. Zumindest ihre Medaillen durften sie behalten.

Smiths und Carlos' Protest zeigte Wirkung, die Sprinter machten weltweit Schlagzeilen. Auch weil sich der Zweitplatzierte, der weiße Australier Peter Norman, durch das Tragen eines Ansteckers des Olympic Project for Human Rights, einer schwarzen US-Menschenrechtsorganisation, mit Carlos und Smith solidarisierte. Treibende Kraft hinter dem Ausschluss war mit IOC-Präsident Avery Brundage ausgerechnet jener Rassist und Antisemit, der 1936 als US-Verbandspräsident bei den Olympischen Spielen in Berlin die vielen Hitlergrüße noch als nationales Symbol anstandslos hingenommen hatte. Die Black-Power-Bewegung aber sei nun mal kein nationales Symbol und als nichtnationale politische Geste nicht erlaubt, so seine Argumentation.

Freie Meinung zur schlechtesten Fernsehzeit

Rund 50 Jahre später war es erneut Carlos, der – gemeinsam mit einer Gruppe US-Athlet:innen – den Neutralitätsanspruch der Olympischen Spiele infrage stellte. In einem offenen Brief an das IOC forderten sie im Vorfeld der Sommerspiele in Tokio 2021, den berüchtigten Artikel 50 der Olympischen Charta abzuschaffen. Dieser besagt, dass »[j]ede Demonstration oder politische, religiöse oder rassische Propaganda […] an den olympischen Stätten, Austragungsorten oder in anderen olympischen Bereichen untersagt« ist. Was Propaganda ist, entscheidet freilich das IOC. Den olympischen Frieden interpretiert es dabei immer wieder als olympisches Schweigen, wie der »Maulkorb« für Sportler:innen zeigt. Dass der Passus dem UN-Menschenrecht auf freie Meinungsäußerung widerspricht, wäre ein schlagkräftiges Argument für seine Abschaffung, könnte man meinen. Dazu kam es bislang aber nicht. Allerdings hat das IOC nach der internationalen Kritik die Regelung etwas gelockert. Mittlerweile ist das Äußern der eigenen Meinung zumindest während Pressekonferenzen, Teammeetings und in den Sozialen Medien erlaubt. Nur eben nicht im olympischen Dorf, während der Wettkämpfe, der Eröffnungs- und Schlussfeier oder bei Medaillenzeremonien – also eigentlich immer dann nicht, wenn Kameras und Weltaufmerksamkeit gerade auf die Sportlerinnen und Sportler gerichtet sind.

Taking the knee

Aber nicht nur bei Olympia müssen Menschen ihre politische Meinung regelmäßig an den Eingangstoren der Stadien abgeben. In fast jeder Sportart kam es über die Jahre zu Konflikten zwischen Athletinnen, Sportlern und Verbänden, vor allem weil Letztere aus Marketinggründen so gut wie jede Kontroverse scheuen – zumal wenn Veränderungen lang gelebter Praktiken gefordert werden. Prominentestes Beispiel der letzten Jahre ist Colin Kaepernick, ein weiterer schwarzer Athlet, der die Folgen seines Protests besonders hart zu spüren bekam.

Seit 2009 wurden US-Footballer dazu angehalten, sich beim Abspielen der Nationalhymne an der Seitenlinie zu versammeln. Grund dafür waren hochdotierte Verträge zwischen NFL und Verteidigungsministerium, die den Patriotismus in den Stadien fördern sollten (siehe Seite 70). Im August 2016 aber weigerte sich ein Spieler, sich für *The Star-Spangled Banner* zu erheben. Es war Kaepernick, der Star-Quarterback der San Francisco 49ers. Anstatt aufzustehen, blieb er einfach sitzen und kniete sich in späteren Spielen während der Nationalhymne sogar hin. Es war ein Zeichen des Protests, wie er gegenüber der Presse klarstellte, gegen die anhaltende Polizeigewalt in den USA, unter der vor allem die schwarze Bevölkerung leidet. »Ich stehe nicht auf, um Stolz für die Flagge eines Landes zu zeigen, das schwarze Menschen und People of Colour unterdrückt«, erklärte Kaepernick. Schon bald solidarisierten sich Dutzende weitere, auch nichtschwarze, Footballer und Athlet:innen anderer Sportarten wie Cricket, Fußball oder der Formel 1 – »taking the knee« wurde zum globalen Ausdruck des Protests. Der öffentliche Druck auf Kaepernick und seine Mitstreiter:innen wuchs in den darauffolgenden Wochen und Monaten jedoch immens an. Sie wurden vor allem von republikanischer Seite als unpatriotisch oder antiamerikanisch verunglimpft. Als dann auch noch Präsident Donald Trump Kaepernick einen »Scheißkerl« nannte und alle Klubbesitzer aufforderte, kniende Spieler zu feuern, fand die Liga eine Lösung, die niemanden so recht zufriedenstellte: Alle Sportler, die sich während der Hymne auf oder neben dem Spielfeld befinden, müssen stehen – oder riskieren Strafen. Es steht ihnen jedoch frei, während der Hymne in der Kabine zu bleiben. Kaepernick wurde diese Entscheidung allerdings abgenommen. Nach der Saison 2016 nahm ihn kein Team mehr unter Vertrag; viele wurden von Trump-Unterstützern geführt.

Basketballer:innen führen den Protest an

Exakt vier Jahre nach Kaepernicks erster Protestaktion, im August 2020, blieb nach wiederholten Fällen schwerer Polizeigewalt das gesamte Basketballteam der Milwaukee Bucks im NBA-Playoff-Viertelfinale in seiner Kabine. Der Schwarze George Floyd war wenige Monate zuvor von einem Polizisten getötet worden – jetzt wurde einem Schwarzen von einem Polizisten siebenmal in den Rücken geschossen. Das brachte das Fass zum Überlaufen. Das Spiel gegen Orlando Magic musste verschoben werden. Tags darauf verzichteten die US-Profiligen im Männer- und Frauenbasketball,

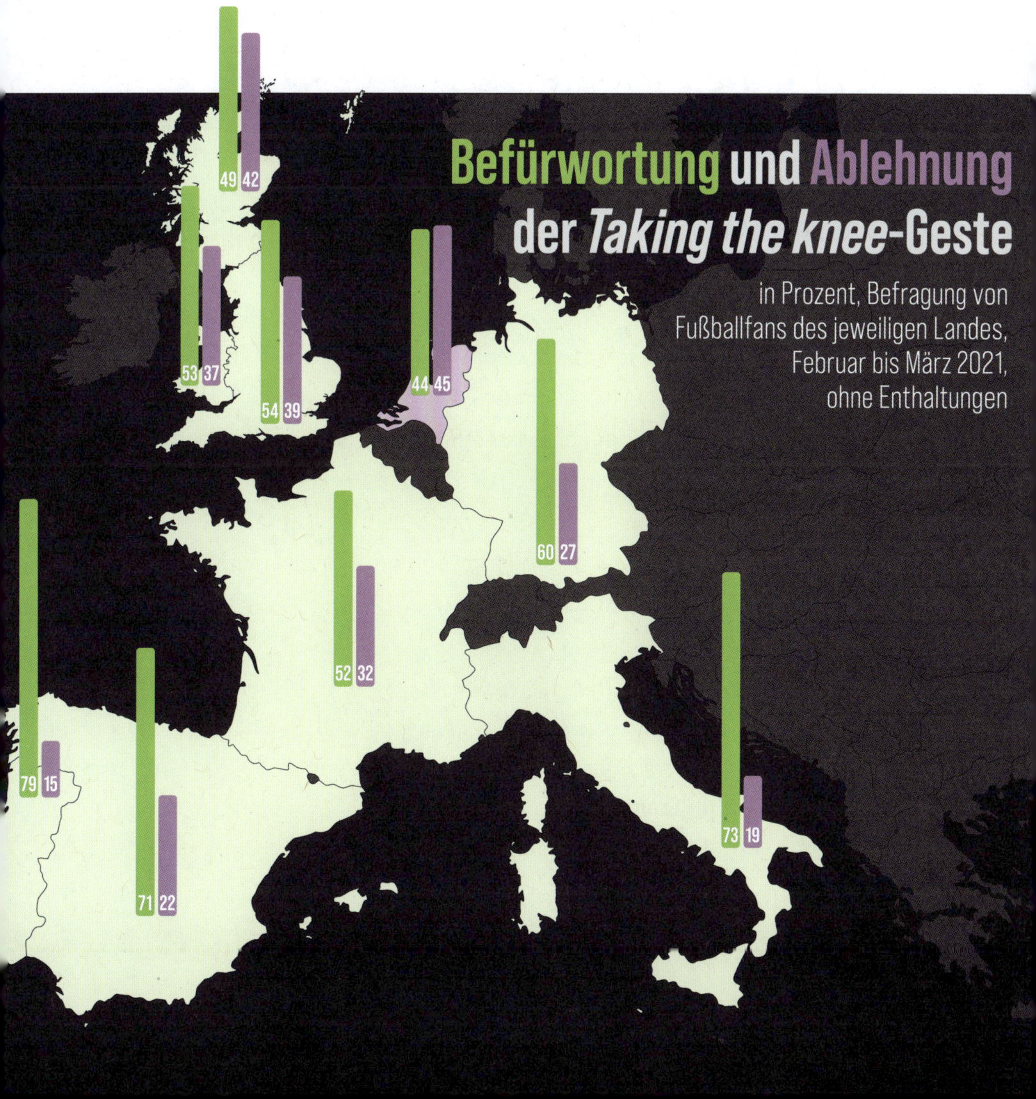

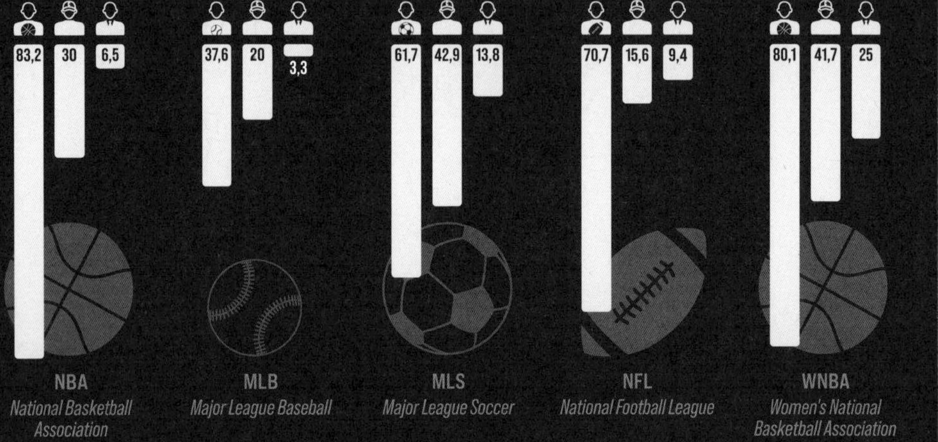

im Fußball und Baseball und später auch im Eishockey nach Streikandrohungen auf sämtliche Spiele. Auch US-Tennisstar Naomi Osaka verzichtete auf ein Antreten im Masters-Halbfinale von New York. Binnen kürzester Zeit waren Rassismus und Unterdrückung wieder die drängendsten gesellschaftlichen Fragen in den USA. In der US-Sportberichterstattung, wo gesellschaftspolitische Fragen mitunter gerne ausgeklammert werden, musste man sich erneut mit dem Thema auseinandersetzen. Auch die Ligen, die sozialen und politischen Protest bisher eigentlich nicht erlaubt hatten, mussten sich etwas überlegen.

Zahlreiche Frauenbasketballteams trugen vor Spielen plötzlich Shirts mit sieben blutverschmierten Einschusslöchern, die an Jacob Blake erinnerten. Jenen Schwarzen, der am 23. August 2020 in Wisconsin von Polizisten durch sieben Schüsse in den Rücken lebensgefährlich verletzt wurde – vor den Augen seiner Kinder – und der seither im Rollstuhl sitzt. Bereits Monate bevor Kaepernick zum ersten Mal kniete, hatten die Basketballerinnen der Minnesota Lynx zweier Opfer von Polizeigewalt gedacht, indem sie Shirts mit deren Namen trugen.

Drei Viertel der männlichen NBA-Profis sind schwarz. Viele von ihnen haben den Anti-Rassismus-Protesten massiven Rückenwind verliehen. Angetrieben durch eigene brutale Erfahrungen mit systemischem Rassismus, etwa wenn sie für kleinere Verkehrsdelikte von Polizisten verprügelt wurden, oder durch die Tötungen junger schwarzer Männer. So viel Rückenwind, dass die NBA einlenkte und das Tragen politischer Slogans erlaubte. Der Schriftzug »Black Lives Matter« wurde sogar auf die Hallenböden geschrieben. 300 Millionen Dollar will die Liga in den nächsten zehn Jahren zur Bekämpfung von Rassismus investieren. Es tut sich etwas.

Wohl wissend um den Einfluss der Black-Lives-Matter-Proteste in den Ligen, die von schwarzen Spielern geprägt sind, lenkte 2020 auch die NFL ein und versprach symbolische Gesten sowie konkrete Maßnahmen für mehr Gleichberechtigung. Ligachef Roger Goodell rang sich gar zu einer Entschuldigung bei Kaepernick durch. Man hätte ihm früher zuhören und auf seine Anliegen eingehen sollen, so Goodell. Tatsächlich hätte sich der Verband auch die Summe im höheren zweistelligen Millionenbereich erspart, auf die man sich nach einer Klage Kaepernicks mutmaßlich außergerichtlich einigte. Kaepernick, Carlos und all den anderen Streiter:innen gegen Diskriminierung ging es aber sowieso nie um Geld und auch nicht um Entschuldigungen, sondern um ein Ende von Gewalt, Unterdrückung und Rassismus. Und genau dieser Kampf ist nicht in sechzig, achtzig oder neunzig Minuten geschlagen. Es ist eine lebenslange Aufgabe, wie es Basketballsuperstar LeBron James ausdrückt.

Novax Djocovid, Sohn Gottes mit spiritueller Energie

Novak Đoković hat viele Spitznamen. Wegen seiner lustigen Nachahmungsvideos anderer Tennisprofis wird er beispielsweise oft *Djoker* genannt. Andere sind *Nole*, eine gängige Abkürzung seines serbischen Vornamens, oder auch *der Serbinator*, weil er mit seinen wuchtigen Schlägen sämtliche Gegner eliminiert. Anfang 2022 bekam der Tennissuperstar einen weiteren verpasst, einen, der ihm nicht schmeicheln sollte: *Novax Djocovid*. Der Vorname ist ein Kofferwort aus *no vaccination*, also »keine Impfung«, und im Nachnamen versteckt sich der Name jener Viruserkrankung, die die Saga rund um Đokovićs versäumte Titelverteidigung bei den Australian Open 2022 auslösen sollte.

Die kürzestmögliche Kurzfassung: Im Januar 2022 fanden die 110. Australian Open, eines der vier wichtigsten Tennisturniere der Welt, in Melbourne statt. Aufgrund der strengen australischen Corona-Präventionspolitik mussten alle Teilnehmenden entweder geimpft sein oder im Vorfeld eine Ausnahmegenehmigung vorlegen. Diese erhielt, wer sich etwa aus medizinischen Gründen nicht impfen lassen konnte oder kürzlich von der Infektionskrankheit genesen war. Der impfskeptische Đoković behauptete, einen solchen Entschuldigungszettel vom Medizinchef des australischen Tennisverbandes erhalten zu haben, und hielt seinen Impfstatus geheim – »Privatsache«. Bei seiner Einreise nach Australien wurde ihm aber wegen fehlender Dokumente das Visum entzogen, der Djoker vorerst in ein Abschiebehotel gebracht. Nach erfolgreichem Widerspruch seiner Anwälte – aufgrund von Formfehlern – durfte sich die damalige Nummer eins der Tennisweltrangliste zunächst in Freiheit auf das Turnier vorbereiten. Als jedoch klar wurde, dass er oder ein Mitarbeiter auf dem Einreiseformular gelogen hatte, und Zweifel an den Gründen für die Ausnahmeregelung aufkamen, wurde dem Serben kurz vor Turnierbeginn von Einwanderungsminister Alex Hawke sein Visum ein zweites Mal entzogen. Gerechtfertigt wurde das mit »Gründen der Gesundheit und der guten Ordnung«. Đoković könnte aufgrund seiner Popularität besonders junge Menschen beeinflussen und die Anti-Impfstimmung im Land befeuern. Als ein neuerlicher Einspruch vom australischen Bundesgerichtshof abgeschmettert wurde, saß der damals 34-Jährige schnell wieder im Flieger zurück nach Europa. Den Turniersieg holte sich dann auch noch ausgerechnet sein Erzrivale Rafael Nadal, der damit seinen 21. Grand-Slam-Titel gewann und in der ewigen Bestenliste der Männer an Đoković vorbeizog.

Was in den Wochen vor des Djokers Reise nach Melbourne wirklich passierte, wissen wohl nur seine engsten Vertrauten. Und diese sind vielleicht nicht ganz unbefangen. Über die miesen Zustände im Abschiebehotel, die australischen Behörden, die Häme im Netz und die mediale Kritik schimpfend, verglich Đokovićs Vater seinen Sohn etwa mit niemand Geringerem als Jesus Christus. Man versuche Novak »auf die gleiche Weise zu kreuzigen«, so Srdjan Đoković – eine Aussage, die man als Christ vielleicht und möglicherweise als ein ganz klein wenig gotteslästerlich empfinden könnte. Sein Sohn vertraut neben göttlichem Beistand deshalb auch auf die Dienste eines selbsternannten Alchemisten, der hauptberuflich Nahrungsergänzungsmittel vertreibt, die von der US-Arzneimittelbehörde nicht zugelassen sind. Das Wachstum von Gehirnzellen sollen sie freilich dennoch fördern! Đoković besuchte zudem des Öfteren »heilende Energiepyramiden« nahe Sarajevo, die allerdings nur von einem bosnischen Esoteriker dazu erklärt wurden und eigentlich bloß Hügel sind.

Zweifel an der Story

Zurück zur eigentlichen Story: Vier Tage nach Ablauf der Frist für die Ausnahmeregelung besuchte Đoković am 14. Dezember ein Basketballspiel in Belgrad, bei dem er sich mutmaßlich mit dem Virus infizierte – allen spirituellen Schutz-

Die erfolgreichsten Tennisspieler:innen

Anzahl der Grand-Slam-Turniergewinne

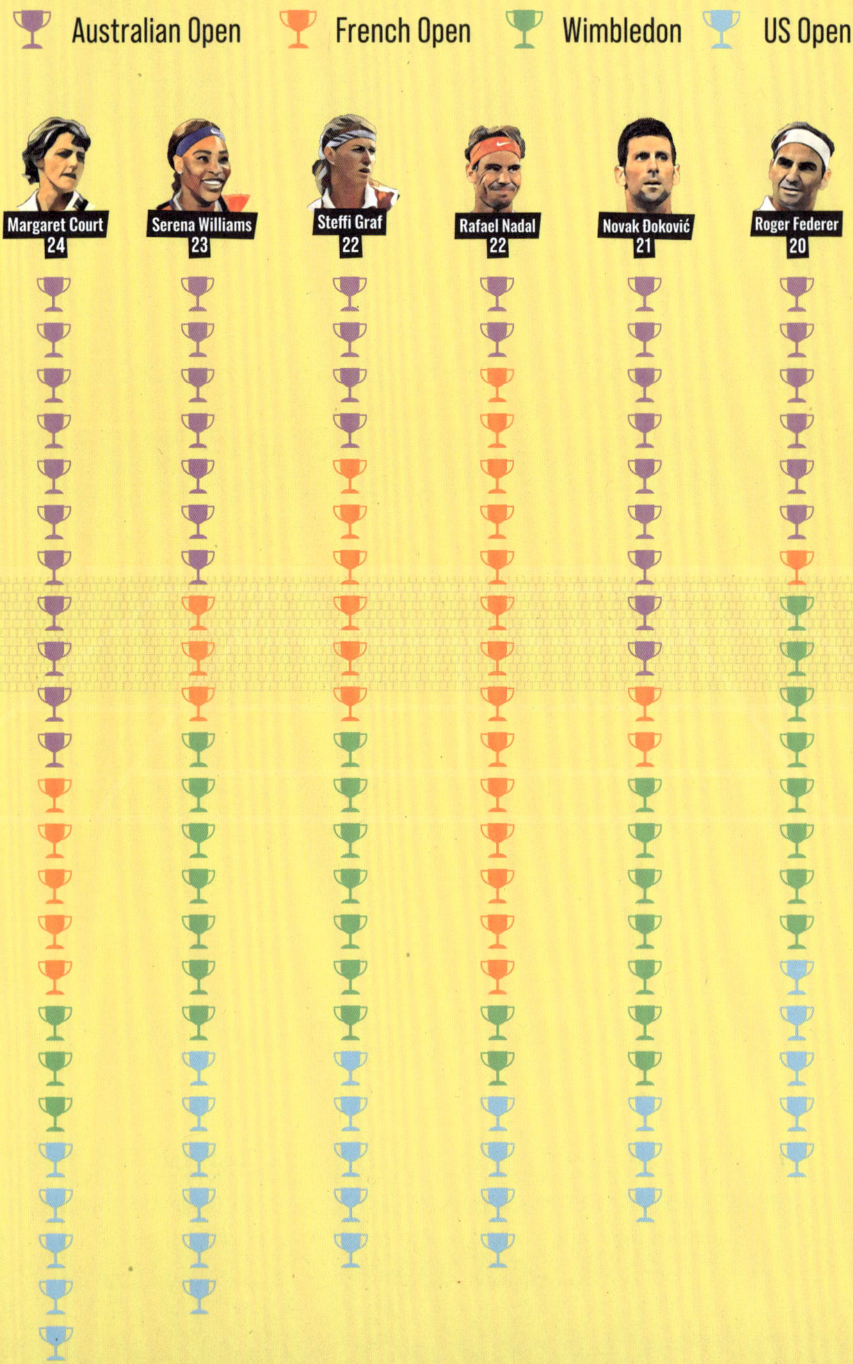

mächten zum Trotz. Am 16. dann der PCR-Test und abends das positive Ergebnis, von dem Đoković aber erst am nächsten Tag erfahren haben will – nachdem er masken- und abstandslos an einer Preisverleihung für junge Tennisspieler:innen teilgenommen hatte. Dass er noch am 18. Dezember ein Interview samt Fotoshooting mit der französischen Sportzeitung *L'Équipe* absolvierte, anstatt sich umgehend in Isolation zu begeben, beurteilte er später als Fehler. Ein »menschlicher Fehler« eines Mitarbeiters sei es auch gewesen, als man auf dem australischen Einreiseformular zu erwähnen vergaß, dass sich Đoković in den zwei Wochen vor der Einreise nicht nur in Serbien, sondern zu Trainingszwecken auch in Spanien aufgehalten hatte. Auch dafür hätte er übrigens eine Ausnahmeerlaubnis gebraucht, die er nicht hatte. Die große Frage aber, die auch Monate später noch im Raum steht, ist, ob Đoković damals im Dezember 2021 tatsächlich wissentlich Menschen gefährdete, während er sich hätte absondern sollen, oder ob es den positiven Test so in dieser Form nie gab – und nur für seine Ausnahmegenehmigung gefälscht wurde.

Berechtigte Zweifel an Đokovićs Story kamen nämlich spätestens dann auf, als Recherchen von *Spiegel*, *BBC* und dem Reverse-Engineering-Kollektiv *Zerforschung* zeigten, dass der angeblich vom 16. Dezember 2021 stammende positive Test sowohl einen späteren digitalen Zeitstempel als auch eine höhere Identifikationsnummer hatte als ein negativer Test, den Đoković am 22. Dezember gemacht haben soll. Anhand dieser Nummern ist es wahrscheinlicher, dass der erste PCR-Test in Wahrheit deutlich später, und zwar am 26. Dezember, durchgeführt wurde.

Die Weltpolitik schaltet sich ein

Politisch brisant wurde der Fall freilich erst, weil es sich um einen der bekanntesten und besten Tennisspieler aller Zeiten handelte. In Australien, wo wenige Monate nach dem sportlichen Großereignis gewählt wurde, wollte die Regierung keinesfalls den Eindruck einer Ungleichbehandlung von Sportpromis und gewöhnlichen Bürger:innen erwecken – was letztlich in einen bizarren Kompetenzstreit zwischen dem australischen Tennisverband, dem Bundesstaat Victoria und der Einwanderungsbehörde der australischen Bundesregierung ausuferte. Unfreiwillig lenkte die Causa Đoković somit auch viel Aufmerksamkeit auf die extrem restriktive und teils unmenschliche Einwanderungspolitik Australiens sowie die katastrophalen Zustände in vielen von Canberra finanzierten Auffanglagern für Asylsuchende in den pazifischen Nachbarstaaten Papua-Neuguinea und Nauru.

Vor allem der serbische Nationalismus verlieh dem Drama um Đoković noch einmal eine besondere Brisanz. Binnen kürzester Zeit sah sich das gesamte politische Spitzenpersonal Serbiens dazu veranlasst, Stellung zu beziehen. Präsident Aleksandar Vučić sprach von einer »politischen Hexenjagd« und attackierte den australischen Premierminister Scott Morrison. Dessen Behörden hätten nicht nur einen Mann, sondern ganz Serbien im Visier. Man werde mit dem internationalen Recht im Rücken als Land »für Gerechtigkeit und Wahrheit kämpfen«, verkündete Vučić. Serbiens Premierministerin Ana Brnabić schwor ihre Landsleute gar darauf ein, gemeinsam mit Đoković »durch diese schwierige Zeit« zu gehen und ihn zu unterstützen. Vor dem Parlament in Belgrad wurde vier Tage lang demonstriert. Die weitgehend von der Regierung kontrollierten Medien berichteten quasi ununterbrochen über die neuesten Entwicklungen um den Nationalhelden, einen Mann, der sich schon gegen die Souveränität des Kosovo aussprach und mit verschiedenen serbischen Ultranationalisten ablichten ließ. Der »Angriff« auf Đoković sei auch einer gegen Serbien, waren sich politische Kommentatoren schnell einig.

Auch Verschwörungserzählungen, die den alleinigen Grund für das Schicksal des Tennisprofis in seinem Serbischsein sahen, machten schnell die Runde. »Der Westen«, der Serbien schon mit der Bombardierung Belgrads während des Kosovokrieges 1999 habe vernichten wollen, zeigte nach Ansicht vieler Serbinnen und Serben wieder einmal seine hässliche Fratze.

»Der Westen« war es schließlich auch, der Đoković bereits im Juni 2020 hart kritisiert hatte, als dieser kurz nach Beginn der Coronavirus-Pandemie in Europa mit der Adria-Tour eine Tennisturnierserie in Serbien, Kroatien, Montenegro und Bosnien-Herzegowina organisierte. Aufgrund von Partys und nicht eingehaltener

Abstandsregeln entwickelte sich das Tennisfest schnell zum Superspreader-Event und musste noch vor Ende des zweiten Turnierwochenendes abgebrochen werden. Auch Đoković infizierte sich damals zum ersten Mal mit Covid-19. Eine Impfung lehnte er danach aber ebenso ab wie nach der schier endlosen Australian-Open-Saga – wie gut 50 Prozent seiner Landsmänner und -frauen. Wenn er deswegen künftig an keinem Grand-Slam-Turnier mehr teilnehmen dürfe, sei das ein Preis, den er zu zahlen bereit sei, ließ Đoković wissen. In Wimbledon und bei den French Open allerdings ermöglichten ihm die britischen und französischen Einreisebestimmungen die Teilnahme, ohne geimpft zu sein. Bei den US Open in Flushing Meadows hingegen war er erneut zum Zuschauen vor dem Fernseher verdammt.

Das ganze Drama um seine Impfung passt wunderbar in das Narrativ des wehrhaften Nationalhelden Đoković. Er habe den Status des Sportstars längst verlassen und sei zu einer »Projektion serbischen Erfolges, Triumphes und serbischer Wehrhaftigkeit nach Jahrzehnten internationaler Kritik und Schmach« geworden, analysierte die Politikwissenschaftlerin Jelena Subotić. Đoković liebäugelt immer wieder mit einem Einstieg in die Politik nach seiner sportlichen Karriere, wenngleich Politik in seinen Augen ein »dreckiges« Geschäft sei. Vorerst aber bleibt er der Märtyrer, dessen Kampf gegen die Impfung von seinen Landsleuten mit Muhammad Alis Widerstand gegen den Vietnamkrieg oder Colin Kaepernicks Einsatz gegen Rassismus verglichen wurde. Da gibt es nur einen feinen Unterschied: Die vielen Probleme Đokovićs hätte dieser mit einem einfachen Pieks in den Oberarm beseitigen können.

Wo sind die schwulen Fußballer?

Homosexuelle Vorbilder sind im Männerfußball so rar, dass der Kuss zweier heterosexueller Spieler dort als Symbol gegen Homophobie herhalten muss. Viele Fußballfans kennen das Bild der berühmten Kussszene als Fahne auf Tribünen oder als Sticker auf Stadiontoiletten, mit Regenbogenfarben hinterlegt und dem Slogan »Fußballfans gegen Homophobie« überschrieben. Es entstand am 17. April 2010. Damals beschert der kleingewachsene Paul Scholes mit seinem Kopfball in der 93. Minute Manchester United den 1:0-Auswärtssieg beim Stadtrivalen Manchester City und wahrt damit Uniteds Titelchancen. Schlusspfiff! Freudentaumel! United-Kapitän Gary Neville packt seinen langjährigen Kameraden, umarmt ihn fest und küsst ihn auf den Mund. Das Bild geht um die Welt.

In den Tagen darauf mussten die beiden in Interviews mehrfach Stellung zu dem Schmatzer beziehen. Während Scholes sagte, dass nach einem Siegtor gegen City ein Kuss von Neville es allemal wert sei, meinte dieser nur, dass viele seiner Mannschaftskameraden es ihm am liebsten gleichgetan hätten, wenn sie Scholes bloß erwischt

Wichtige Geschehnisse und Reaktionen auf Homophobie und Transphobie im Sport

Auswahl

1975: Erste Medienuntersuchung *(Washington Star)* über die Einstellung gegenüber Homosexuellen im Sport und ihre Diskriminierung. Erster männlicher Athlet (David Kopay, American Football) outet sich

1975/77: Erstes Gerichtsverfahren über den Rauswurf wegen sexueller Orientierung (John Damian, Jockey). Erstes Gerichtsurteil (New York): Trans* Frauen dürfen nicht vom Frauenprofisport ausgeschlossen werden

1981: Outing der ersten weiblich[en] Athlet:innen (Billie Jean Kin[g], Martina Navratilova, Tennis hätten. Blöde Sprüche in der Kabine habe es für den spontanen Ausdruck der Freude dennoch gegeben. Da halten sich die Niveaus von Profi- und Amateurfußball, wo ein schlechtes Zuspiel auch mal als »schwuler« oder »warmer« Pass bezeichnet wird, anscheinend die Waage. Dabei sind die beiden United-Legenden beileibe nicht die einzigen Männer, die ihre Mitspieler auf dem Platz liebkost haben. Von Diego Maradona über Paul Gascoigne und Steven Gerrard teilten schon zahlreiche Legenden Schmatzer aus oder erhielten welche.

Der Einzige beging Suizid

Gleichzeitig trotzt der internationale Männer-Profifußball jeder statistischen Wahrscheinlichkeit. Lediglich in den USA, Kanada, Schweden und Australien sowie beim englischen Zweitligisten FC Blackpool gibt es eine Handvoll semierfolgreicher, offen schwuler Fußballprofis. In den fünf wichtigsten – und lukrativsten – europäischen Top-Ligen findet sich dagegen kein einziger offen homosexueller aktiver Profi – weder in England noch in Spanien, Frankreich, Deutschland oder Italien.

Bis heute ist aus diesen Ländern gar nur ein Spieler bekannt, der sich während seiner aktiven Karriere outete: der Engländer Justin Fashanu, der erste schwarze Fußballer, für den 1981 eine Transfersumme von über einer Million Pfund bezahlt wurde. Für 80.000 Pfund erzählte er der britischen Boulevardzeitung *The Sun* 1990 von seinem Geheimnis. Sein Bruder, der ihn später als »Ausgestoßenen« bezeichnete, hatte ihm vergeblich den gleichen Betrag für sein Schweigen geboten. Doch als ein Freund, der infolge des eigenen Outings von seiner Familie verstoßen wurde, Suizid beging, konnte Fashanu nicht anders.

Die ersten Gay Games werden veranstaltet, um einen sicheren Raum für LGBTQIA*-Athlet:innen zu schaffen

1982

Justin Fashanu (England) outet sich als erster schwarzer und noch aktiver Athlet – er bleibt bis 2021 der einzige Fußballer der Spitzenligen, der diesen Schritt wagt

1990

Mit Ian Roberts (Rugby League) outet sich der zweite männliche Athlet während seiner aktiven Profikarriere

1995

Fashanu erlebte nach seinem Outing genau jene öffentliche Anfeindung und fehlende Unterstützung, mit der er gerechnet hatte. Schon vor seiner großen Offenbarung hatte er Hass erfahren, etwa durch einen Trainer, der ihn »Schwuchtel« nannte und möglicherweise sogar handgreiflich wurde. Jetzt folgten Skandalgeschichten im Fernsehen, im Radio und in den Printmedien – Fashanu verdiente aber auch an den Storys um seine Person. Als sich einige seiner Geschichten als Lügen herausstellten, zog er 1994 in die USA, kehrte nach Vergewaltigungsvorwürfen aber wieder nach England zurück. Unter der falschen Annahme, dass per internationalem Haftbefehl nach ihm gefahndet werde, erhängte sich Fashanu 1998 in einer Londoner Garage. In seinem Abschiedsbrief beteuerte er, dass der Sex mit dem 17-jährigen US-Amerikaner einvernehmlich gewesen sei und dieser ihn später erpresst habe. Seiner medialen Vorverurteilung folgend, glaubte der 37-Jährige, wegen seiner Homosexualität keinen fairen Prozess erwarten zu können – ohne zu wissen, dass die US-Behörden das Verfahren mangels Beweisen bereits eingestellt hatten. »Schwul und eine Person des öffentlichen Lebens zu sein, ist hart. […] Bevor ich meinen Freunden und meiner Familie weiteres Unglück zufüge, will ich lieber sterben«, schrieb er zuletzt.

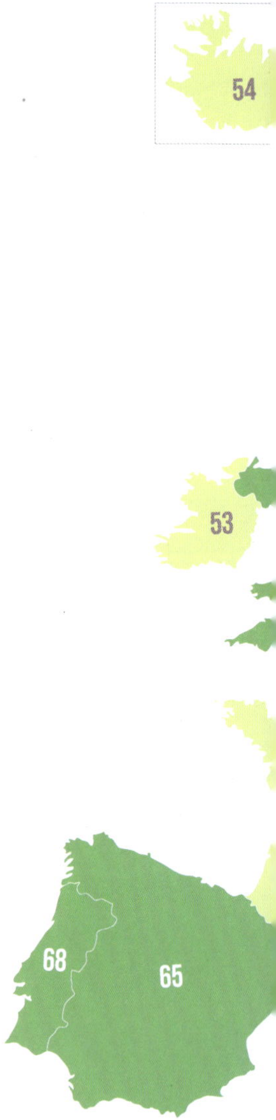

Justin Fashanu begeht Suizid.
Sein Tod wird in der Öffentlichkeit als abschreckendes Beispiel für die Gefahren eines Coming-outs im Sport und für die Notwendigkeit, Sportler:innen vor Diskriminierung zu schützen, herangezogen

1998

Erster Rechtsschutzfonds (National Center for Lesbian Rights) konzentriert sich auf den Schutz von LGBTQIA*-Athlet:innen

2001

Die FA will bei der Bekämpfung von Homophobie eine führende Rolle in Europa einnehmen

2004

Menschenrechtssituation von LGBTQIA*-Personen

Rainbow-Index, 2021

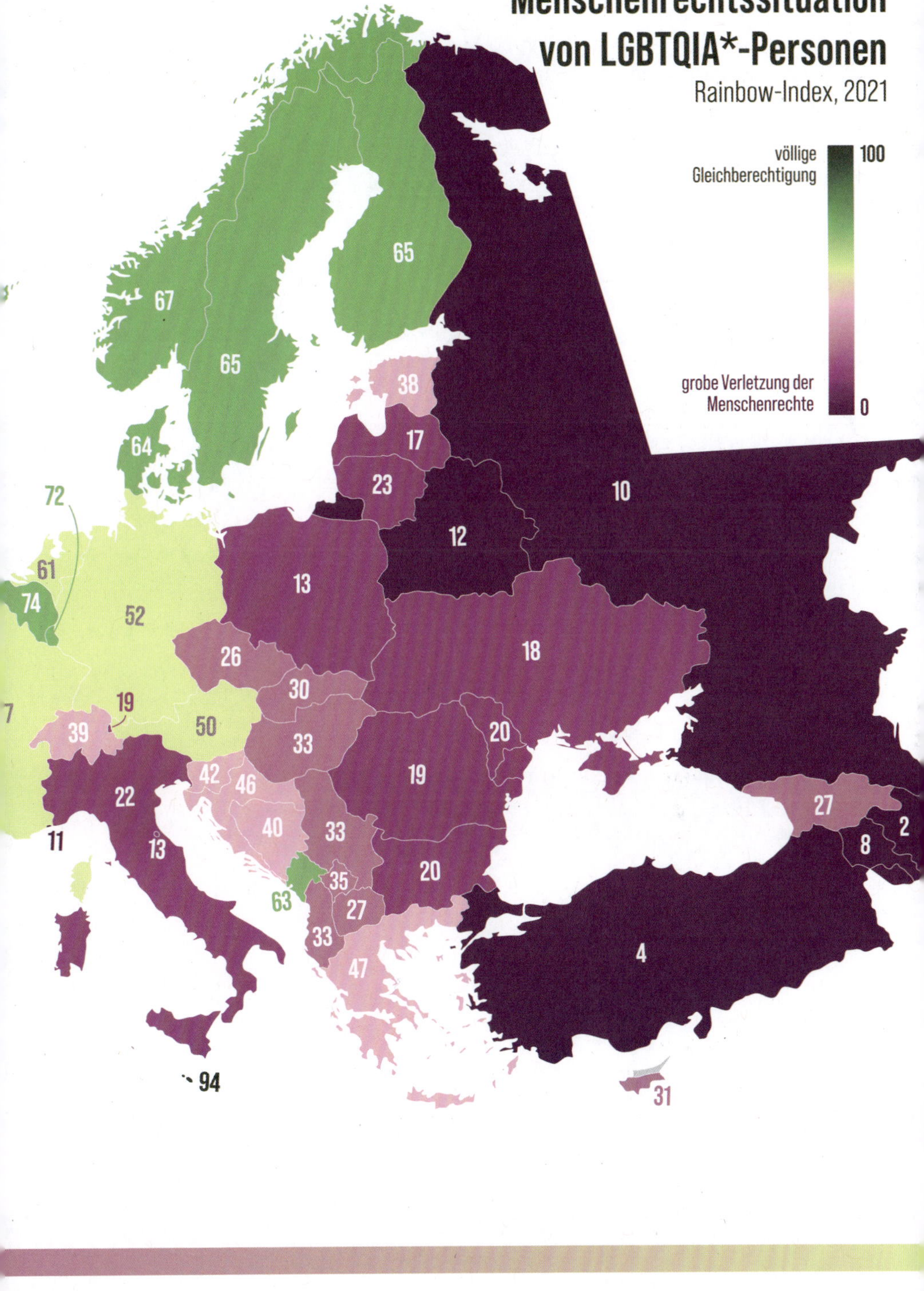

Wenngleich sich die gesellschaftliche Situation von LGBTQIA*-Personen in Europa seit Fashanus tragischem Tod massiv verbessert hat, hinkt der Profifußball dabei offensichtlich noch hinterher. Jede Woche vor Zigtausenden Fans im Stadion zu stehen, schreckt viele ebenso von einem Outing ab wie die Social-Media-Armee queerfeindlicher Personen – wenngleich viele große Vereine mittlerweile auch LGBTQIA*-Fanclubs zu ihren Unterstützern zählen.

Und dann sind da ja auch noch die Teamkollegen. Ende der 1980er hatte man womöglich noch Mitspieler wie Michael Schütz von Fortuna Düsseldorf, der meinte, »man würde gegen so einen nicht richtig rangehen, weil eine gewisse Furcht vor Aids da wäre«. Oder einen Leiter wie den ehemaligen Nationaltrainer Österreichs, Otto Barić, der Schwule »innerhalb von zehn Minuten« erkennen würde und nicht in seinem Team haben wolle. Auch aufgrund solcher Aussagen erklärten 2021 unter Federführung des deutschen Fußballmagazins *11 Freunde* mehr als 800 Spielerinnen und Spieler ihre Solidarität mit all jenen, die ihre sexuelle Orientierung noch immer geheimhalten. »Wir werden euch unterstützen und ermutigen und, falls notwendig, auch gegen Anfeindungen verteidigen«, heißt es in der Stellungnahme.

Damit wollen sie auch solchen Argumenten Einhalt gebieten, wonach die Fußballkabine als Ort regelmäßiger Nacktheit immer noch kein Platz sei, an dem sich schwule Fußballer wohlfühlen könnten. Was Fußballkabinen diesbezüglich von Rugby-, Theater- oder Fitnessstudiokabinen unterscheidet, konnte bisher ohnehin niemand schlüssig erklären. Dass es schwulen Fußballprofis an Stärke, Leidenschaft oder Härte fehle, entkräftete spätestens Thomas Hitzlsperger, deutscher Fußballprofi unter anderem beim VfB Stuttgart,

2005

Erste Profiliga (NHL) verbietet homophobe Diskriminierung

2007

Das Internationale Olympische Komitee veröffentlicht eine Konsenserklärung, in der Homophobie als „sexuelle Belästigung/Missbrauch" definiert wird. Es erklärt auch, dass es eine rechtliche und ethische Verpflichtung gibt, LGBTQIA*-Personen vor Diskriminierung zu schützen

2011

Die NBA verhängt eine hohe Strafe gegen Kobe Bryant, weil er während eines Spiels eine homophobe Beleidigung geäußert hat. Bryant ist einsichtig und bleibt bis zu seinem Tod ein starker LGBTQIA*-Fürsprecher

Lazio Rom und West Ham United. Für seinen strammen Schuss und harte Tacklings war er als »The Hammer« bekannt. Für sein öffentliches Outing 2014, nach seinem Karriereende, erfuhr er – auch international – große Anerkennung.

Langsam öffnet sich der Profifußball für schwule Sportler. Sei es dank umfassender Strafen für homophobes Verhalten in Stadien, Solidaritätsbekundungen von Vereinen und Sponsoren über den Pride-Monat Juni hinaus oder dem gesamtgesellschaftlichen Wandel. Wenngleich es immer noch starke Unterschiede zwischen progressiven und reaktionären Vereinen und Tribünen gibt. Und auch im Jahr 2022 sind noch Rückschritte zu verzeichnen, wie die gewalttätigen Proteste serbischer Hooligans gegen die Belgrader Pride-Demonstration. Trotz des insgesamt positiven Trends zeigt ein Blick in andere männliche Profiligen, dass homophobe Strukturen oft nur mühsam aufgebrochen werden. Dabei zeigt sich auch, dass das Problem kein rein europäisches ist und auch kein rein fußballerisches. Erst im September 2021 gab es in den USA zum ersten Mal gleichzeitig mindestens einen aktiven, offen schwulen Profi in den fünf großen Profiligen: im Basketball, Baseball, Football, Eishockey und eben Fußball.

Männerproblem?

Ein Blick zu den Frauen offenbart, dass die homophobe Gesinnung im Spitzensport vor allem ein männliches Problem zu sein scheint. Nicht nur sind Angehörige der LGBTQIA*-Community im Frauensport seit Jahren präsent, toleriert und großteils willkommen. Im Profifußball der Frauen gehen mit Megan Rapinoe, Pernille Harder und Marta auch die bisher bekannteste, die beste und die teuerste

Die vier größten US-Ligen (MLB, NBA, NFL, NHL) erweitern ihre Antidiskriminierungspolitik um den Bereich Sexualität

Als erster deutscher Profifußballer outet sich Thomas Hitzlsperger – nach seiner Karriere – als homosexuell

Eine parlamentarische Untersuchung des Vereinigten Königreichs ergibt: Obwohl in den letzten 30 Jahren ein deutlicher Wandel in der Gesellschaft und ihrer Einstellung zu Homophobie zu verzeichnen ist, spürt man davon im Fußball fast nichts

2012

2014

2017

Fußballspielerin offen mit ihrer Homo- oder Bisexualität um. An der Leistung kann es also nicht liegen.

Vielleicht müssen sich die von Männern dominierten Verbände Uefa und Fifa einmal fragen, ob ihre Vergabe großer Turniere an autoritäre Staaten, in denen LGBTQIA*-Rechte stark beschnitten werden oder gar nicht existieren, der Sache dient. Ebenso der Kuschelkurs mit den dortigen Machthabern. So verhinderte beispielsweise die Uefa bei der Europameisterschaft 2021, dass die Münchner Allianz-Arena beim Spiel gegen Ungarn in den Regenbogenfarben beleuchtet wurde. Kurz zuvor hatte das ungarische Parlament ein umstrittenes Gesetz verabschiedet, das die Informationsrechte Jugendlicher über queere Themen stark einschränkt. Anstelle Münchens erstrahlten dann zumindest zeitgleich die Fußballstadien in Berlin, Frankfurt und Köln in Regenbogenfarben. Zahlreiche Fans brachten ihre eigenen Regenbogenflaggen mit, Bayerns Ministerpräsident Markus Söder packte eine Regenbogen-Coronaschutzmaske aus und Deutschlands Torwart trug statt der offiziellen Kapitänsbinde eine regenbogenfarbene. Ein zunächst eröffnetes Verfahren gegen die bunte Binde, die Manuel Neuer schon während der gesamten EM getragen hatte, stellte die Uefa kurz vor dem Spiel dann doch wieder ein. Denn es diene ja der »guten Sache«. Was allerdings eigentlich auch die Idee hinter dem Stadionleuchten war.

Im Grunde hat Dario Minden von der Fanorganisation *Unsere Kurve* beim DFB-Kongress im September 2022 aber alles gesagt, was es zum Thema Homosexualität im Männerprofifußball zu sagen gibt. An den katarischen Botschafter im Publikum gerichtet, begann er: »Ich bin ein Mann und ich liebe Männer. Ich habe auch – bitte seien Sie nicht schockiert – Sex mit anderen Männern. Das ist normal. Gewöhnen Sie sich bitte daran oder halten Sie sich aus dem Fußball raus.« Denn die wichtigste Regel im Fußball besage, dass »Fußball für alle ist«.

2019 – Wissenschaftlicher Konsens des IOC wird veröffentlicht: LGBTQIA*-Athlet:innen haben ein besonders hohes Risiko für Missbrauch

2020 – Die USA verbieten die Verwendung homophober Sprache im Sport

2021 – Nach mehrfachem Verschieben beschließt das IOC neue, sehr flexible Richtlinien für die Teilnahme von trans* Personen: Jeder Weltverband darf selbst entscheiden, jedoch soll die größtmögliche Inklusion gewährleistet werden

Anzahl der männlichen Profifußballer in den fünf Topligen Europas, Saison 2022/23

2.923

Wie viele statistisch gesehen davon schwul sein müssten*

88-292

Wie viele sich als homosexuell geoutet haben

0

*Der Anteil homosexueller Menschen an der Bevölkerung liegt laut dem Informationsportal *Psychomeda* zwischen drei und zehn Prozent. Die Zahlen schwanken stark, weil es unterschiedliche Antworten auf die Frage gibt, ab wann jemand als homosexuell gilt.
Stand September 2022

Verlieren fürs Volk – Irans sportlicher Israel-Boykott

Mit bloßen Händen gegen Kalaschnikows anzutreten, ist für gewöhnlich keine gute Idee. Alireza Karimi hätte allerdings das Zeug dazu gehabt, zu gewinnen – durfte aber nicht. Karimi ist iranischer Ringer, ein sehr guter sogar. Bereits mit 21 Jahren errang er bei den Weltmeisterschaften die Bronzemedaille. 2017 hätte der damals 23-Jährige als klarer Favorit seinen Junioren-Weltmeistertitel verteidigen sollen, doch die iranische Staatsführung hatte etwas dagegen – und zwang Karimi, zu verlieren. Ein Sieg hätte nämlich in der nächsten Runde ein Viertelfinalduell gegen Uri Kalaschnikow bedeutet, einen Israeli. Solche direkten Aufeinandertreffen mit dem Erzfeind Israel, dessen Existenzrecht der Iran seit der Islamischen Revolution von 1979 nicht mehr anerkennt, lehnt Teheran aber kategorisch ab. Und zwingt seine Athlet:innen deshalb zum Verlieren oder Vortäuschen von Verletzungen, damit iranisch-israelische Duelle gar nicht erst stattfinden. Dieser Vorgabe Folge leistend, ließ sich Karimi auf direkte Zurufe seines Coaches trotz aussichtsreicher 3:2-Führung mehrmals vom Gegner drehen und verlor den Kampf nur Sekunden später mit 3:14 Punkten. Noch am Abend der Niederlage postete der enttäuschte Sportler ein recht unspektakuläres Video auf Instagram, das ihn bei einem nächtlichen Spaziergang durch eine Stadt zeigt. Zu hören ist allerdings die Liedzeile eines iranischen Musikers: »Stille ist die letzte Festung, ihr könnt uns unser Recht nicht nehmen.«

Seinen Frust ignorierend, lobte die iranische Regierung Karimi für dessen »edle und heroische Tat«, der junge Mann sei eine »Quelle des Stolzes«. Der oberste politische und geistliche Führer des Iran, Ali Chamenei, versprach ihm gar eine »Belohnung

Die größten staatlichen Boykotte der Olympischen Sommerspiele

Länder, die ihre Teilnahme an den jeweiligen Spielen zurückzogen, oder deren Sportler:innen geschlossen fernblieben

Der afrikanische Boykott

Als die neuseeländische Rugby-Union-Nationalmannschaft 1976 für eine Freundschaftsspiel-Tour durch Südafrika reiste und trotzdem nicht für die Olympischen Spiele gesperrt wurde, organisierte Tansania einen Boykott der Spiele, an dem sich zahlreiche afrikanische Länder beteiligten. Hintergrund: Weil Südafrika als Apartheidsregime die sogenannte Rassentrennung eingeführt hatte, wurde es von der Sportwelt geächtet.

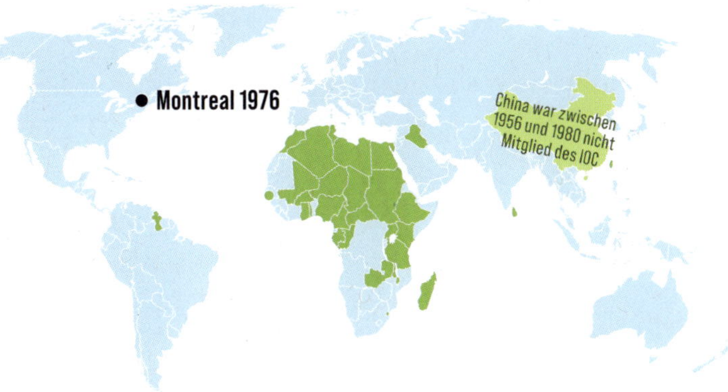

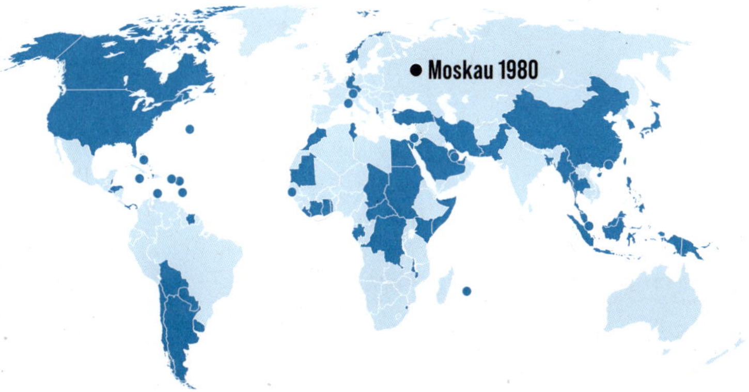

Der amerikanische Boykott

Ende 1979 griff die Sowjetunion Afghanistan an. Unter führender Rolle des US-Präsidenten Jimmy Carter boykottierten deshalb rund vier Dutzend Staaten die Spiele in Russland. Teils auch aus finanziellen Gründen, nahmen insgesamt 67 Länder nicht teil.

Die sowjetische Retourkutsche

Als offiziellen Grund für das Fernbleiben sowjetischer Sportler:innen nannte Moskau Sicherheitsbedenken. Insgesamt blieben 15 Ostblockländer zuhause, von den Mitgliedstaaten des Warschauer Paktes kam nur Rumänien.

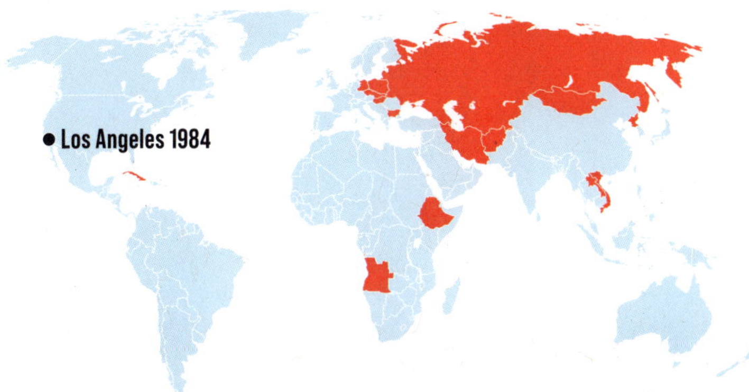

durch Gott«. Der Ringerweltverband war hingegen weniger begeistert und sperrte den Athleten für ein halbes und seinen Trainer für zwei Jahre. Und auch der iranische Verbandspräsident, die Ringerlegende Rasoul Khadem, hatte offenbar die Schnauze voll. Er legte sein Amt nieder – oder wurde dazu gezwungen, wie er in einem offenen Brief andeutete. Zu oft würden die Sportler um die Früchte ihrer Arbeit gebracht, so die Kritik des Olympiasiegers von 1996. »Einen Athleten zu zwingen, eine Niederlage hinzunehmen, oder die ganze Nacht herumzulaufen, um ein ärztliches Attest zu bekommen, ist nicht richtig«, schrieb Khadem und forderte ein Umdenken. Gemeinsam mit ihm traten auch die restlichen Spitzenfunktionäre zurück.

Sport siegt über Politik

Bis September 2023 brauchen auch die iranischen Judofunktionäre keinen Finger zu rühren. Erst dann endet nämlich die vierjährige Sperre durch den Judoweltverband. Begründet wurde der Ausschluss mit Verstößen gegen die Ethikregeln und die olympische Charta. Auch in diesem Fall hatte das iranische Sportministerium Druck auf einen Athleten ausgeübt, es nicht zu einem Kampf mit einem israelischen Kontrahenten kommen zu lassen. Diesmal war es der Judoweltmeister Saeid Mollaei und diesmal wurde sogar dessen Familie bedroht. Auch er sollte sich aus einer Weltmeisterschaft zurückziehen, als sich abzeichnete, dass er im Finale auf einen Israeli treffen würde, den mehrfachen Europameister Sagi Muki. Doch der Turnierfavorit widersetzte sich den Anweisungen und gewann Kampf um Kampf. Als der Druck dann aber doch zu groß wurde, die iranischen Behörden sogar in das Haus der Familie eindrangen, musste er das Halbfinale verlieren. Im Kabinentrakt soll Mollaei in Tränen ausgebrochen sein. Und der Israeli Muki wurde tatsächlich Weltmeister 2019. Mollaeis gratulierte ihm via Instagram und ergriff unmittelbar nach dem Post die Flucht nach Deutschland. Kurzzeitig unter der Flagge des olympischen Flüchtlingsteams kämpfend, erhielt Mollaei wenige Monate später auf unbüro-

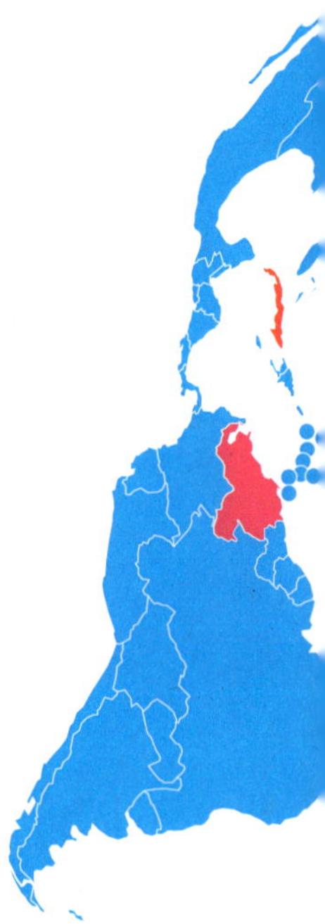

kratischem Wege einen mongolischen Pass – dem judofanatischen Staatspräsidenten Chaltmaagiin Battulga sei Dank. Bevor er 2022 ins aserbaidschanische Team wechselte, revanchierte sich Mollaei im Jahr zuvor noch bei Battulga mit einer Silbermedaille bei den Olympischen Sommerspielen von Tokio. Und schließlich sollte er auch noch seinen Kampf gegen Sagi Muki bekommen: Beim Judo Grand Slam Budapest 2022 konnten sie erstmals gegeneinander antreten – und Mollaei Muki in der dritten Runde besiegen. Nach dem Kampf umarmten sie sich und auf Instagram schrieb Muki, es sei ein »Sieg zweier Sportler« gewesen, ein »Sieg des Sports über die Politik«. Sport und Freundschaft könnten alle Gräben überwinden. Mollaei antwortete: »Danke, Bruder.«

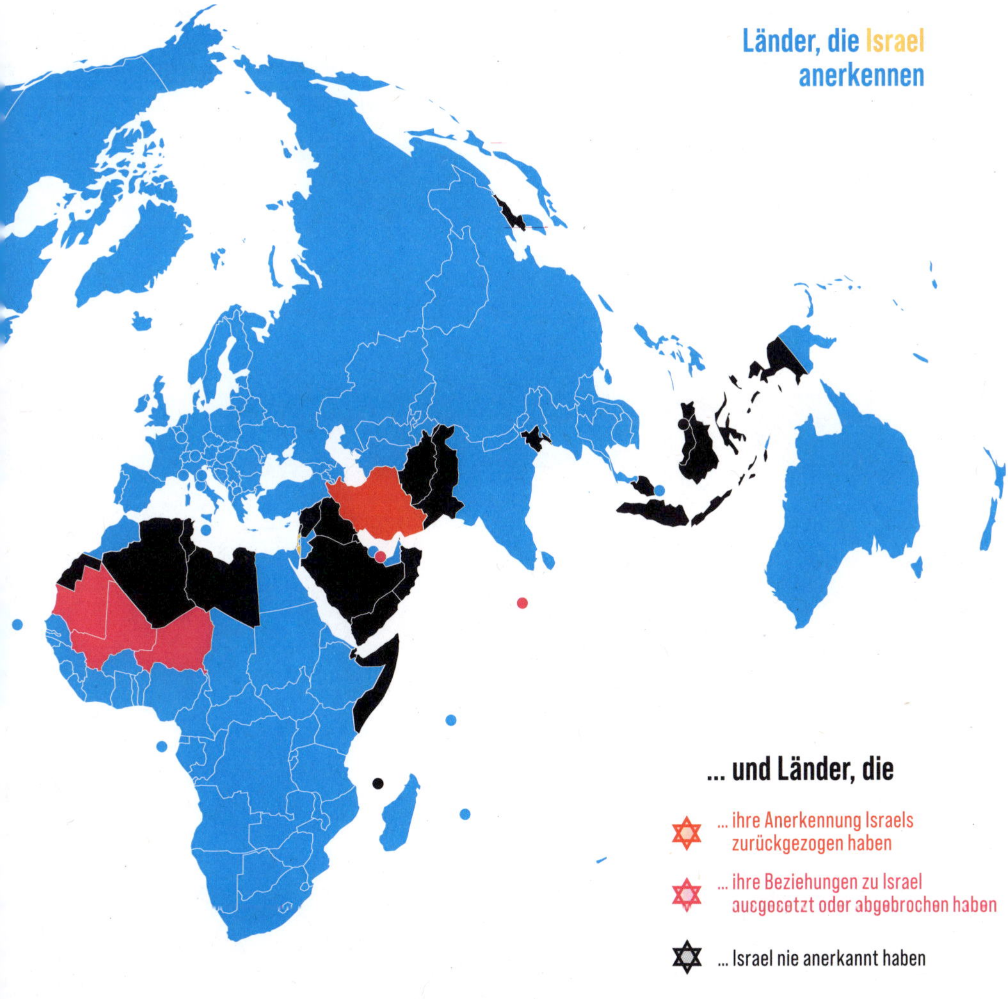

Länder, die an allen Olympischen Spielen der Neuzeit teilgenommen haben
seit der Wiedereinführung 1896

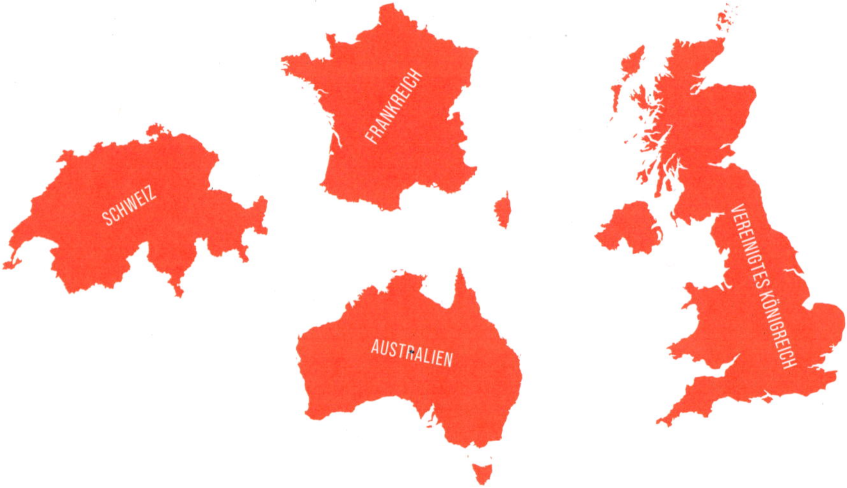

Abseits der beliebten Kampfsportarten zieht sich der iranische Israel-Boykott auch durch andere Disziplinen. Beispielsweise im Schwimmen. 2008 hatte das iranische Olympische Komitee dem Schwimmer Mohammad Alirezaei überraschenderweise erlaubt, im Vorlauf des 100-Meter-Brustwettbewerbes gegen einen Israeli anzutreten. Die Bahnen eins und sieben, die den beiden Sportlern zugewiesen worden waren, seien ausreichend weit voneinander entfernt und es würde sowieso primär gegen die Zeit geschwommen werden. Es sei deshalb kein direktes Duell mit dem Erzfeind, so das Urteil. Ein Glücksfall für Alirezaei, war er doch der erste iranische Schwimmer überhaupt, der sich ohne Wildcard für Olympia qualifizieren konnte. Doch nur wenige Minuten vor dem Start stieg er aus dem Wettkampf aus. Aus gesundheitlichen Problemen, wie es offiziell hieß.

Gelegentlich weigern sich auch Sportler:innen anderer Nationen, gegen Israel anzutreten, etwa solche aus Libyen, dem Sudan, Algerien, Katar oder Jordanien. So wurden die Weltmeisterschaften im Paraschwimmen und im Squash zuletzt sogar komplett abgesagt, weil Gastgeber Malaysia sich weigerte, israelischen Sportler:innen Visa auszustellen. So konsequent wie der Iran ist aber kein anderes Land.

Trübe Aussichten

Wie folgende Geschichte zeigt: Als 2017 in der Qualifikation zur Europa League der israelische Fußballverein Maccabi Tel Aviv auf den griechischen Klub Panionios Athen traf, standen bei den Hellenen mit Masoud Shojaei und Ehsan Hajsafi zwei Iraner auf dem Platz. Selbst das ging den iranischen Verantwortlichen zu weit. Irans stellvertretender Sportminister stellte im Staatsfernsehen klar: »Es ist sicher, dass Masoud Shojaei und Ehsan Hajsafi niemals in die Fußballnationalmannschaft eingeladen werden, denn sie haben die rote Linie übertreten.« Ihrer Sperre entkamen die beiden Profis mit Entschuldigungen und der Ausrede, von Panionios Athen zum Auflaufen gezwungen worden zu sein. Vor allem Shojaei hatte sich allerdings bereits in der Vergangenheit für prodemokratische Bestrebungen und ein Ende des Frauenverbots in Fußballstadien eingesetzt – lebte also seit jeher gefährlich.

Aussicht auf Veränderung gibt es kaum. Eher im Gegenteil. 2021 forderte der iranische Führer Chamenei alle Länder auf, dem iranischen Boykottvorbild zu folgen. Er würde ausländische Sportler sogar finanziell unterstützen, die für ein Nichtantreten Strafen erhielten. Erst 2020 war ein Gesetzesvorschlag nur knapp nicht unterzeichnet worden, der Iraner:innen ein Antreten gegen Israel offiziell verboten hätte. Der Parlamentsausschuss für nationale Sicherheit und auswärtige Angelegenheiten aber fürchtete die Reaktion der internationalen Sportverbände. Womöglich hätte das IOC dem Iran die Teilnahme an Olympischen Spielen untersagt. Das Risiko erschien zu groß, weshalb die Paragrafen über den Spitzensport wieder aus dem Antrag flogen. Die lapidare Begründung: Sportlerinnen und Trainer wüssten ohnehin, dass ein Antreten gegen Israelis für die Regierung nicht infrage komme.

Rassismus, aber lieb gemeint

Neunzig Minuten durchzuquasseln, ist anstrengend. Vor einem Millionenpublikum zudem besonders herausfordernd. Insbesondere Kommentatoren von Fußballspielen – Kommentatorinnen sind immer noch extrem selten – nutzen deshalb oft blumige Ausdrücke und Vergleiche, um die Übertragung ein wenig aufzupeppen. Oder um sich als Entertainer zu profilieren und die Zuschauer:innen am Bildschirm zu halten. Der Deutsche Wolf Fuss etwa gilt als einer der besten seines Fachs und zudem als Urheber der Bezeichnung »Ein-Mann-Büffelherde«. Er soll sie erstmals für den brasilianischen Verteidiger Lucio und dessen robuste Spielweise verwendet haben. Als Kompliment gemeint, natürlich.

Durchkämmt man die Onlinesuchmaschine seines Vertrauens nach dem Wort *Ein-Mann-Büffelherde*, poppen zwar vereinzelt Artikel zu Norwegens Sturmtank Erling Haaland oder dem wehrhaften deutschen Verteidiger Hans-Peter Briegel auf. Vor allem aber erscheinen Beiträge über Lucio, seinen brasilianischen Mannschaftskameraden Roberto Carlos, den Belgier Romelu Lukaku, den Nordiren Josh Magennis oder den Franzosen Sébastien Haller. Gemeinsam ist den Herren – abgesehen von Haaland und Briegel –, dass sie allesamt nicht weiß sind oder zumindest aus dem südlichen Teil der Weltkugel stammen. Ist es reiner Zufall, dass fast ausschließlich nichtweiße Spieler mit diesem Vergleich versehen werden? Oder ist es unterschwelliger Rassismus?

Auch in Qualitätsmedien werden nichtweiße Fußballer oft auf ihre Körperlichkeit reduziert. So verglich etwa Peter Ahrens im *Spiegel* Lucios Antritte einst mit einer sogenannten Stampede, einer in Panik geratenen, unkontrollierbaren Tierherde,

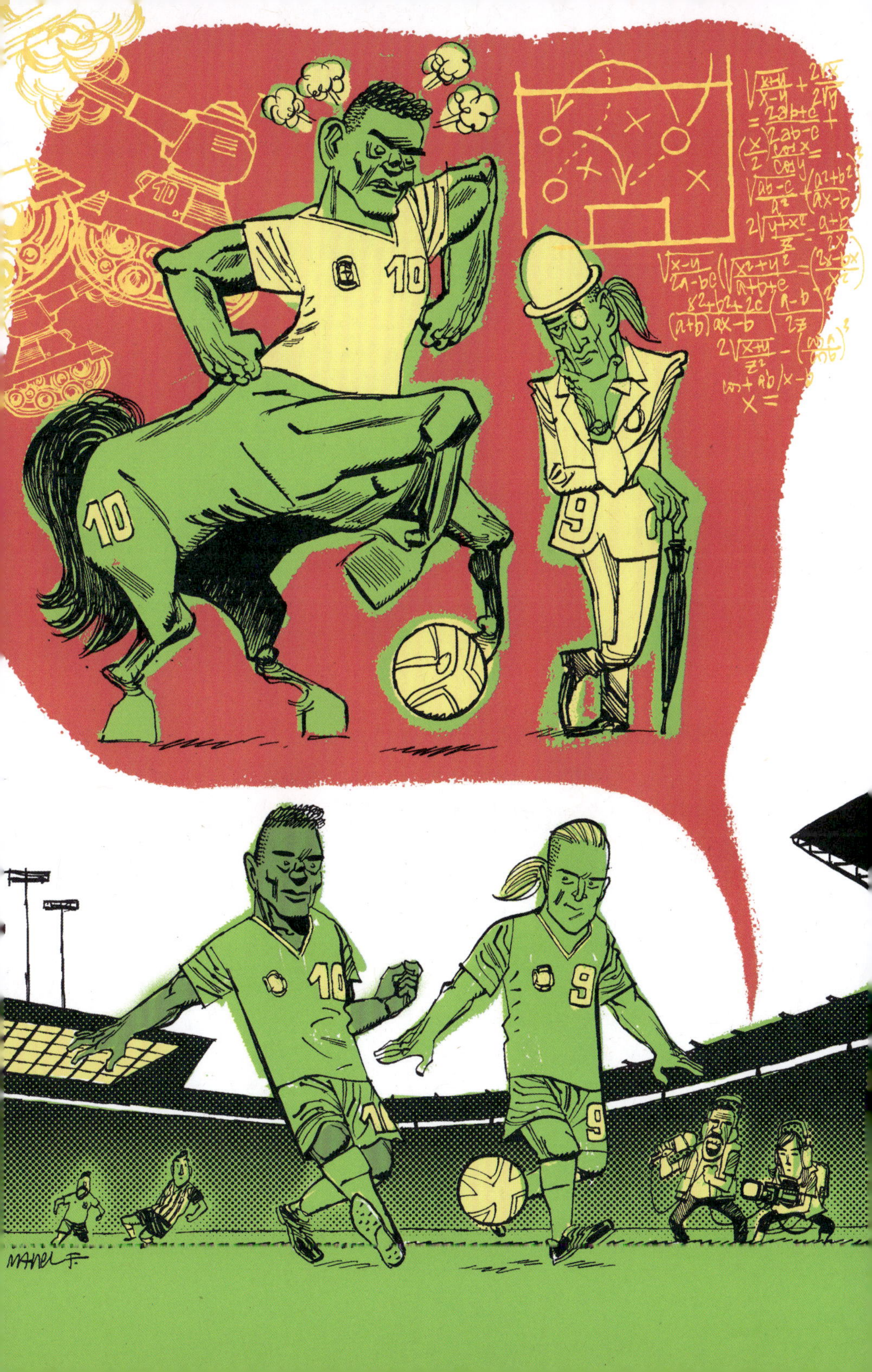
MANEL F.

die »nicht mehr einzufangen [ist] – weder vom Gegenspieler noch vom taktischen Konzept des eigenen Trainers«. In Europa habe der Brasilianer jedoch »Disziplin gelernt. Auch wenn es Jahre gedauert hat.« Unterton: Der wilde Brasilianer, das »Arbeitstier«, musste erst einmal durch die deutsche und italienische Taktikschule.

Was im ersten Moment oft wie ein »kerniger Spruch« wirkt, ist meist nichts anderes als positiver Rassismus. Davon spricht man, wenn jemandem bestimmte positive Attribute nur aufgrund einer bestimmten Herkunft oder Hautfarbe zugeordnet werden: die schlaue Chinesin oder die schnellen Afrikaner. Über das Debüt des Ghanaers Abdul Rahman Baba schrieb Florian Pöhlmann für die *Nürnberger Zeitung* etwa, er gleiche »einer Gazelle, rasant im Antritt, behende, kraftvoll und gleichzeitig grazil«. Eine Zuschreibung, die man bei weißen Spielern nur selten findet – vor allem Tiervergleiche beziehen sich deutlich häufiger auf People of Colour, also nichtweiße Sportler:innen, wie Studien belegen. Dass schwarze Spieler weltweit immer wieder mit Affenlauten beschimpft werden, lässt die zahlreichen Tiervergleiche noch mal in einem anderen Licht erscheinen.

Statistisch belegte Stereotype

Die dänische Firma RunRepeat, die eine Datenbank für Laufschuhe betreibt, konnte diesen mal mehr, mal weniger unterschwelligen Rassismus in Zahlen übersetzen. Gemeinsam mit der britischen Fußballer:innen-Gewerkschaft Professional Footballers' Association analysierten die Ersteller:innen der Studie über 2.000 Aussagen von Kommentatoren in 80 Spielen der Saison 2019/20 in vier europäischen Topligen. Die Ergebnisse zeigen, dass die Kommentatoren Spieler mit hellerer Hautfarbe als intelligenter, qualitativ hochwertiger und fleißiger lobten als Spieler mit dunklerer Hautfarbe. Spieler mit dunklerer Hautfarbe wurden signifikant häufiger auf ihre »gottgegebenen« körperlichen Eigenschaften oder athletischen Fähigkeiten – nämlich Tempo und Kraft – reduziert als Spieler mit hellerer Hautfarbe.

Beispiele, in denen schwarze Spieler für ihre mangelnde Disziplin, taktisches Unvermögen oder mangelnde Einsatzbereitschaft getadelt, von denselben Kommentatoren aber für ihre athletischen Körper gelobt wurden, gab es zuhauf. Der ehemalige

Schottland- und Liverpool-Kapitän Graeme Souness kritisierte am französischen Weltstar Paul Pogba beispielsweise mehrfach, dass er sein »Fußballhirn entwickeln müsse« und »kein großes Verständnis des Spiels« habe, während er wiederholt dessen Muskelkraft und Athletik lobte. Für Jason Lee von der britischen Spielergewerkschaft zeigt die Studie, »dass Menschen verschiedener ethnischer Gruppen genau die gleichen Dinge in einem Spiel tun können und dennoch auf unterschiedliche Weise beschrieben werden«. Rund 94 Prozent der Personen, die die Spiele kommentierten, waren übrigens weiß.

Katzensprung zum gefährlichen Rassismus

Nun könnte man meinen, dass schwarze Kommentatoren besonders sensibel bei diesem Thema seien. Sind sie für gewöhnlich auch. Und dennoch scherzte der schwarze Ex-Profi und jetzige Football-Experte Michael Irvin Ende 2006 in einem Radiointerview, die sportlichen Fähigkeiten des weißen Dallas-Cowboys-Quarterbacks Tony Romo müssten auf eine afroamerikanische Herkunft zurückzuführen sein. Irvin deutete an, eine entfernte Großmutter Romos hätte wahrscheinlich mit einem Sklaven ein Kind gezeugt.

Für den deutschen Ex-Handballer und Sportwissenschafter Helmut Digel sind Vorurteile ein Versuch, die komplexe Welt zu verstehen und die Reizüberflutung ein Stück weit zu ordnen. Letzten Endes könnten Aussagen wie »schwarze Fußballspieler sind ballverliebt, aber nicht zielorientiert« oder »das Foul des italienischen Verteidigers war besonders hinterhältig« aber zu problematischen Verallgemeinerungen führen. Daher sind sie eine gefährliche Vorstufe auf dem Weg zu Intoleranz und Diskriminierung, argumentiert Digel. Von der wildgewordenen Büffelherde zum minderbemittelten Affen ist es nämlich oft nur ein Katzensprung.

Indiens Bauern haben keinen Bock auf Cricket

Die Liste verbotener Gegenstände in Sportstadien ist lang und wird immer länger. Neben Pyrotechnik, Böllern und Eisenstangen müssten in Indien eigentlich auch Schlangen in den Verbotskatalog. Richtig gelesen! Aber wer zur Hölle nimmt seine Hausschlange mit zum Fußball oder Cricket? Tatsächlich wurden auf dem indischen Subkontinent bereits Fälle gemeldet, in denen sich ein Dutzend giftiger, wilder Schlangen seinen Weg in ein Stadion der ersten Fußballliga schlängelte. Mit ihrer Invasion des Spielfeldes warteten die Reptilien aber zum Glück bis nach dem Spiel.

Auch 2018 gab es eine Schlangenwarnung, diesmal allerdings mit Vorankündigung: Etliche Bauern hatten aus Protest gegen das damalige Wassermanagement der südlichen Bundesstaaten Tamil Nadu und Karnataka damit gedroht, bei einem Cricketspiel ihre Schlangen freizulassen. Die Chennai Super Kings gingen auf Nummer sicher und engagierten für den Fall der Fälle einige Schlangenfänger aus dem nahegelegenen Guindy-Nationalpark. Weil Cricket der mit Abstand beliebteste Sport im zweitbevölkerungsreichsten Land der Erde ist, bietet er auch die größtmögliche Bühne für sozialen Protest. Neben den Schlangendrohungen kam es im Streit um die Verteilung des Wassers aus dem Fluss Kaveri deshalb im und ums Stadion auch zu großen Demonstrationen mit Dutzenden Festnahmen. Bis zu 4.000 Polizisten mussten an jenem Tag in Chennai für Sicherheit sorgen.

In Indien – dessen Name auf das Sanskrit-Wort für »Fluss« zurückgeht – stellt die Cricketliga aber nicht nur ein Ventil und eine Bühne für gesellschaftlichen Protest dar, ihre durstigen Rasenflächen sind immer wieder auch dessen Auslöser. Das Land

Spielorte der Indian Premier League 2018

und durchschnittliche jährliche Regenmenge in Zentimetern

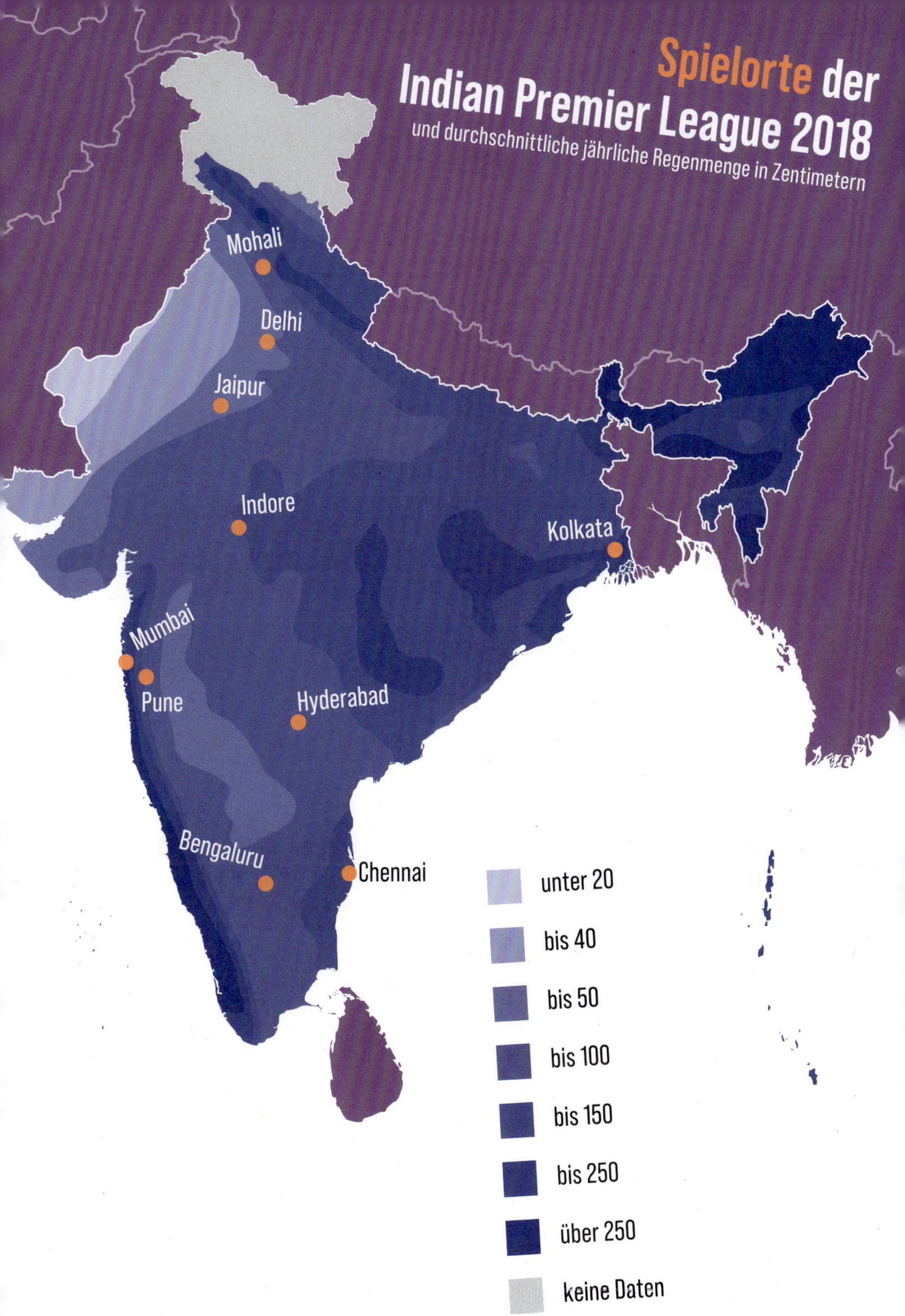

ist nämlich schon lange und regelmäßig von anhaltenden Hitze- und Dürreperioden betroffen. Und der Klimawandel verschlimmert die Lage von Jahr zu Jahr. Das stellt vor allem die Landwirtschaft vor riesige Probleme. 2022 erlebte Indien den heißesten Sommer aller Zeiten, berichtete der Nachrichtensender *India Today*. Früher hat es solche Hitzewellen alle 50 Jahre gegeben, mittlerweile ereignen sie sich alle paar Jahre. Bereits 2016 war einer der bislang heißesten Sommer mit Temperaturrekorden von mehr als 52 Grad im Nordwesten des Landes. Auch der westliche Bundesstaat Maharashtra wurde erneut hart getroffen, nachdem im Jahr zuvor bereits 3.228 Bauern aufgrund von Ernteausfällen Suizid begangen haben sollen.

Wasser für wen?

Als das Wasser Anfang April 2016 wieder knapp wurde, waren offiziell mehr als die Hälfte der 43.000 Dörfer des Bundesstaates von der Dürre betroffen. Sogar Operationen mussten verschoben werden. Zugleich wässerte man immer noch die Spielfelder der großen Cricketstadien. Ein Widerspruch, der auf Unverständnis stieß. Daher reichte die Bewegung Lok Satta, was so viel bedeutet wie »Volksmacht«, beim Obersten Gerichtshof in Mumbai eine Petition ein. Demnach sollten die Cricketspiele der Indian Premier League in den Millionenstädten Mumbai, Pune und Nagpur in andere Bundesstaaten verlegt werden. Kritiker:innen sprachen von »krimineller Wasserverschwendung« durch die rund zwanzig bevorstehenden Partien der milliardenschweren Liga. Mindestens sechs Millionen Liter Wasser würde allein die Pflege der drei Spielfelder im Bundesstaat Maharashtra in Anspruch nehmen, so Lok Satta.

Wenngleich die Behörden beteuerten, dass für die Bewässerung kein Trinkwasser verschwendet werde und auch so genug Wasser vorhanden sei, gab der Gerichtshof der Forderung wenige Tage später tatsächlich statt. Auch seitens der Medien hatte die Kritik zugenommen – sind viele einflussreiche Politiker doch zugleich auch Cricketfunktionäre. Da half nicht einmal mehr das Versprechen der drei Teams, Trink-

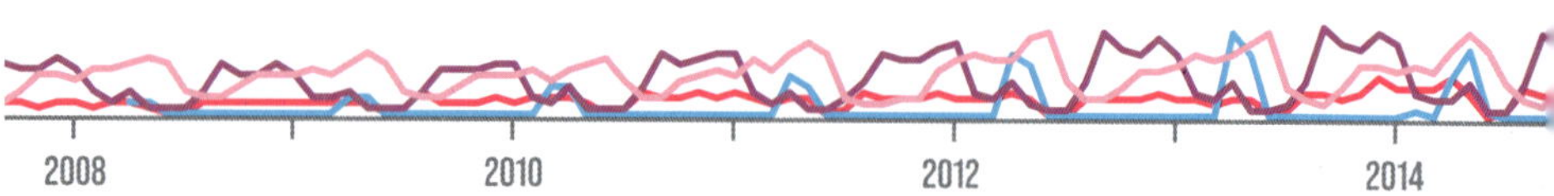

wasser aus anderen Regionen zuzukaufen. In ihrer Urteilsverkündung kritisierten die Richter sowohl den Cricketdachverband als auch den Bundesstaat Maharashtra, der offenbar die Ansicht vertrat, dass Spiele der Premier League wichtiger seien als das Leben gewöhnlicher Menschen. Sie empfahlen die Verlegung der Spiele in Bundesstaaten, in denen es »Wasser in Fülle« gebe. Jaipur im weiter nördlich gelegenen Bundesstaat Rajasthan war definitiv kein solcher Ort. Dorthin wollten die Mumbai Indians ausweichen, bevor es erneut Proteste und Petitionen hagelte und sie letztlich an die Westküste gingen.

Alle Einsprüche der Verbände wies der Oberste Gerichtshof Indiens am 27. April 2016 schließlich endgültig zurück. Die Richter stellten fest, dass es besser wäre, die Spiele zu verlegen, als eine Situation zu schaffen, in der alle möglichen Vorschriften erforderlich wären. Deshalb wurden die 13 Spiele nach dem 1. Mai – auch das für Mumbai geplante Finale – aus Maharashtra abgezogen. Die Proteste waren also erfolgreich und die Schlangen mussten nicht von der Leine gelassen werden.

Häufigkeit der Google-Suchen weltweit

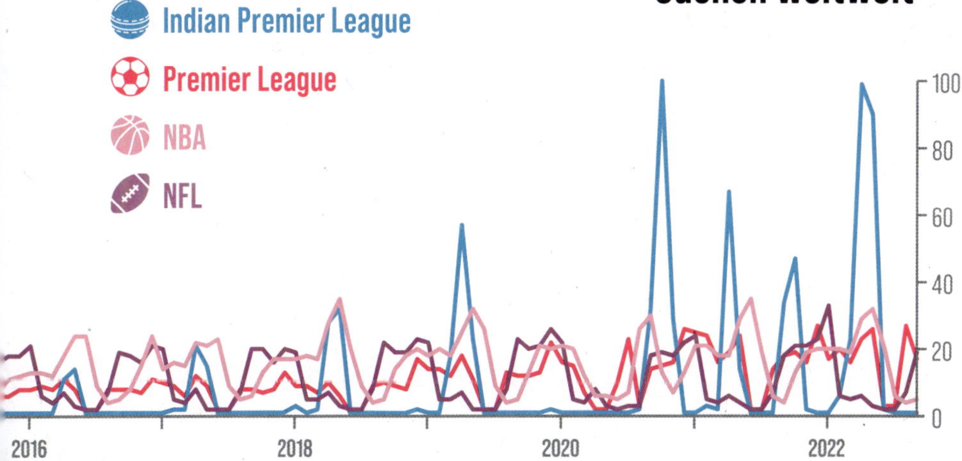

»Halbnackte Frauen, die wie nasse Otter glänzen«

Früher mussten sich sporttreibende Frauen verhüllen, um die männlichen Athleten nicht abzulenken. Heute müssen sie sich in knappe Outfits zwängen, damit die Herren auf den Tribünen was zu glotzen haben. So könnte eine kurze und knappe Zusammenfassung der Geschichte der weiblichen Sportbekleidung lauten. Viele mutige Frauen haben weitreichende Selbstbestimmungsrechte erkämpft, aber die letzte Schlacht ist noch lange nicht geschlagen. Immerhin wurde noch 2021 das norwegische Beachhandball-Nationalteam zu einer Strafe von 1.500 Euro verdonnert, weil es enge Shorts statt knapper Bikinihöschen trug. Aber fangen wir vorne an.

Vorne, das bedeutet, mit Kyniska aus Sparta zu beginnen. Die griechische Königstochter gilt als erste weibliche Olympiasiegerin, mit zwei Titeln im Vierergespann in den Jahren 396 und 392 vor Christus. Möglich war das allerdings nur, weil damals bei den Pferdewettkämpfen die Besitzer:innen siegreicher Rösser ausgezeichnet wurden und nicht die Fahrer der Wagen. Als olympische Athleten waren nämlich nur männliche, frei geborene und unbescholtene Griechen zugelassen. Bei den gymnastischen

Wettbewerben waren die Teilnehmer zudem meist nackt. Ab 400 v. Chr. mussten sich einer Überlieferung zufolge auch noch deren Coaches ausziehen, weil sich vier Jahre zuvor die aus einer berühmten Gymnastenfamilie stammende Kallipateira als »Trainer« in die Wettkämpfe eingeschlichen hatte. Nach dem Sieg ihres Sohnes soll auch sie blankgezogen und damit für Empörung gesorgt haben. Sportlich messen konnten sich griechische Frauen in der Antike vor allem bei den Heraia – den Feierlichkeiten zu Ehren der Göttin Hera, deren Höhepunkt sportliche Frauenwettkämpfe darstellten. Die offizielle Sportbekleidung bildete damals eine knielange Tunika, die große Teile des Körpers bedeckte, nicht aber die rechte Brust.

Tennis im Korsett und knöchellangen Kleid

Bis Frauen erstmals offiziell am olympischen Kräftemessen teilnehmen durften, sollte es bis 1900 dauern. Vier Jahre zuvor waren sie bei den ersten Olympischen Spielen der Neuzeit in Athen noch unerwünscht. In Paris nahmen nun nach langer Lobbyarbeit 22 Frauen an sechs Wettbewerben in vier Sportarten teil. Um die 997 männlichen Athleten möglichst nicht von deren sportlichen Höchstleistungen abzulenken, wurden die ersten Tennisspielerinnen in knöchellange Kleider gezwungen – bis zum Hals zugeknöpft und zusätzlich mit einer Fliege oder Krawatte verschnürt. Auch beim Segeln, Golf, Krocket oder Reiten waren die zu tragenden Frauenkleider alles andere als praktisch, während Männer meist schon in bequemen Shorts und aufgeknöpften Hemden antraten.

19 Jahre später begehrte mit der Ausnahmekönnerin Suzanne Lenglen erstmals ein weiblicher Weltstar gegen die strengen Kleidervorschriften auf. Die Tennisspielerin legte nicht nur das damals übliche Korsett ab, konnte dadurch befreiter aufspielen und ihren eleganten Stil besser auf den Platz bringen. Die junge Französin schockierte viele Fans auch mit unverhüllten Waden und Armen. Die revolutionäre Culotte der spanischen Tennisspielerin Lilí de Álvarez – eine Art Kniebundhose – sollte in den 1930ern viele Frauen im Alltag dazu ermutigen, die strenge Fixierung auf Röcke und Kleider zu hinterfragen. Trotzdem wurde in den Fünfzigern die aufstrebende elfjährige Billie Jean King bei einem Tennisturnier von einem Gruppenbild ausgeschlossen. Der Grund: ihre »unangemessene« kurze Hose. Mutter King konnte sich kein Tenniskleid für die Tochter leisten und nähte deshalb jenes Stück Stoff, das Billie Jean nachhaltig politisieren sollte.

Vorgaben für die Spielkleidung beim Beachhandball

laut Regeln des Welthandballverbandes

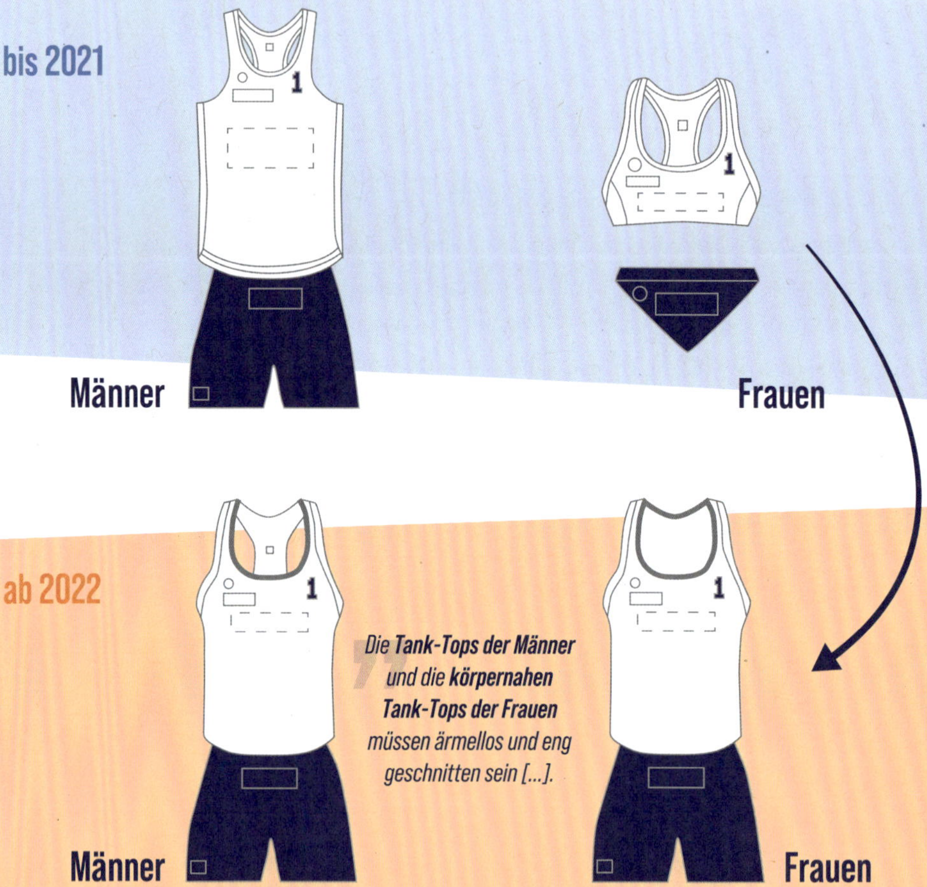

*Die **Tank-Tops der Männer** und die **körpernahen Tank-Tops der Frauen** müssen ärmellos und eng geschnitten sein […].*

*Die **Shorts [der Männer]**, sofern sie nicht zu lässig geschnitten sind, können länger sein, aber nicht länger als 10 cm über dem Knie. Die **kurzen, eng anliegenden Hosen der Frauen** müssen der Abbildung […] entsprechen.*

Die Kleider und Röcke wurden in den Folgejahren allmählich kürzer, was sich auch in den Regelwerken der internationalen Sportverbände abbildete – und plötzlich war es ein Skandal, wenn Frauen ihre Körper wieder verhüllen wollten. Als die US-Amerikanerin Anne White beim traditionell in Weiß zu spielenden Tennisturnier von Wimbledon in einem hautengen weißen Ganzkörperanzug aufschlug, empfahl ihr der Schiedsrichter, in der nächsten Runde gefälligst wieder auf den klassischen kurzen Rock zu setzen.

Sexy Leotard für mehr Punkte

Wann immer sich Frauen auf den Sportplätzen dieser Welt abseits der Norm kleideten, waren ihnen empörte Schlagzeilen gewiss. Etwa als der Wettkampfanzug der US-Fabelsprinterin Florence Griffith-Joyner ein Bein komplett bekleidete, das zweite aber unbedeckt ließ. US-Tennissuperstar Serena Williams sollte nicht nur dieses Outfit Jahrzehnte später mit einer eigenen Kreation würdigen, sondern auch Anne Whites Ganzkörperanzug zurück auf den Court bringen – nur diesmal in Schwarz. Wenngleich das Kleidungsstück für Williams aufgrund von Thrombosen nach der Geburt ihrer Tochter klar medizinische Gründe hatte, musste sie sich für ihre Kleiderwahl bei den French Open 2018 mehrfach rechtfertigen. Für Aufsehen sorgten 2021 auch die deutschen Turnerinnen, als sie bei Olympia ihre üblichen beinfreien Leotards gegen Turnanzüge mit Hosenbeinen tauschten. Diese waren zwar grundsätzlich nicht mehr verboten. Immer wieder sollen aber Turnerinnen aus Furcht vor Punktabzügen bei den vermeintlich sexyeren Outfits geblieben sein.

Auch wenn sich Männer schon früher an sporttreibenden Frauenkörpern ergötzt haben, macht das Smartphonezeitalter die Sache für Frauen noch um einiges schlimmer. So berichtete etwa die deutsche Beachhandballerin Lucie-Marie Kretzschmar, dass ihr 2019 bei einem Turnier wiederholt ein Mann in der ersten Reihe auffiel, der mit seinem Handy nicht das sportliche Geschehen, sondern lediglich die Frauenkörper ins Visier nahm. Auf einschlägigen Websites finden sich unzählige solcher voyeuristischen Videos. Während Männer Handball auf Sand in locker sitzenden Shirts und Hosen spielen können, mussten sich Frauen bis vor Kurzem in eng anliegenden

Bikinihosen, die maximal zehn Zentimeter hoch sein durften, beweisen. Gerade in solchen körperlich intensiven Sportarten waren die Spielerinnen dadurch oft mehr damit beschäftigt, dass nichts verrutscht, als mit dem Sport an sich.

Weltverband zwingt Teenies in kurze Höschen

Internationale Aufmerksamkeit erhielt das Thema just vor Beginn der Olympischen Spiele von Tokio 2021, als die nichtolympische Sportart Beachhandball gerade ihr EM-Turnier im bulgarischen Warna abhielt. Die Norwegerinnen weigerten sich nach jahrelang ignorierten Forderungen nach einer Regeländerung und obwohl ihnen mit Disqualifikation gedroht wurde, im Spiel um Bronze die vorgesehenen Bikinishorts zu tragen. Auf die daraufhin verhängte 1.500-Euro-Strafe folgte eine weltweite Solidarisierungswelle, die die lange geforderte Regeländerung endlich ins Rollen brachte. Seither sind längere Shorts erlaubt, im Gegensatz zu den Männern müssen sie bei Frauen aber nach wie vor eng anliegen – ohne sportlich ersichtlichen Grund dafür.

Dass aber zumindest dieser kleine Erfolg bitter nötig war, zeigen nicht zuletzt zwei Vorfälle aus den Jahren 2012 und 2017. In seiner *Telegraph*-Kolumne berichtete der damalige Londoner Bürgermeister und spätere britische Premierminister Boris Johnson von 20 erfreulichen Gründen, die die Sommerspiele in London 2012 sehenswert machten. Punkt 19: Die »halbnackten«, schwitzenden Volleyballerinnen, die in der Sommerhitze »wie nasse Otter glänzen«.

Im Jahr 2017 wurden sogar 15- bis 17-jährige Mädchen aus Amerikanisch-Samoa vom internationalen Handballverband dazu gezwungen, bei der Nachwuchs-WM Bikinihöschen zu tragen, nachdem sie sich noch in für sie üblichen kurzen Hosen für das Turnier qualifiziert hatten. Viele der peinlich berührten jungen Frauen mussten dafür zunächst sogar die Erlaubnis ihrer Eltern einholen – in einem Land, das traditionell eher lange Frauenkleidung gewohnt ist. Zudem beschwerten sich viele über erniedrigende und unvorteilhafte Bilder im Internet und Belästigungen durch männliche »Kollegen«. Sexistische Vorschriften wie diese können Frauen vermutlich sogar davon abhalten, ihren Lieblingssport überhaupt auszuüben.

Sport für muslimische Frauen

Beim Volleyball sind die Richtlinien inzwischen etwas lockerer und erlauben unter anderem Ganzkörperanzüge für muslimische Spielerinnen. Strenge Kleidervorschriften hätten beinahe auch die beeindruckende Karriere der US-amerikanischen Fechterin Ibtihaj Muhammad verhindert – in ihrem Fall religiöse Regeln. Im klassischen, seidenen Hidschab gekleidet, beging die junge Muslimin immer wieder ärgerliche Fehlstarts, weil durch die verschwitzte Kopfbedeckung ihr Hörvermögen stark beeinträchtigt wurde und sie dadurch die Schiedsrichterkommandos nicht wahrnehmen könnte. Muhammad gewann trotz aller Widrigkeiten WM-Gold und olympische Bronze, jeweils im Teamwettwerb.

Die erste US-Amerikanerin, die in einem Hidschab bei den Spielen antrat, wollte Spitzensport für junge Musliminnen zugänglicher machen und entwickelte deshalb in Zusammenarbeit mit dem Sportartikelhersteller Nike den Pro-Hidschab – eine atmungsaktive Kopfverschleierung, die für Frauen in aller Welt erschwinglich ist und sportliche Höchstleistungen auch dann zulässt, wenn man sich seinen religiösen Überzeugungen verpflichtet sieht. Oder man ansonsten überhaupt keinen Sport treiben darf. Der Spielzeughersteller Mattel würdigte dies 2017 mit einer Barbie, die Muhammad als Fechterin nachempfunden ist.

So wie sich Kinder das Outfit ihrer Puppe aussuchen können, sollten sich auch Sportlerinnen ihre Kleidung aussuchen dürfen – ohne Rücksicht auf die Befindlichkeiten irgendwelcher Männer. Im säkularen Frankreich werden Kleidungsregeln jedoch teils strenger interpretiert als vom Weltfußballverband vorgegeben. Frauen dürfen deshalb nicht in Hidschabs antreten, wogegen sich seit 2020 mit der Gruppe *Les Hijabeuses* Widerstand formiert. Die jungen Musliminnen beteuern, »einfach nur Fußball spielen« zu wollen, und fordern ein Ende der Diskriminierung. Ein Thema, das Frankreich spätestens vor den Olympischen Spielen 2024 in Paris erneut beschäftigen wird.

Überlaufen, die nie anerkannte olympische Disziplin

Auch das macht die Magie von Sport aus: die Chance, der Armut zu entfliehen und es bis an die Spitze zu schaffen, erfolgreich zu sein, reich zu werden, seiner Familie ein besseres Leben zu ermöglichen. Der hungernde Junge aus den Favelas, der zum gefeierten Fußballprofi wird. Die Tennisspielerin, deren Eltern das wenige Ersparte in den Traum der Tochter investieren, die dann mit ihren Siegprämien alles doppelt und dreifach zurückgibt. Der Weg nach oben ist schwer und oft steinig. Aber zumindest in »nichtelitären« Sportarten steht er – jedenfalls theoretisch – vielen Menschen offen, solange sie Talent mitbringen und hart arbeiten.

Manchmal ist Sport aber mehr als nur ein Weg aus der Armut. Und zwar dann, wenn er die einzige Chance zur Flucht aus dem eigenen Land darstellt. Wer unter einem diktatorischen Regime lebt, das seine Grenzen fest verschlossen hält, für den erscheint ein internationales Turnier in der demokratische(re)n Welt als vielleicht einzige Möglichkeit des Entkommens. Die wenigsten sind etwa mit solch akrobatischen Fähigkeiten gesegnet, die einen nordkoreanischen Mann gleich zweimal die tödliche innerkoreanische Grenze überqueren ließen. Einmal zur Flucht in den Süden, ein zweites Mal zur »Rückflucht« – ein Schicksal, das er mit nur rund 30 Menschen teilt. Kim Woo-joo, so sein Name, soll jedenfalls einmal Turner gewesen sein, was ihm bei der Überwindung einer der bestbewachten Grenzen der Welt geholfen habe.

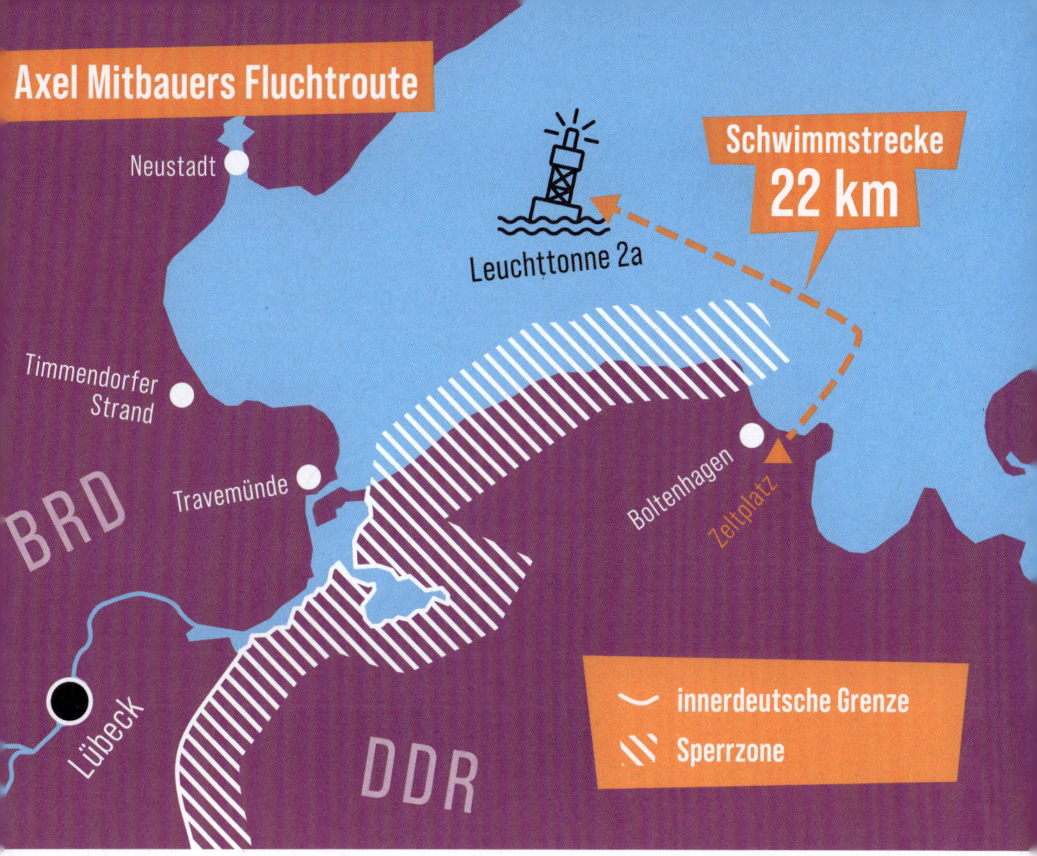

Auch der Schwimmer Axel Mitbauer hat eine spektakuläre Flucht hinter sich. Obwohl der DDR-Meister über 400 Meter Freistil besondere Privilegien genoss, wollte er den Unrechtsstaat schon früh verlassen. Mit 18 plante er seine Flucht während eines Wettkampfs im Ausland – wie sie schon Hunderten vor ihm gelungen war (und auch nach ihm gelingen sollte). Doch sein Vorhaben flog auf und endete mit einer siebenwöchigen Einzelhaft und einer lebenslangen Sperre für Sportwettbewerbe. Ein Jahr später entschied Mitbauer deshalb, sein Talent zur Flucht zu nutzen, und durchschwamm an einem lauen Sommerabend kurzerhand die innerdeutsche Grenze in der Ostsee. 22 Kilometer pflügte er, mit Vaseline eingefettet, durch das 18 Grad kalte Wasser und tauchte immer wieder ab, wenn ihn das Licht der Suchscheinwerfer zu erfassen drohte. Auf einer Leuchttonne in westdeutschen Gewässern rastete er schließlich, bis ihn ein Fischerboot aufnahm und ans rettende Ufer brachte.

Betrachtet man die mehr als 125-jährige Geschichte der Olympischen Spiele der Neuzeit und die relativ große Anzahl an Teilnehmenden aus unfreien Staaten, wirken die rund 100 bestätigten Überläuferinnen und Überläufer während der Wettbewerbe relativ überschaubar. Bis zur Flucht der tschechoslowakischen Turnerin Marie Provazníková im Jahr 1948 war es bei den Spielen offiziell zu überhaupt keiner Flucht gekommen. Unbestätigte Berichte gehen jedoch allein bei Olympia '72 in München von 117 geflüchteten Athletinnen und Athleten aus.

Wäre Überlaufen eine olympische Disziplin – wie es während des Kalten Krieges fast den Anschein hatte –, so wäre Ungarn wohl die erfolgreichste Nation. Mehrere Dutzend Sportlerinnen und Sportler entflohen zwischen 1948 und 1964 dem kommunistischen Regime und stellten Asylanträge vor allem in den USA. Den Höhepunkt bildeten die Sommerspiele 1956 in Melbourne, wenige Wochen nach dem ungarischen Volksaufstand. Einige Sportler:innen sollen erst in Australien von der brutalen Niederschlagung der Proteste durch sowjetische Truppen erfahren und daraufhin die Entscheidung getroffen haben, nicht nach Ungarn zurückzukehren. Manche Historiker:innen gehen sogar davon aus, dass nur rund die Hälfte des 83-köpfigen ungarischen Teams in die Heimat zurückgekehrt ist.

Das Blutspiel von Melbourne

Unter den sowjetischen und ungarischen Sportler:innen war die Stimmung entsprechend aufgeheizt. Und sie sollte sich schließlich bei der Wasserballpartie zwischen den beiden Nationen entladen – die als »Blutspiel von Melbourne« in die olympische Geschichte einging. Zahlreiche Faustschläge, Hiebe und Tritte prägten das symbolisch aufgeladene Duell Unterdrücker gegen Unterdrückte. Auch zunächst neutrale Fans feuerten die Ungarn bei der kurz vor Spielende abgebrochenen Partie damals frenetisch an. Das Bild des stark blutenden ungarischen Stars Ervin Zádor, der infolge eines russischen Schlages eine Platzwunde über dem rechten Auge erlitt, ging um die Welt und ist wohl der Grund für den Beinamen des Matches. Dass sich das Wasser rot gefärbt haben soll, ist allerdings nicht belegt und wohl eher medialer Zuspitzung geschuldet.

Auffällig ist, dass sich unter den bisher Geflohenen bei Olympischen Spielen keine Nordkoreaner:innen befinden. Immerhin sollen allein seit der schweren Hungersnot in den Neunzigerjahren mehr als 33.000 Menschen den totalitären Staat in Richtung Südkorea verlassen haben. Gegen eine Flucht nordkoreanischer Sportprofis sprechen vor allem drei Gründe: erstens der relativ hohe Lebensstandard erfolgreicher Sportlerinnen und Sportler im Land; zweitens das äußerst engmaschige Sicherheitsnetz aus Sicherheitskräften, Spitzeln und Aufpasserinnen bei Auftritten im Ausland; vor allem aber drittens die zu erwartenden scharfen Repressalien des Regimes gegen die daheimgebliebene Familie. Abseits von Olympia gelang jedoch auch einigen nordkoreanischen Sportler:innen die Flucht vor der Kim-Herrschaft – darunter sogar der späteren Weltmeisterin im Boxen Choi Hyun-mi.

Halbe Nationalmannschaft Kubas flüchtet bei Fußballmatch in die USA

Deutlich häufiger fliehen hingegen kubanische Sportler:innen aus ihrer autoritär geführten Heimat. Der US-amerikanische Fußballmanager Luiz Muzzi sagte einmal, er schaue sich Fernsehübertragungen von Spielen kubanischer Mannschaften in den USA immer mit dem Hintergedanken an, zukünftige US-Spieler aus ihnen machen zu können. Denn jedes Mal gebe es die Chance, dass ein paar der Kicker nach dem Spiel einfach nicht nach Kuba zurückkehren. So geschehen bei einem Qualifikationsturnier in Florida für Olympia 2008. Dort machten sich gleich sieben Spieler aus dem Staub – allerdings bereits vor dem Match. Das dezimierte kubanische Team konnte daraufhin nur mit zehn Spielern antreten und musste gegen Honduras eine besonders bittere Niederlage einstecken.

Die Flucht bei Spielen in den USA ist unter kubanischen Sportler:innen auch deshalb so verbreitet, weil US-Präsident Bill Clinton 1995 die Asylbestimmungen verschärft hatte. Infolgedessen wurde nicht mehr allen kubanischen Bootsflüchtlingen in US-Gewässern der Aufenthalt gewährt, sondern nur noch jenen, die den Boden der Vereinigten Staaten erreichten. Zuvor hatte man möglichst viele Flüchtlinge aus Kuba aufgenommen, um das kommunistische Regime zu schwächen. Nachdem sich die Beziehungen zwischen den beiden Staaten immer weiter verbesserten, beendete

Überläufer:innen bei Olympischen Spielen

Top 6 der Herkunftsländer von Asylsuchenden, Zahl der Anträge seit 1948

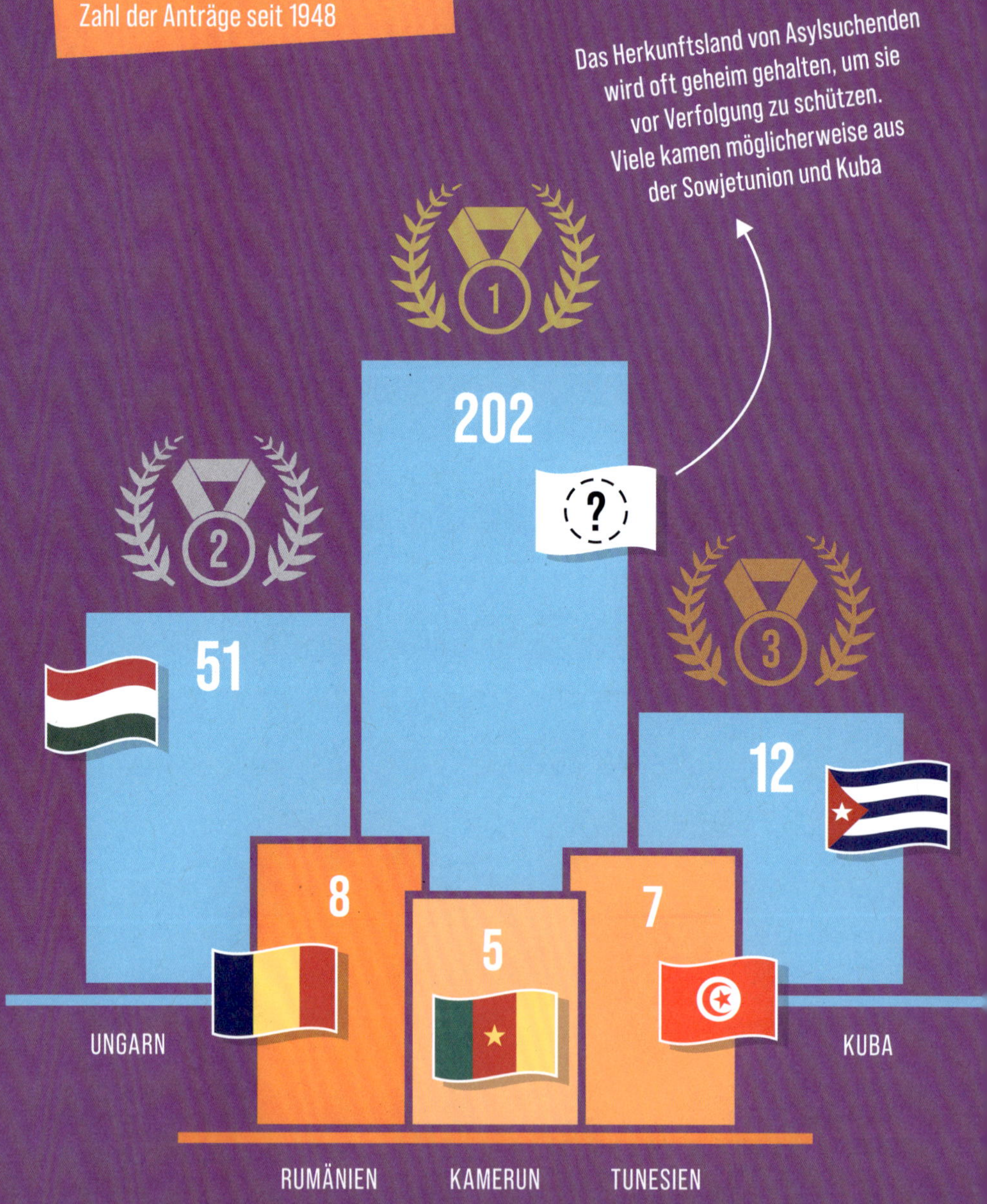

Keine Daten für die Olympischen Spiele 1952, 1960, 1992, 2016. Die Dunkelziffer ist wahrscheinlich höher.

Präsident Obama 2017 die lockere Flüchtlingspolitik gänzlich. Als sich dies abzeichnete, nahm die Zahl geflüchteter kubanischer Sportler:innen noch einmal merklich zu. Neben politischen Gründen sollen vor allem im Baseball-Bereich auch die hohen Gehälter zahlreiche Profis zur Flucht in die Vereinigten Staaten bewogen haben – organisiert von professionellen Menschenschmugglern.

Doch auch nach erfolgreicher Flucht kann der lange sportpolitische Arm Kubas Sportlerinnen und Sportlern noch Schwierigkeiten bereiten. So wollte das Olympische Komitee Kubas beispielsweise dem Kajakfahrer Angel Pérez – der 1993 aus einem Trainingslager von Mexiko in die USA floh – ein Antreten für seine neue Heimat bei den Sommerspielen im Jahr 2000 untersagen. Tatsächlich müssen ausgewanderte Olympiateilnehmer:innen nämlich drei Jahre warten, ehe sie für ein anderes Land starten dürfen – es sei denn, das ehemalige Heimatland billigt den Nationenwechsel. Pérez aber hatte seine US-Staatsbürgerschaft erst im Jahr 1999 erhalten. Natürlich akzeptierte Kuba den Wechsel nicht und sprach von einem gezielten Talentraub durch die Vereinigten Staaten. Erst Stunden vor Beginn der Spiele in Sydney wurde Pérez per Gerichtsentscheid die Teilnahme erlaubt. Die USA hatten argumentiert, dass der Sportler schon viel länger über eine Aufenthaltserlaubnis verfügte und damit schon vor '99 quasi US-Amerikaner war. Pérez trat an und fuhr sowohl im Zweier- als auch im Viererkajak auf Platz sechs. Die Ironie dabei: Während die US-Kanuten medaillenlos blieben, holte ausgerechnet Kuba zweimal Silber.

Wann ist eine Athletin eine Athletin?

Zwischen Manute Bol und Tyrone »Muggsy« Bogues klafften ganze 71 Zentimeter Größenunterschied. Bei den Washington Bullets standen Ende der 1980er somit der größte und der kleinste NBA-Spieler aller Zeiten gleichzeitig unter Vertrag. Die Vor- und Nachteile, die die Körper des Sudanesen Bol und des US-Amerikaners Bogues mit sich brachten, sorgten freilich für Gesprächsstoff. Dennoch käme es bei Spielsportarten wie Basketball, Tennis, Fußball, Badminton, Rugby, aber auch beim Golf nie zu Diskussionen, ob die beiden aufgrund ihrer physischen Voraussetzungen vielleicht doch lieber in verschiedenen Klassen antreten sollten – weil Größe neben Kraft, Schnelligkeit, Spielwitz und Zielgenauigkeit nun mal nur eine von vielen entscheidenden Eigenschaften ist. Etwas anders gestaltet es sich bei Sportarten, in denen die Körperlichkeit wichtiger ist. Deshalb gibt es in Kampfsportarten oder auch beim Gewichtheben fast immer verschiedene Gewichtsklassen – mitunter auch beim Rudern. Niemand würde schließlich ein Schwergewicht auf ein Strohgewicht einschlagen sehen wollen.

Weil biologisch männliche und biologisch weibliche Körper unterschiedlich aufgebaut sind, sich beispielsweise die Muskulatur unterschiedlich stark entwickelt, hat sich in vielen Sportarten eine binäre Trennung der Geschlechter etabliert. Einige

trans*

Adjektiv, von lateinisch *trans*, „jenseits". Sammelbegriff für Menschen, die sich mit einem anderen Geschlecht identifizieren, als ihnen bei der Geburt zugewiesen wurde

cis

Adjektiv, von lateinisch *cis*, „diesseits". Bezeichnung für Menschen, die sich mit dem Geschlecht identifizieren, das ihnen bei der Geburt zugewiesen wurde. Gegenteil von trans*

inter*

Adjektiv, von lateinisch *inter*, „zwischen". Sammelbegriff für Menschen mit angeborenen körperlichen Merkmalen, die mit den gängigen gesellschaftlichen und medizinischen Vorstellungen von männlichen und weiblichen Körpern nicht übereinstimmen. Diese Merkmale können auf der Ebene der Anatomie, der Chromosomen oder des Hormonhaushalts auftreten

Ausnahmeathletinnen könnten allerdings wohl auch im Ski- oder Tenniszirkus in den Top 100 der Männer konkurrieren. Keine biologisch weibliche Person auf der Welt wird aber je einem biologisch männlichen Topsprinter oder -schwimmer das Wasser reichen können. Die menschliche Natur ist jedoch nicht binär und hat mehr als zwei Seiten. So gibt es neben Männern und Frauen noch zahlreiche weitere Geschlechtsidentitäten und auch aus biologischer Perspektive tritt Geschlechtlichkeit häufig diverser zutage. Den Sport stellt das vor große Probleme, denn besonders trans* Frauen mit Spitzensportambitionen sorgen regelmäßig für Empörung.

Sei es die US-Schwimmerin Lia Thomas, die kanadische Rugbyspielerin Grace McKenzie, die britische Radfahrerin Emily Bridges oder die neuseeländische Gewichtheberin Laurel Hubbard. All diese trans* Frauen lösten mit ihren Starts wütende Proteste von Gegner:innen, Unverständnis bei Kommentator:innen und rauchende Köpfe bei Funktionär:innen aus. Für eine eigene Kategorie sind sie schlichtweg zu wenige, aber selbst wenn es nicht so wäre, der sportliche wie finanzielle Reiz, Spitzensport zu betreiben, wäre so sicher gering. Frauen wollen nun mal gegen andere Frauen antreten. Was also tun?

Ein intergeschlechtliches Podium

Gewissermaßen als Blaupause versuchten Verbände den Fall der südafrikanischen Mittelstreckenläuferin Caster Semenya zu nutzen. Semenya ist inter*. Sie identifiziert sich – übrigens entsprechend ihrer Geburtsurkunde – als Frau, hat aber

nichtbinär

Adjektiv, von lateinisch *bi-*, „zwei-". Sammelbegriff für Personen, die sich nicht oder nicht ausschließlich als männlich oder weiblich identifizieren. Nichtbinäre Menschen können sich beispielsweise dazwischen oder ganz außerhalb des binären (zweigeteilten) Geschlechtersystems verorten

Transition

Substantiv. Der Übergang von einem Geschlecht in ein anderes. Die Transition kann – muss aber nicht – mit körperverändernden medizinischen Eingriffen und/oder Hormontherapien verbunden sein

Das Sternchen

... steht jeweils als Platzhalter für vielfältige Endungen und Identitäten, zum Beispiel transident, intergeschlechtlich und so weiter

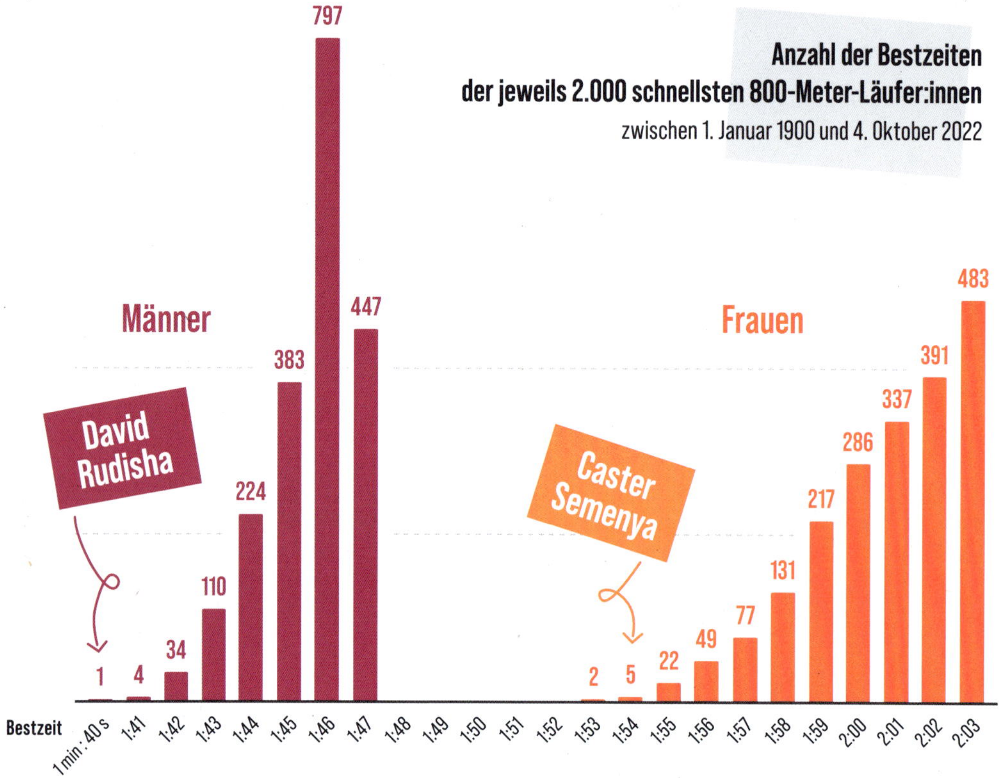

sowohl weibliche als auch männliche Geschlechtsmerkmale. So hat sie zum Beispiel nicht zwei X-Chromosome, sondern ein X- und ein Y-Chromosom. Und: Ihr Körper produziert mehr Testosteron als bei anderen Frauen üblich. Nach einer wahren Leistungsexplosion binnen eines Jahres, als die damals 18-Jährige ihre Bestzeit über die 800 Meter um satte 16 Sekunden drücken konnte, hinterfragten Gegner:innen und Leichtathletikfans gleichermaßen das Geschlecht der muskulösen Sportlerin mit der tiefen Stimme. Eine vorübergehende Sperre und eine erniedrigende Geschlechtsüberprüfung durch den internationalen Leichtathletikverband IAAF waren die Folge.

Nach langem Hin und Her führte der IAAF 2010 schließlich eine Testosteronhöchstgrenze für Frauen von zehn Nanomol pro Liter Blut ein. Der Internationale Sportgerichtshof hob diese nach einer erfolgreichen Klage der indischen Sprinterin Dutee

Chand fünf Jahre später aber vorübergehend wieder auf – bis es wissenschaftliche Belege für die Angemessenheit dieser Regel gebe. Das Resultat: Bei Olympia 2016 in Rio de Janeiro schnappten sich mit Caster Semenya, Francine Niyonsaba aus Burundi und Margaret Wambui aus Kenia gleich drei inter* Frauen die Medaillen im 800-Meter-Lauf. Nur ein Jahr später glaubte der IAAF schließlich ausreichend Beweise gefunden zu haben und halbierte die Obergrenze für Testosteron auf fünf Nanomol. Biologische Frauen erreichen für gewöhnlich nicht mehr als 2,8 Nanomol je Liter Blut, Männer bis zu 30.

Ethische Zwickmühle

Als klar wurde, dass Semenya eine körperverändernde Hormontherapie beginnen muss, wenn sie weiterhin an internationalen Laufwettbewerben teilnehmen will, brach eine Welle des Protests los – doch diesmal solidarisierten sich viele mit ihr, Menschenrechtsorganisationen schlugen Alarm. Plötzlich ging es darum, die »Balance zwischen Fairplay und Ethik« zu finden, wie es die *Zeit* formulierte. Eine Klage Semenyas ließ der Internationale Sportgerichtshof jedenfalls mit einer etwas widersprüchlichen Begründung abblitzen: Die Testosteronobergrenze sei legitim, wenngleich sie inter* Menschen diskriminiere. Anders gelinge es jedoch nicht, die Integrität der Frauenleichtathletik zu wahren, weshalb die Regel angemessen sei. Nun versucht die zweimalige Olympionikin am Europäischen Gerichtshof für Menschenrechte ihre Starterlaubnis einzuklagen.

Die Fälle der trans* Frauen ähneln deshalb Semenyas Fall, weil auch sie Testosteronwerte, die sich während der männlich durchlaufenen Pubertät zwangsläufig erhöhen, meist künstlich wieder runterdrücken müssen. Mittlerweile ist unter Verbänden und Wissenschafter:innen ein Streit darüber entbrannt, wie lange ein bestimmter Wert unterschritten sein muss, um ein Antreten bei Wettkämpfen zu erlauben. Großes Problem bei der Diskussion: die dünne Daten- und Studienlage. Zu wenige Spitzensportlerinnen wurden bislang bei ihrer Transition wissenschaftlich begleitet, als dass ein etwaiger Vorteil sicher in konkrete Zahlen gefasst werden könnte. Viele Studien sehen anhaltende Vorteile von trans* Frauen gegenüber cis Frauen, die Werte klaffen teils aber erheblich auseinander.

Dabei geht es vor allem darum, inwiefern der Körper durch vermehrte Zufuhr des weiblichen Sexualhormons Östrogen und verminderte Testosteronwerte die Muskelmasse oder den Hämoglobinspiegel im Blut reduziert. Letzterer etwa ist ein Indiz für die Fähigkeit des Körpers, sich selbst und die Muskeln mit Sauerstoff zu versorgen – ein entscheidender Faktor bei Ausdauersportarten. Und für Manipulation durch Doping deshalb ebenso beliebt wie Testosteron. Die Knochen, die bei biologischen Männern in ihren Teenagerjahren größer und robuster wachsen, bilden sich jedenfalls nicht mehr zurück. Die Frage, inwieweit ein solches körperliches Merkmal aber einen unfairen Vorteil darstellt, zeigt wieder die Zwickmühle Ethik versus Fairness auf. Schließlich gibt es ja auch unter cis Menschen erhebliche Größenunterschiede – wie das Beispiel der beiden Basketballer Bol und Bogues ja zeigt.

Verantwortung abwälzen

Anstatt strikte Regeln einzuführen, scheint sich das Internationale Olympische Komitee – das 2004 noch eine »entsprechende Operation« für ein

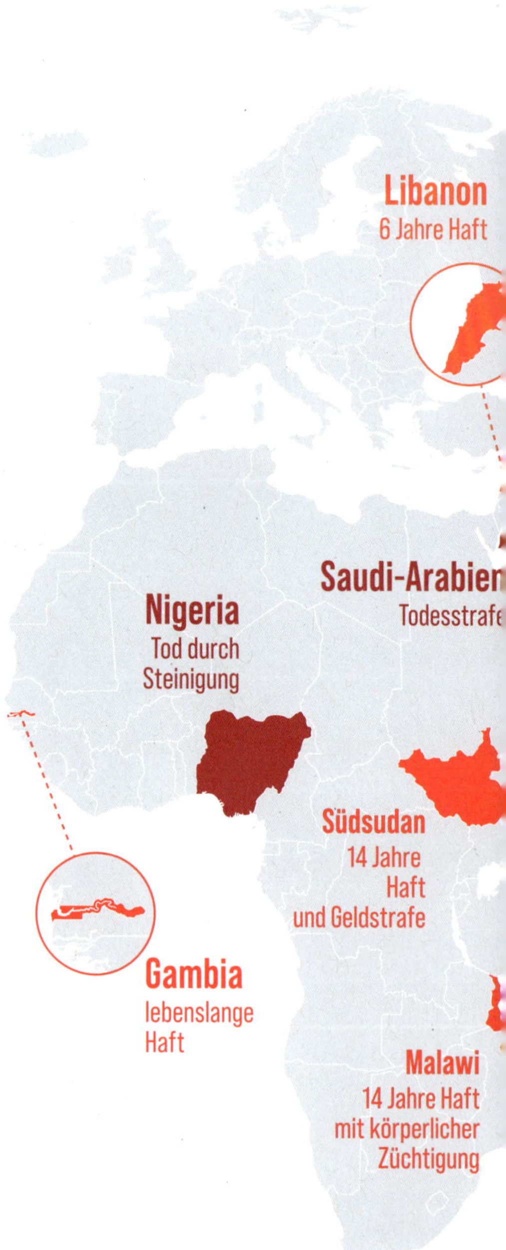

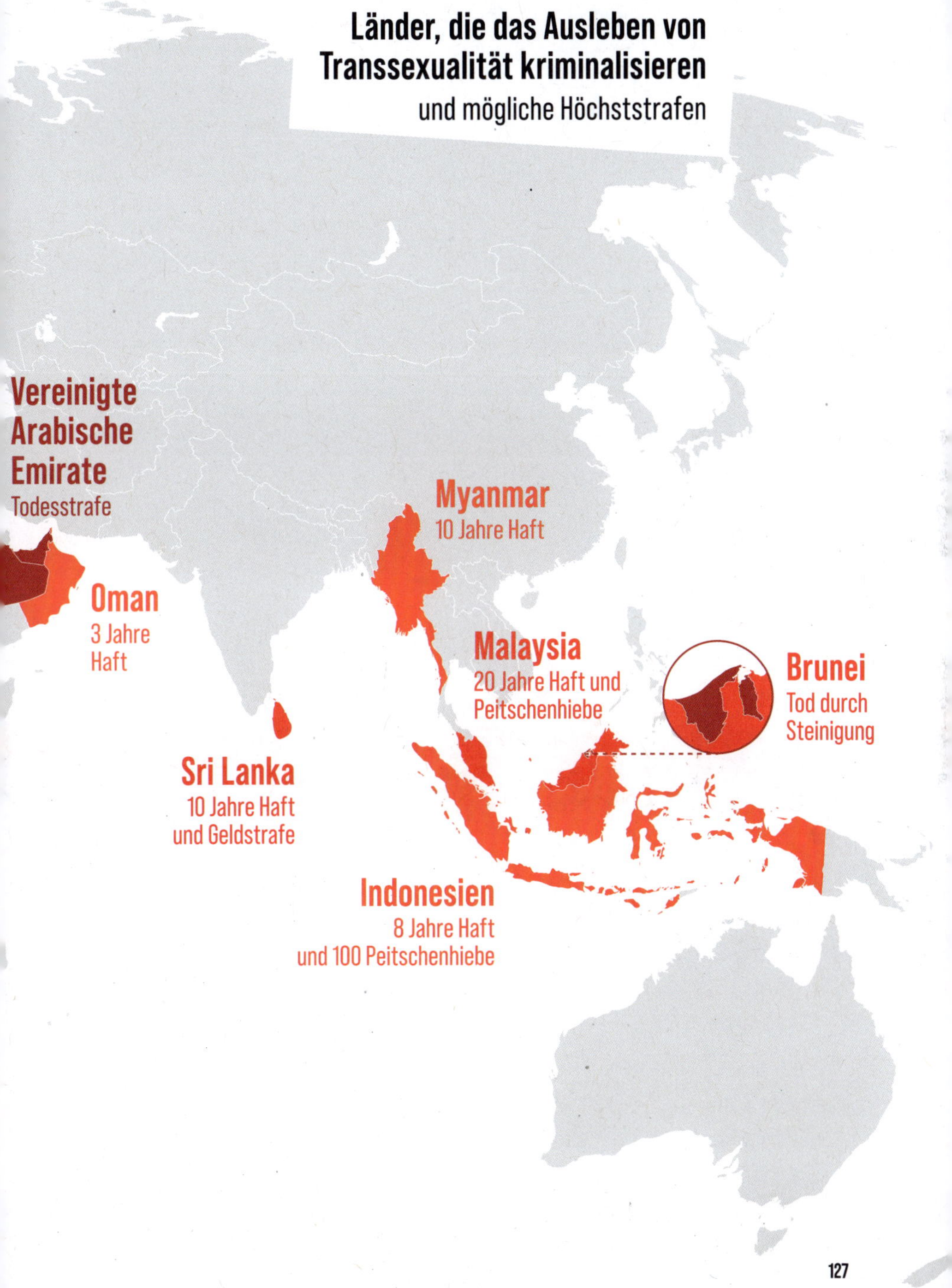
Länder, die das Ausleben von Transsexualität kriminalisieren
und mögliche Höchststrafen
Vereinigte Arabische Emirate
Todesstrafe
Oman
3 Jahre Haft
Myanmar
10 Jahre Haft
Malaysia
20 Jahre Haft und Peitschenhiebe
Brunei
Tod durch Steinigung
Sri Lanka
10 Jahre Haft und Geldstrafe
Indonesien
8 Jahre Haft und 100 Peitschenhiebe

Antreten forderte – künftig aus der Thematik bestmöglich raushalten zu wollen. Dafür forderte es zuletzt die Einhaltung von Frauenrechten ein und pochte auf Fairness, Inklusion und Nichtdiskriminierung. Keine Sportlerin dürfe wegen geschlechtlicher oder körperlicher Auffälligkeiten ausgeschlossen werden, nur weil sie dadurch scheinbare, nicht verifizierbare Wettbewerbsvorteile erhalte, so das IOC. Man wolle deshalb keine allgemeingültigen Vorgaben mehr für trans* Sportler:innen machen und die Erstellung eigener Regeln an nationale und internationale Sportverbände übertragen.

In den kommenden Monaten und Jahren werden viele Sportarten also ihre Hausaufgaben machen müssen und schwierige Entscheidungen über ihren Umgang mit trans* und inter* Athlet:innen zu treffen haben. Dabei bahnt sich ein wahrer Regeldschungel an. Im Rudern etwa gibt es klare Maximalwerte für Testosteron und zusätzlich ein Sondergremium für Einzelfallentscheidungen bei inter* Athletinnen. Im gesellschaftlich eigentlich sehr toleranten Rugby werden trans* Frauen von internationalen Wettbewerben kategorisch ausgeschlossen, mit der Begründung, dass »Sicherheit und Fairness für [cis] Frauen gegenwärtig nicht gewährleistet« seien. Auf nationaler Ebene – etwa in England – dürfen sie dagegen unter Einhaltung bestimmter Testosteronwerte antreten. Dann gibt es freilich Sportarten, die auf den Testosteronspiegel pfeifen können, wie etwa Snooker. Es gibt also viele gangbare Wege. Den richtigen zu finden, ist eine sportliche Herausforderung an sich.

Sportverbände, die die Teilnahme von trans* Athlet:innen eingeschränkt haben

Auswahl

Rugbyweltverband

World Rugby

- Richtlinie von Oktober 2020 verbietet trans* Frauen die Teilnahme an Frauen-Rugby-Wettbewerben auf internationaler Ebene
- Spieler:innen müssen in der Kategorie ihres Geburtsgeschlechts antreten
- nationale Verbände können die Richtlinien auf nationaler/kommunaler Ebene flexibel anwenden

Englischer Rugbyverband

Rugby Football Union (RFU)

- Richtlinie von Juli 2022 verbietet es trans* Athletinnen, an Frauenwettbewerben der englischen Rugby Union und Rugby League teilzunehmen

Schwimmweltverband

Fédération Internationale de Natation (FINA)

- Richtlinie von Juni 2022 untersagt es trans* Mädchen und Frauen, in der Frauenkategorie zu starten, wenn sie ihre körperliche Transition nicht vor dem 12. Lebensjahr abgeschlossen und ihren Testosteronspiegel unter 2,5 Nanomol/Liter gehalten haben
- Ankündigung einer dritten, offenen Kategorie, in der dann trans* und inter* Athlet:innen starten dürfen

Internationaler Radsportverband

Union Cycliste Internationale (UCI)

- Richtlinie von Juni 2022 senkt den maximal zulässigen Testosteronspiegel von 5 Nanomol/Liter auf 2,5 Nanomol/Liter
- Übergangszeit bei niedrigem Testosteronspiegel von 12 auf 24 Monate verlängert

Britischer Triathlonverband

British Triathlon Federation (BTF)

- Richtlinie von Juli 2022 legt fest, dass es für Athlet:innen über 12 Jahren zwei Kategorien geben muss: eine „weibliche“ für Athlet:innen aller Geschlechter, denen bei Geburt das weibliche Geschlecht zugewiesen wurde, und eine „offene“, in der cis und trans* Männer, trans* Frauen und nichtbinäre Athlet:innen antreten dürfen

Sport, der sich aus Solidarität zu trans* Menschen komplett umbenennt

aus Quidditch wird Quadball

- Der Sport, der auf dem fiktiven Spiel Quidditch aus J. K. Rowlings Romanreihe *Harry Potter* basiert, benennt sich um, weil die Autorin sich wiederholt transfeindlich äußert. Das gab die Intercollegial Quidditch Association im Juli 2022 bekannt

Niemand feuert Großbritannien an

Im Sport ist das Vereinigte Königreich Großbritannien und Nordirland gar nicht so vereinigt, wie es der Name vermuten lässt. Sport ist mitunter sogar ein Grund für die mangelnde Genauigkeit, mit der die verschiedenen politischen Gebilde auf den Britischen Inseln im Alltag oder in den Medien immer wieder beschrieben werden. So kennt jeder die englische Fußball*national*mannschaft. In den Vereinten Nationen sucht man England allerdings vergebens. Die politischen Grenzen auf den Inseln ziehen sich – keinem logischen Muster folgend – durch beinahe alle großen Sportarten. So kann es schwierig werden, den Überblick zu behalten.

Besonders anschaulich zeigt das die Geschichte der beliebten Ballsportarten. Jahrhundertelang wurde auf der Insel in einem einer Massenschlägerei ähnelnden »Spiel« ein Ball kilometerweit durch die Stadt getrieben. Acht Stunden lang versuchten unzählige Menschen, aufgeteilt auf zwei Mannschaften, ein Tor zu erzielen. Was die Lokalrivalen da trieben, war die Urform des modernen Fußballs. Und obwohl es damals recht wild ausgesehen haben muss, ist das nichts gegen das Regelwirrwarr, das Mitte des 19. Jahrhunderts seinen Anfang nahm. Zu dieser Zeit beschloss man, dass es endlich feste Standards für die Freizeitbeschäftigung geben müsse, die mal *Football* genannt wurde und mal *Rugby*. Zuvor hatte man keine einheitlichen Regeln gekannt, Rugby und Fußball nicht explizit voneinander unterschieden. An manchen Orten wurde der Ball eher mit dem Fuß gespielt, andernorts eher mit der Hand. Das sollte sich nun ändern. Als Resultat wurde 1863 die englische Football Association (FA) gegründet, der erste nationale Fußballverband der Welt, der auch die ersten 14 Regeln festschrieb – und sich damit vom Rugby distanzierte. Seitdem versteht sich das Land als »Mutterland des Fußballs« und die FA verzichtet noch heute selbstbewusst auf das Wort *England* im Namen. Weil bei den US-Amerikanern der American Football bereits dominierte, als der Fußball englischen Zuschnitts so richtig beliebt wurde, setzte man im US-Amerikanischen weiterhin auf *soccer* als Bezeichnung. Es ist vom Wort *association* abgeleitet und war früher bei der britischen Upperclass ein beliebtes Synonym für *Fußball*, geriet mit der Zeit jedoch aus der Mode, als die Sportart bei der arbeitenden Bevölkerung immer beliebter wurde.

Was als Beginn eines einheitlichen Fußballspiels gedacht war, stellte sich bald als die Weiterführung von Chaos heraus. Denn weil gemeinsame Regeln so eine gute Idee sind, dachten sich auch die anderen Regionen, einheitliche Fußballverbände zu gründen. Während sich die Verfechter des Rugby-Footballs nach Streitigkeiten mit der FA 1871 ihren eigenen Verband schufen, gründeten schottische Fußballer 1873 die SFA, die Scottish Football Association.

In den folgenden Jahren bildeten auch die Waliser (FAW) und Iren eigene Fußballverbände, Letztere seit 1921 nur noch durch Nordirland als IFA vertreten. Damit hatten alle vier *Home Nations* des Vereinigten Königreichs ihre Fußballvereinigungen, die sich wenig später auch noch zum International Football Association Board (IFAB) zusammenschlossen. Heute ist die einst britische IFAB eine weltweite Organisation mit Sitz in Zürich. Doch jede der vier Urnationen ist dort immer noch eigenständig und gleichberechtigt mit dem Rest der Fußballwelt präsent. Denn im jährlich tagenden IFAB-Gremium, das jede Regeländerung – von der Anzahl der Auswechslungen bis hin zum Videoschiedsrichter – beschließen muss, sitzt neben vier wechselnden Fußballverbänden aus aller Welt nämlich nach wie vor je ein Vertreter aus England, Wales, Schottland und Nordirland. Da es für eine Regeländerung mindestens sechs Stimmen braucht und die restlichen Vertreter immer geschlossen abstimmen, geht ohne das Okay von mindestens zwei der vier Briten gar nichts.

Die Britischen Inseln aus Sicht …

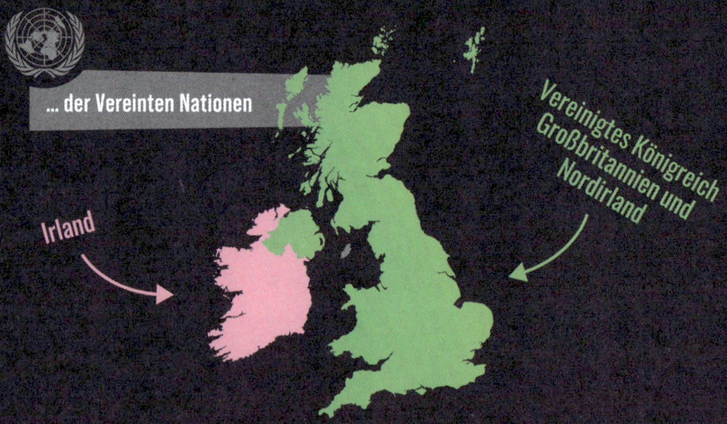

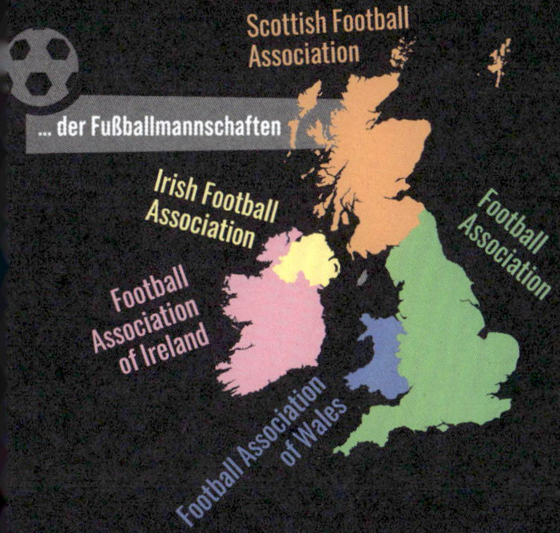
... der Fußballmannschaften
Scottish Football Association
Irish Football Association
Football Association
Football Association of Ireland
Football Association of Wales

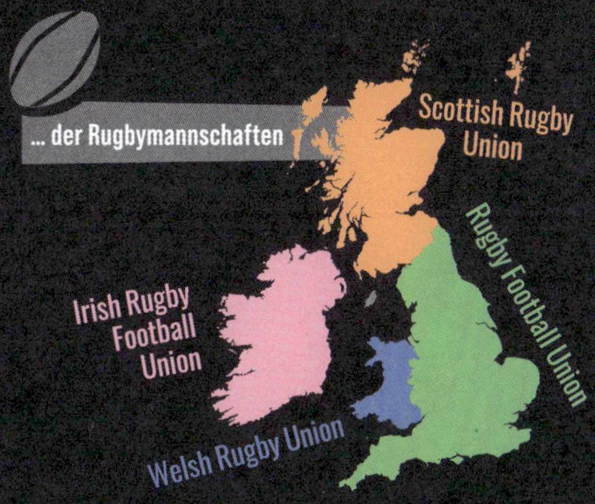
... der Rugbymannschaften
Scottish Rugby Union
Rugby Football Union
Irish Rugby Football Union
Welsh Rugby Union

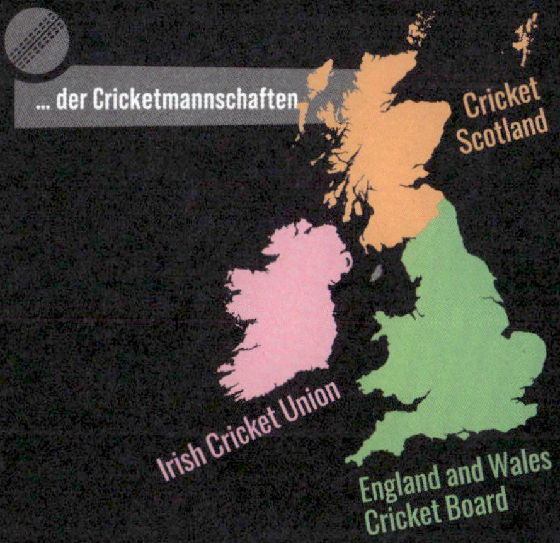
... der Cricketmannschaften
Cricket Scotland
Irish Cricket Union
England and Wales Cricket Board

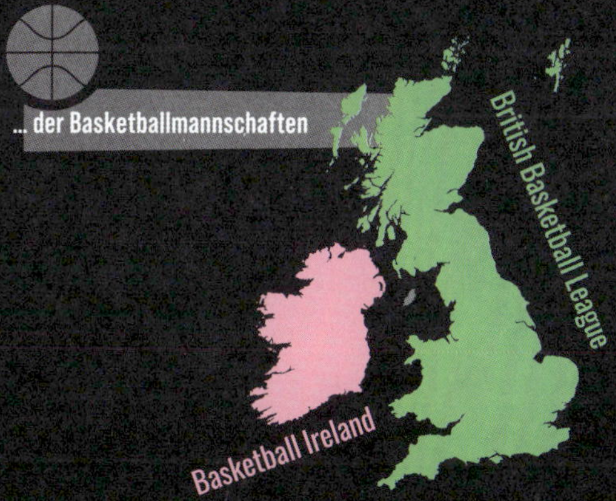
... der Basketballmannschaften
British Basketball League
Basketball Ireland

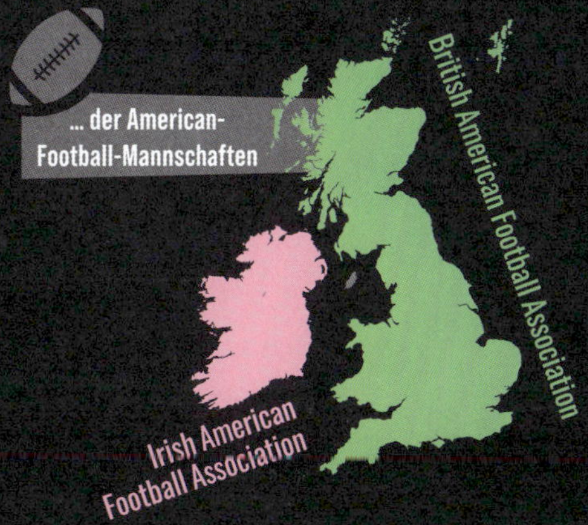
... der American-Football-Mannschaften
British American Football Association
Irish American Football Association

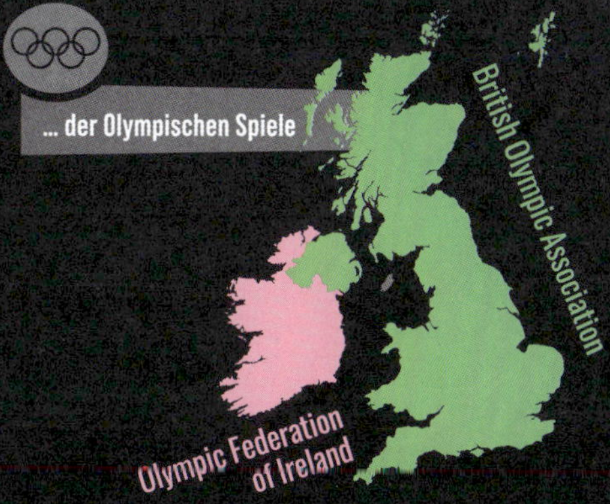
... der Olympischen Spiele
British Olympic Association
Olympic Federation of Ireland

Britische Extrawürste: Lieber einsam verlieren als gemeinsam gewinnen

Die mitunter schwierige Beziehung der vier britischen Urverbände zum Weltfußballverband Fifa, dem die IFAB Anfang des 20. Jahrhunderts beitrat, war früh von der Politik belastet. Als die Fifa die Kriegstreiber des Ersten Weltkriegs – Österreich-Ungarn und Deutschland – nicht ausschließen wollte, verließ man den Weltfußballverband 1920 zunächst, nur um wenig später wieder beizutreten. Die nächste Auszeit folgte 1928 auf einen Streit um den Einsatz von Profis und deren Gehälter. Anders als die Fifa wollten die vier Heimatverbände keine Profis in Länderspielen zulassen, weshalb etwa England – eines der stärksten Teams der Zeit – in den Dreißigerjahren nicht an den ersten drei Weltmeisterschaften teilnahm.

Bekanntlich reichte es für die englische Nationalmannschaft bisher nur zu *einem* Weltmeistertitel. Und das auch nur durch einen der umstrittensten Treffer in der Geschichte des Fußballs, das Wembley-Tor von 1966 gegen Westdeutschland. Auf die Hilfe der anderen britischen Verbände zurückzugreifen, kam für die stolzen vier bei offiziellen Matches und Turnieren der Union Europäischer Fußballverbände (Uefa) oder der Fifa dennoch nie infrage.

Etwas anders entwickelte sich die Situation bei Olympischen Spielen. Weil das Internationale Olympische Komitee im Gegensatz zu den großen Fußballverbänden die einzelnen Teilnationen nicht anerkennt, sondern nur das Vereinigte Königreich als Ganzes, hätte man sich für olympisches Fußballgold bereits früh zusammenraufen müssen. Die Briten aber entschieden sich für die englische Alternative: Unter Duldung der anderen Home Nations traten für das Vereinigte Königreich bei den Spielen oder deren Qualifikationsturnieren bis 1972 einfach nur Teams an, die ausschließlich aus Engländern bestanden – danach nahmen die britischen Kicker an Olympia gar nicht mehr teil. Als man für die Ausrichtung der Olympischen Sommerspiele 2012 in London eine garantierte Teilnahme ohne Qualifikation zugesprochen bekam, war der Wunsch vieler groß, das Mutterland des Fußballs auf dem grünen Rasen zu vertreten. Eine Mischung aus Prestige, Nationalstolz und der Befürchtung, den eigenständigen Status in Fifa und Uefa zu verlieren, hielt die Verbände Schottlands, Nordirlands und Wales' jedoch davon ab, ein gesamtbritisches Team aufzustellen. Die Waliser erlaubten allerdings einigen ihrer

Spieler die Teilnahme, da diese englische Wurzeln hatten. Und so war es dann sogar der walisische Topstar Ryan Giggs, der Team Britain als Kapitän anführte. Sowohl für das Herren- als auch für das Frauenteam war aber bereits im Viertelfinale Schluss. Eine Schmach, die eine erneute Teilnahme der Briten nicht wahrscheinlicher macht.

Abseits von Olympia gab es über die Jahrzehnte hin und wieder auch einige Freundschaftsspiele, zu deren Anlass sich alle oder zumindest drei der Home Nations zu einem gesamtbritischen Team zusammenschlossen. Zum 75-jährigen Jubiläum des walisischen Fußballverbandes und zur Amtseinführung des damaligen Fürsten von Wales, des heutigen Königs Charles III., spielten gar die drei Teams des übrigen Königreichs gegen das Land mit dem roten Drachen auf der Flagge. All diese Matches hatten jedoch stets rein freundschaftlichen Charakter. Wenn es ernst wurde, war es mit der Freundschaft aber schnell vorbei – auch auf den Rängen. Wirkliche Fans des britischen Nationalteams lassen sich deshalb wohl an einer Hand abzählen. Zu groß der Stolz, zu langanhaltend die Rivalität – gewachsen in weit mehr Sportarten als nur im Fußball.

Irland: Politisch geteilt, im Sport vereint

Die Britischen Inseln gelten nämlich nicht nur als Mutterland des Fußballs. Auch zahlreiche andere Sportarten wurden dort erfunden oder erstmals mit festen Regeln ausgestattet – darunter Badminton, Billard, Bowls, Boxen, Cricket, Curling, Darts, Golf, Feldhockey, Faustball, Rugby, Squash, Snooker, Tennis, Tischtennis und Wasserpolo. Und in so gut wie allen Disziplinen beschicken die Nationen Teams in verschiedenen Konstellationen oder lassen Einzelsportler:innen unter unterschiedlichsten Flaggen antreten.

Im Cricket etwa treten England und Wales gemeinsam als England auf – das walisische Nationalteam stellt nur für feierliche Zeremonien und Freundschaftsspiele eine eigene Mannschaft zusammen. Schottland, bis 1994 Teil von Cricket-England, entwickelte sich unterdessen zu einer ernstzunehmenden eigenständigen Cricketnation. Auf der geteilten irischen Insel hingegen herrscht beim Cricket jene Einheit, die auf politischer Ebene immer noch schwer vorstellbar ist.

Auch beim Rugby stellen die Republik Irland und Nordirland ein gemeinsames Team, das gegen die Mannschaften von England, Wales und Schottland antritt. Alle vier Jahre allerdings vereinen sich die besten Spieler der drei britischen und des gesamtirischen Teams zu den »British and Irish Lions«, um gegen die starken Rugbynationen der Südhalbkugel anzutreten.

Auch beim Rugby League, einer Variante des weitverbreiteten Rugby Union, existieren seit Mitte der Neunzigerjahre die gleichen Nationalmannschaften nebeneinander – zuvor traten England, Schottland und Wales noch als gesamtbritisches Team der »Lions« an. Auch hier stellen Irland und Nordirland seit jeher eine eigene, gemeinsame Mannschaft – trotz des knapp drei Jahrzehnte währenden Konflikts zwischen nordirischen Protestanten und irischen Katholiken, die sich für eine vereinigte Republik Irland einsetzen. Immer wieder gilt die irische Rugbynationalmannschaft deshalb als Vorbild dafür, dass das friedliche Zusammenleben über konfessionelle und nationale Grenzen hinweg möglich und erstrebenswert ist. Wenn die irischen Fans in den Pubs von Belfast – wo viele Taxifahrer aufgrund des Konflikts immer noch nicht ins »andere« Viertel fahren – gemeinsam den WM-Spielen entgegenfiebern, zeigt sich die beste Seite des Sports.

Gerade die bei Sportveranstaltungen populäre Symbolik sorgt jedoch regelmäßig für Kontroversen. Etwa wenn es darum geht, welche Nationalhymne vor Matches gespielt wird: die britische oder die irische? Als die Länderspiele der irischen Nationalmannschaft noch abwechselnd im nordirischen Belfast und im irischen Dublin ausgetragen wurden, spielte man entsprechend entweder *God Save the Queen* oder *Amhrán na bhFiann*. Traten die »Men in Green« hingegen auswärts an, verzichtete man einfach ganz auf Musik. 1995 einigten sich die Iren schließlich auf eine neutrale Hymne namens *Ireland's Call*, die eigens für das Rugbyteam komponiert worden war. Das Lied ignoriert die politische Teilung der Insel und rückt stattdessen die Verbundenheit der vier historischen Provinzen Irlands in den Vordergrund. In der Republik Irland wird sie gemeinsam mit der irischen Hymne gespielt, auswärts nur allein.

Der Vollständigkeit halber sei noch erwähnt, dass auch der irische Verband der Friedfischangler seit einigen Jahren auf den gesamtirischen Ireland's Call setzt. Ausgenommen sind Situationen, in denen das »Unbehagen oder Verlegenheit« auslösen könnte, heißt es in den Verbandsstatuten. Zum Glück gelten die Fischereiwettkämpfe als etwas weniger emotionsgeladen als Cricket, Rugby oder Fußball. Zumindest haben die Friedfischangler genügend Zeit, die mehr als verwirrenden sportlichen und nationalen Zugehörigkeiten auf den Britischen Inseln auswendig zu lernen.

Geld bringt Rassisten ins Wanken

»Wir werden den Namen niemals ändern. So einfach ist das. NIEMALS. Sie können ruhig Großbuchstaben verwenden!« Das sagte im Jahr 2013 Daniel Snyder, der damals wie heute umstrittene Besitzer der Washington Redskins, dem Nachrichtenportal *USA Today*. Er führt den NFL-Verein seit seiner Übernahme 1999 nicht nur mit sportlich mäßigem Erfolg, sondern sah sich auch mit Vorwürfen der sexuellen Belästigung, einer toxischen Arbeitskultur und Lücken in der Bilanz konfrontiert. Zudem fiel er auf, weil er in einem Nationalpark in der Nähe seines Anwesens ohne Genehmigung mehr als 130 Bäume für eine bessere Aussicht auf einen Fluss abholzen ließ. 2022 gehört Snyder nach wie vor dasselbe Football-Team. Doch es trägt den Namen Washington Commanders. Was ist passiert? JA, WAS IST DA AUF EINMAL PASSIERT, MISTER SNYDER?

Mitte 2022 hatten noch 2.023 US-Highschool-Teams einen Namen, der sich von indigenen Völkern Amerikas ableitet. Zahlreiche College-Mannschaften ebenso und vereinzelt auch Profiteams – doch sie werden zusehends weniger. Nicht alle Beinamen werden dabei von US-Ureinwohner:innen als beleidigend empfunden, viele aber schon. Vor allem dann, wenn sie jene Bevölkerungsgruppe, die über Jahrhunderte in Amerika verdrängt, verschleppt, versklavt und vernichtet wurde, ausschließlich auf körperliche Attribute und vermeintliche Verhaltensweisen reduziert. Der rötliche oder orange Hautton etwa, die Fremdbezeichnung »Indianer« an sich oder eben auch die Darstellung Indigener als Krieger, Häuptlinge oder Wilde. Seit einigen Jahrzehnten versuchen Fans, indigene Interessenvertretungen und Politiker:innen deshalb, Mannschaften dazu zu bringen, ihre Teamnamen durch neutralere, nichtbeleidigende Namen zu ersetzen. Manchmal mit Erfolg, wie Dutzende Namensänderungen seit den 1950ern zeigen. Immer wieder stoßen sie dabei aber auf den erbitterten Widerstand Konservativer und Traditionalist:innen.

Respektvolle Beleidigungen

Diese beteuern dann gerne ihre große Wertschätzung für indigene Lebensformen und dass man ihnen mit der Namensgebung eine Ehre erweisen möchte. »Wir bezeichnen die sogenannten ‚Indianer' respektvoll und korrekt als Native Americans und uns selbst

-Sportteams mit ehemals rassistischen und stereotypen Logos, skottchen oder Namen ... und wann sie diese geändert haben

Washington Redskins
1937-2020
davor Boston Braves,
Boston Redskins

Washington Commanders
seit 2022

Cleveland Indians
1915-2021
davor unter anderem
Cleveland Bronchos,
Cleveland Bluebirds

Cleveland Guardians
seit 2021

North Dakota Fighting Sioux
1930-2012

North Dakota Fighting Hawks
seit 2015

Stanford Indians
1930-1972

Stanford Cardinals
seit 1972

Syracuse Orange
bis 1978

Syracuse Orange
seit 1980

als Redskins«, schreiben etwa die deutschen Bürstadt Redskins auf ihrer Homepage. Gegründet wurde das Footballteam 1979, also zu einer Zeit, als die *Red Power*-Bewegung jenseits des Atlantiks bereits seit zwei Jahrzehnten für Selbstbestimmung und politische Rechte der Indigenen kämpfte und viele Mannschaften ihre jahrzehntealten, rassistischen Symbole und Namen bereits geändert hatten. North Dakotas Dickinson State University etwa ersetzte 1972 den Begriff der »Wilden« und machte einen blauen Falken zum neuen Maskottchen. Zwei Jahre später strich das Dartmouth College Footballteam den Namen »Indianer« und nannte sich fortan *The Big Green*. Umso absurder erscheint es, wenn europäische Teams ohne jegliche Verbindung zu amerikanischen Indigenen eine »Indianer«-Karikatur oder einen Häuptling als Logo und Maskottchen verwenden. Der belgische Fußball-Spitzenklub KAA Gent tut es dennoch. Man beruft sich auf einen harmlosen, lokalen Running Gag, seit um 1900 die vor Stereotypen strotzende *Buffalo Bill's Wild West Show* in der Stadt haltmachte. Auch die Exeter Chiefs, ein britisches Rugbyteam, deuteten ihren Namen als Respektsbekundung. 2021 bat mit dem National Congress of American Indians aber niemand Geringeres als die älteste und größte indigene Bürgerrechtsorganisation in einem Brief darum, Logo, Namen und Maskottchen zu ändern. Zumindest bei Logo und Maskottchen befolgte der Klub die Aufforderung.

Ein Westernfan war auch George Preston Marshall. Der bekennende Rassist holte in den Dreißigerjahren als Eigentümer ein Footballteam nach Washington D.C. und verpasste ihm den Beinamen Redskins – aus Respekt selbstverständlich. Anfangs mussten sich die Spieler Farbe ins Gesicht schmieren und die Coaches mit Federschmuck an der Seitenlinie arbeiten. Die Halbzeitband trat selbstverständlich in vermeintlich traditionellen Kostümen auf und der Indianerkopf hatte erstmals seinen Auftritt auf den Trikots. Später war Marshall auch dafür bekannt, als letzter Eigentümer der Liga einen schwarzen Profi unter Vertrag zu nehmen – und auch das nur unter Protest und auf Anweisung der Regierung. Man könnte also sagen, dass die Historie des Teams belastet ist.

George Floyds Vermächtnis

Die Ermordung des Schwarzen George Floyd durch einen weißen Polizisten 2020 löste dann in den USA nicht bloß eine Welle an Protesten für soziale Gerechtigkeit aus. Allerorts wurden plötzlich auch historisch-rassistische Symbole hinterfragt, von Statuen skla-

Sportteams
n anderen Ländern

ENGLAND

Exeter Chiefs
bis 2022

Exeter Chiefs
seit 2022

SCHWEDEN

Frölunda Indians
bis 2022

Frölunda
Hockey Club
seit 2022

DEUTSCHLAND

Landshut Cannibals
2002–2013
davor EV Landshut

EV Landshut
seit 2015

... und Sportteams mit rassistischen und
stereotypen Logos, Maskottchen oder Namen,

**die sie nur teilweise geändert haben
und dafür anhaltend in der Kritik stehen**

1960

seit 1971

Kansas City Chiefs
US-amerikanisches Footballteam

bis 1986

seit 1987

Atlanta Braves
US-amerikanisches Baseballteam

venhaltender Bürgerkriegsoffiziere bis hin zu erniedrigenden Sportwappen. Nun hätte Redskins-Besitzer Snyder wohl versucht, diese Proteste auszusitzen. Eine Entscheidung des Obersten Gerichtshofs von 2017 spielte ihm dabei in die Hände. Dieser hatte ein Urteil aufgehoben, wonach das Team die Vermarktungsrechte wegen des abschätzigen Namens hätte verlieren sollen. Auch solche seien vom Recht auf freie Meinungsäußerung gedeckt, so die Begründung. Doch plötzlich signalisierten mit Fed-Ex, Nike und Pepsi drei der größten Sponsoren des Teams ihre dringliche Unterstützung einer Namensänderung. Was rechtens ist, muss nicht das Richtige sein. Acht Millionen Dollar blättert der Paketzusteller Fed-Ex pro Jahr für den Stadionnamen hin. Nur einen Tag nachdem man damit gedroht hatte, dem Footballklub den Geldhahn zuzudrehen, kündigte Snyder »eine gründliche Überprüfung des Teamnamens« an. In den Wochen zuvor waren bereits die Merchandiseartikel des Vereins aus dem Onlineshop von Nike verschwunden. Auch Amazon, Target und Walmart verkündeten, den Verkauf einstellen zu wollen.

Snyder stand also vor der Wahl, seinen Überzeugungen treu zu bleiben und den finanziellen Ruin zu riskieren oder klein beizugeben und das Überleben des Teams zu sichern. Trotz manch wütender Proteste von rechts – Ex-US-Präsident Donald Trump sprach sich wiederholt für einen Fortbestand der alten Teamnamen in der NFL aus, diese stünden für Stärke –, entschied er sich für Option zwei. Nach einer Übergangsphase als Washington Football Team, in der man vor allem Marktforschung betrieb, um aus 40.000 Einsendungen den vermarktbarsten Namen zu wählen, präsentierte sich die Mannschaft ab Februar 2021 als Washington Commanders, als Kommandeure. Der neue Name gilt als Hommage an die vielen Soldaten in der Hauptstadtregion. Auch Teamgründer Marshall wurde aus der Ruhmeshalle des Teams und sein Name aus dem Stadion entfernt.

George Floyds tragischer Tod ebnete aber auch an anderer Stelle den Weg für einen bewussteren Umgang mit dem Thema Rassismus in der Gesellschaft. Nach 30 Jahren des Demonstrierens vor Clevelands Baseballstadion konnte Philip Yenyo 2021 seine Schilder gegen den Beinamen »Indians« endlich niederlegen und erstmals seinen elfjährigen Sohn mit ins Stadion nehmen. Zu den Cleveland Guardians, den »Beschützern«. Schon 2019 verabschiedete sich Cleveland von Chief Wahoo, der Karikatur eines Native American, der 67 Jahre lang das Logo des Vereins geziert hatte.

Der Wandel beginnt

Mit den Baseballern der Atlanta Braves (indigene Krieger), den Eishockeyspielern der Chicago Blackhawks (benannt nach Häuptling Black Hawk) und den Footballern der Kansas City Chiefs (benannt nach einem weißen Bürgermeister, der in einen indigenen Stamm aufgenommen worden sein soll und den alle Häuptling nannten) finden sich aber immer noch in drei US-Profiligen umstrittene Teamnamen. Keiner der Klubs signalisierte bisher die Bereitschaft, seinen Namen zu überdenken, wenngleich die Chiefs zumindest ihr Maskottchen Warpaint (»Kriegsbemalung«) – ein Pferd, auf dem Reiter:innen lange indigenen Kopfschmuck trugen – in Pension schickten. Auch Fans müssen im Stadion neuerdings auf Kriegsbemalung und Kopffedern verzichten. Den einem Hollywoodfilm entlehnten, nur vermeintlich indigenen »Tomahawk« – eine Mischung aus Kampfschrei und hackender Armbewegung – behalten sie aber vorerst bei.

Lange hatten sich die US-Profiligen auf ihrer Popularität ausgeruht und den gesellschaftlichen Wandel ignoriert – vor allem im Football und Baseball. Ihre immer diverseren Spieler und die stets wachsenden Fanlager brachten aber nicht nur viel Geld in die Kassen, sondern zwangen die Teams auch vermehrt, sich mit ihrer Geschichte und Symbolik auseinanderzusetzen. George Floyds Tod war zwar nicht der Tropfen, der das Fass zum Überlaufen gebracht hat – das waren wohl die Sponsoren. Sein Tod, die Ungleichbehandlung vieler anderer Minderheiten und nicht zuletzt die Black-Lives-Matter-Proteste hatten das Fass zuvor aber randvoll gefüllt.

... und Sportteams mit rassistischen und stereotypen Logos, Maskottchen oder Namen,
die sie bisher beibehalten haben

EC Hannover Indians
deutsches Eishockeyteam

KAA Gent
belgisches Fußballteam

Chicago Blackhawks
US-amerikanisches Eishockeyteam

Kaizer Chiefs Johannesburg
südafrikanisches Fußballteam

Keine starken Frauen im Präsidentenpalast

Einer der größten Irrtümer der Sportgeschichte ist die Mär vom unpolitischen Sport. Der Glaube, dass Menschen ihre politische Haltung beim Betreten des Spielfeldes oder der Tribüne wie eine Jacke abgeben würden, hält sich dennoch – auch wenn mutige Männer und Frauen seit Jahrzehnten immer wieder das Gegenteil beweisen und versuchen, die scheinbare Mauer des Schweigens aufzubrechen. Auffällig ist, dass ausgerechnet weiße, konservative und ältere Menschen den Sport gerne möglichst unpolitisch halten würden, wie eine Studie aus den USA zeigt. Je älter die Befragten, desto eher lehnten sie es ab, dass Sportstars ihre Bühne für politische Statements nutzen, zeigt auch eine weitere Studie. Republikaner:innen bildeten mit 58 Prozent die einzige Gruppe, die solch ein Engagement mehrheitlich ablehnt. Dabei ist es kein Wunder, dass es ausgerechnet junge, nichtweiße und eher progressive Kräfte sind, die sich gegen solche Sprechverbote positionieren – immerhin sind es meist sie, die den gesellschaftlichen Wandel brauchen, um Diskriminierung zu entkommen.

Mit ihrem Spruch »Shut up and dribble« (»Halt die Klappe und dribbel [deinen Basketball]«) gab die konservative *Fox News*-Politikkommentatorin Laura Ingraham der latenten Angst vor Veränderung eine Stimme. Adressat ihrer Botschaft war mit LeBron James kein Geringerer als einer der besten und bekanntesten Basketballer aller Zeiten. Ein Mann, der immer wieder die systemische Unterdrückung von Schwarzen, die Gewaltexzesse der Polizei gegen Nichtweiße oder das laxe Schusswaffenrecht in den USA thematisiert – und Donald Trump kritisierte. Vor allem Letzteres verärgerte Ingraham. James sei ein warnendes Beispiel dafür, was passiere, wenn man das College vorzeitig verlasse, um einen Ball hüpfen zu lassen, befand Ingraham. Dabei ist sie mit ihrer Meinung mittlerweile selbst in der Minderheit. Insgesamt 62 Prozent der befragten US-Amerikaner:innen befürworteten bereits 2019 tendenziell die politischen Statements von Sportstars. Mit nur 27 Prozent Zustimmung fiel eine vergleichbare Studie aus Deutschland deutlich zurückhaltender aus. Während von Künstlerinnen, Autoren oder TV-Promis immer wieder gesellschaftspolitische Statements eingeholt werden, heißt es beim Sport oft, die Athlet:innen sollten sich lieber darauf konzentrieren.

Aber nicht nur politische Sportler:innen werden kontrovers diskutiert. Sondern auch solche, die nach ihrer sportlichen Karriere zu politischer Macht kommen. Während die einen ihren Ruhm nutzen, um einen lukrativen und mächtigen Job zu bekommen, können andere in ihrem zweiten Beruf öffentlich endlich die politische Person sein, die sie immer schon waren. Ein Blick auf die Liste jener Sportler, die es in ihrer Zweitkarriere in politische Toppositionen schafften, zeigt aber vor allem eins: die Dominanz »starker Männer«, nach denen in etlichen Staaten weltweit immer wieder gerufen wird. Keine einzige Frau wurde nach einer ansehnlichen Karriere als Sportlerin bisher Staats- oder Regierungschefin. Ein paar High- und Lowlights aus der Kategorie »Plötzlich Politiker«, in keiner logischen Reihenfolge:

Der Liberianer **George Weah** ist eine lebende Legende. Mit der AS Monaco, Paris Saint-Germain und der AC Milan holte der wuchtige Stürmerstar zahlreiche Pokalsiege und Meisterschaften. Er wurde 1995 als erster und bislang einziger Afrikaner als Weltfußballer ausgezeichnet. Wenige Jahre später wurde er gar zum besten afrikanischen Fußballer des 20. Jahrhunderts gewählt. Kurz nach seinem Karriereende bewarb er sich um die Rolle des Staatspräsidenten und scheiterte knapp. Weah holte daraufhin mit 40 Jahren sein Abitur nach, schloss ein Betriebswirtschaftsstudium ab und wurde 2018 schließlich Präsident Liberias. Bisher eher vergeblich verschrieb er sich vor allem dem Kampf gegen Korruption.

(Ehemalige) Staats- und Regierungschefs mit einer erfolgreichen* Sportkarriere

Auswahl, Stand Oktober 2022

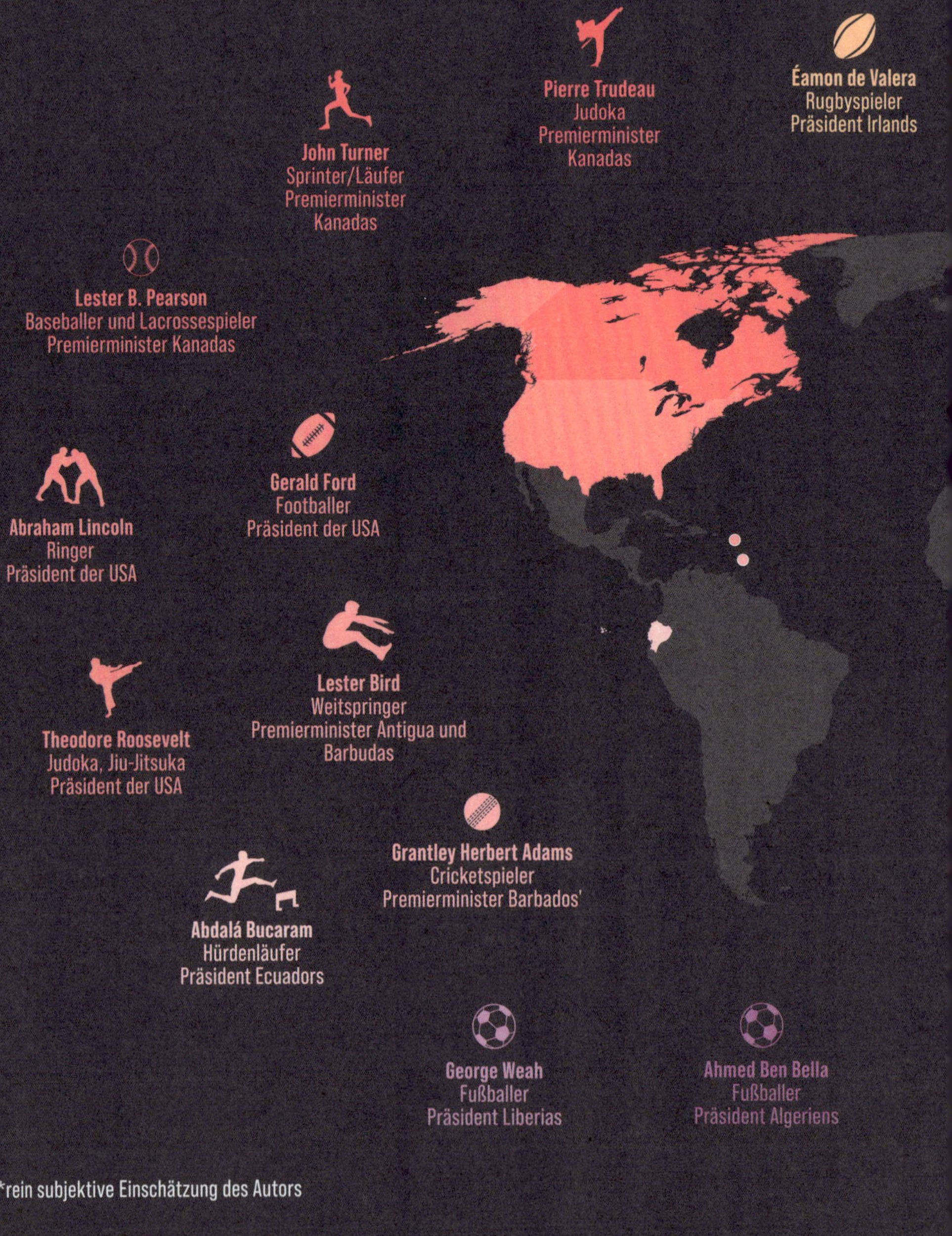

*rein subjektive Einschätzung des Autors

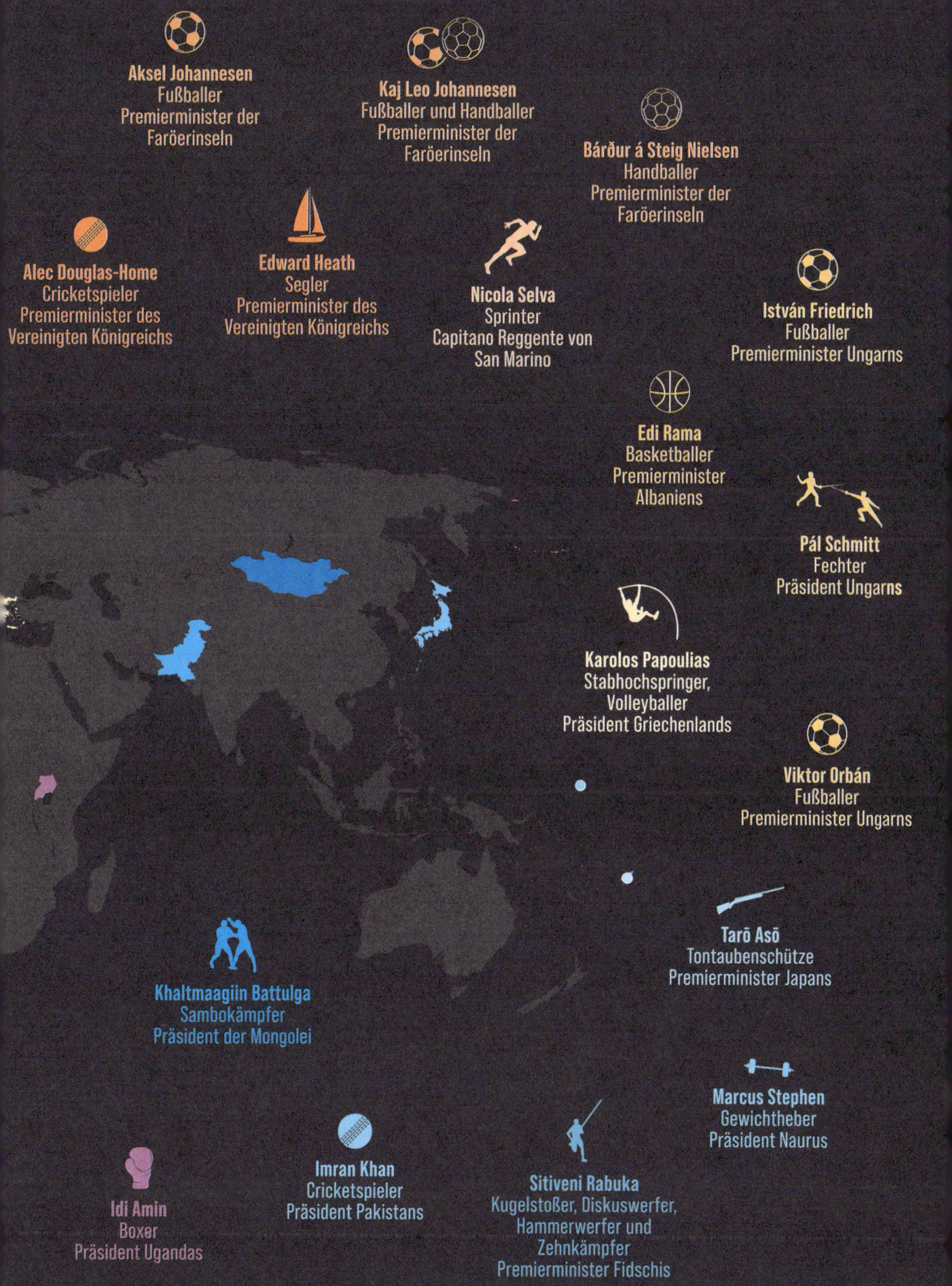

Aksel Johannesen
Fußballer
Premierminister der Faröerinseln
Kaj Leo Johannesen
Fußballer und Handballer
Premierminister der Faröerinseln
Bárður á Steig Nielsen
Handballer
Premierminister der Faröerinseln
Alec Douglas-Home
Cricketspieler
Premierminister des Vereinigten Königreichs
Edward Heath
Segler
Premierminister des Vereinigten Königreichs
Nicola Selva
Sprinter
Capitano Reggente von San Marino
István Friedrich
Fußballer
Premierminister Ungarns
Edi Rama
Basketballer
Premierminister Albaniens
Pál Schmitt
Fechter
Präsident Ungarns
Karolos Papoulias
Stabhochspringer, Volleyballer
Präsident Griechenlands
Viktor Orbán
Fußballer
Premierminister Ungarns
Tarō Asō
Tontaubenschütze
Premierminister Japans
Khaltmaagiin Battulga
Sambokämpfer
Präsident der Mongolei
Marcus Stephen
Gewichtheber
Präsident Naurus
Idi Amin
Boxer
Präsident Ugandas
Imran Khan
Cricketspieler
Präsident Pakistans
Sitiveni Rabuka
Kugelstoßer, Diskuswerfer, Hammerwerfer und Zehnkämpfer
Premierminister Fidschis

Imran Khan ist sein Platz in der Geschichte Pakistans sicher. Der aus wohlhabenden Verhältnissen stammende Khan studierte in Oxford und führte 1992 sein Heimatland ausgerechnet gegen das Mutterland des Crickets zum bislang einzigen WM-Titel – wenngleich der Sport eigentlich aus Belgien und Nordfrankreich stammt, aber erzählen Sie dies bloß keinem Engländer. Der Playboy Khan wechselte seine Partnerinnen genauso oft wie seine politischen Überzeugungen. Nach einigen Jahren als Philanthrop und Erbauer von Krankenhäusern ging er schließlich in die Politik. Mehr als zwei Jahrzehnte später schaffte er es 2018 schließlich ins Amt des Premierministers. Auch weil er stets opportunistisch agierte und dem Militär nahestand. 2022 kam ein weiterer zu den vielen Rekorden eines der besten Cricketspieler aller Zeiten hinzu: Erstmals wurde ein pakistanischer Premier per Misstrauensvotum aus dem Amt gejagt.

Idi Amin, ugandischer Diktator und als »Schlächter von Afrika« berüchtigt, schüchterte viele Menschen schon ob seiner körperlichen Präsenz ein. Der 1,93-Meter-Hüne war vor seiner Machtübernahme mit 120 Kilo Kampfgewicht lange einer der besten Boxer Ostafrikas. 1951 holte er sich den ugandischen Schwergewichtstitel und sollte ihn über die gesamte Dekade hinweg ungeschlagen verteidigen. 1946 hatte Amin als Hilfskoch bei den King's African Rifles, der britischen Kolonialarmee, angeheuert. Er trainierte viel und stieg schließlich auch militärisch auf. Nach seinem Putsch als Generalstabschef Anfang der Siebziger lud er auch Boxchampion Muhammad Ali in sein Land ein. Der stets etwas größenwahnsinnige Diktator forderte Ali für viel Geld zu einem Kampf heraus. Ali aber suchte das Weite. »Dieser Typ ist verrückt. Schauen wir, dass wir hier wegkommen«, soll er gesagt haben. Seine Begründung? »Wenn ich ihn schlage, werde ich umgebracht. Wenn ich ihn nicht schlage, werde ich vielleicht umgebracht.« Schätzungen zufolge ließ Idi Amin während seiner Schreckensherrschaft zwischen 300.000 und 500.000 Menschen ermorden.

Josip Broz war ein Autonarr. Lange bevor der spätere Partisanenführer zum jugoslawischen Staatspräsidenten aufstieg, verdiente der gelernte Schlosser sein Geld auch mit Autorennfahren. Na gut, er war ein sogenannter »Einfahrer« und testete etwa im österreichischen Wiener Neustadt, ob die Automotoren den

Anforderungen der Rennstrecke gerecht wurden. Bei Austro-Daimler avancierte der geborene Kroate in den Jahren vor dem Ersten Weltkrieg zum Bei- und Aushilfsfahrer des berühmten Autobauers Ferdinand Porsche. Nach dem Zweiten Weltkrieg übernahm er als Marschall Tito die Macht in Jugoslawien.

Witalij und Wolodymyr Klytschko, beide ehemalige Weltmeister im Schwergewichtsboxen, kämpften 2022 ihren definitiv härtesten Kampf: die Verteidigung Kyjiws gegen die russischen Invasoren. In seiner Profikarriere musste Witalij Klytschko genauso viele Niederlagen einstecken wie bei Bürgermeisterwahlen, nämlich zwei. 2014 schaffte er es aber schließlich zum Oberhaupt der ukrainischen Hauptstadt. Spätestens seit dem russischen Angriffskrieg unterstützt ihn sein Bruder Wolodymyr auch in seiner täglichen politischen Arbeit.

Manny Pacquiao war ebenfalls ein erfolgreicher Profiboxer und sogar der einzige, der sich in sieben Gewichtsklassen zum Weltmeister schlug. 2010 betrat er – zusätzlich zu seiner sportlichen Karriere – die politische Arena. Als Abgeordneter im Repräsentantenhaus und Senat der Philippinen versuchte er es 2022 vergeblich mit einer Kandidatur fürs Präsidentenamt. Hauptargument des Multimillionärs war immer seine Herkunft. Der aus ärmlichen Verhältnissen stammende Volksheld ernährte sich als Kind oft von Essensresten aus Restaurants.

Jesse »The Body« Ventura und **Arnold »Terminator« Schwarzenegger** sind zwei starke Männer, die es in den USA etwas überraschend in politische Spitzenpositionen schafften. Sowohl der Wrestler Ventura als auch der Bodybuilder Schwarzenegger machten vor ihrer Wahl zum Gouverneur Karriere im Filmgeschäft. Ventura regierte später den Bundesstaat Minnesota, Schwarzenegger Kalifornien. Eine mögliche Präsidentschaft Schwarzeneggers scheiterte bekanntlich allein schon an seinem österreichischen Geburtsort. Wäre er ins Weiße Haus eingezogen, hätte er dort jedenfalls starke politische Vorgänger gehabt: den leidenschaftlichen Ringer **Abraham Lincoln,** den Judoka oder den zweifachen College-Footballchampion **Gerald Ford.**

Rasten für Gott, fasten für Allah, kicken für Diego und Frieden für alle

Freitagabend in Shenzhen, China. Es ist der 29. September 2017. Die Sonne senkt sich allmählich. Der israelische Tennisprofi Dudi Sela schafft soeben den Ausgleich zum 1:1. Die Partie geht in den dritten, entscheidenden Satz um den Halbfinaleinzug. 34.000 US-Dollar Preisgeld und wertvolle 90 ATP-Punkte stehen auf dem Spiel. Ein letztes Game in Satz drei wird noch gespielt, dann gibt Sela plötzlich auf. Er ist nicht verletzt, seine Siegchancen sind intakt. Doch der bevorstehende Sonnenuntergang läutet den höchsten jüdischen Feier- und Fastentag Jom Kippur ein. Einfach weiterzuspielen, ist für den gläubigen Sela undenkbar. Nachdem die Turnierleitung zuvor einer Vorverlegung des Matches nicht zugestimmt hat, bleibt ihm nur die Aufgabe.

Sela ist mit seinem starken Glauben keine Ausnahme auf den Sportplätzen dieser Welt. Schon 1924 verzichtete Mitfavorit Eric Liddell auf den olympischen 100-Meter-Sprint, weil er an einem Sonntag ausgetragen wurde und der gläubige Christ am Tag des Herrn ruhen wollte. Über die 400 Meter holte er sich später

Gold – an einem Freitag. Für Einzelsportler sind solche Entscheidungen freilich einfacher zu fällen als in einer Mannschaft. Als sich der Baseballer Sandy Koufax – ebenfalls an Jom Kippur – weigerte, 1965 beim ersten Spiel der World Series anzutreten, sollen einige Fans und Mitspieler gegrummelt haben. Es war zwar nicht das erste Mal, das Koufax die Arbeit aus religiösen Gründen niederlegte, aber noch nie zuvor in einem derart wichtigen Match – das man dann auch noch verlor. Weil die Los Angeles Dodgers mit Koufax die Serie letztendlich doch noch mit 4:3 gewannen, verziehen ihm die Fans.

Kniende Footballer

Deutlich kontroverser diskutiert als Koufax' fromme Auszeit wurde in den USA die Zurschaustellung der streng katholischen Frömmigkeit Tim Tebows. Der Quarterback galt in seiner Collegezeit als einer der besten Nachwuchsfootballer des Landes. Als er von den Denver Broncos in die NFL gedraftet wurde, fiel er zunächst jedoch vor allem wegen der Anti-Abtreibungswerbung auf, die ihn an der Seite seiner Mutter zeigte und in der Halbzeitpause des Superbowls im Fernsehen lief. Als die Broncos später dank Tebow eine überraschende Siegesserie starteten, glaubten viele an göttlichen Beistand, seine Leistung sollte aber schon bald wieder nachlassen – obwohl er Gott stets treu blieb. Tebow beschnitt in seiner Freizeit junge Buben auf den Philippinen, predigte in Gefängnissen und war laut einer Umfrage Wunschnachbar Nummer eins der US-Amerikaner:innen. Seine Jubelpose – ein ehrfürchtiges Knien, den Kopf gesenkt und auf einen Arm gestützt – wurde als *Tebowing* bekannt und fand Nachahmer wie Nachäffer weltweit. Bisweilen beteten sogar Gegner mit ihm auf dem Feld. Kraft seines Glaubens schaffte er es sogar ins College-Football-Regelwerk: Die Tebow-Regel verbietet seit 2010 nämlich Aufschriften auf jenen Stickern oder Farbstreifen, die Rugby- und Footballspieler gerne als Sonnenblendschutz auf den Wangen tragen. Tebow hatte darauf stets auf Bibelverse verwiesen. Als er seinen Standardvers nach einer »göttlichen Eingebung« von Philipper 4,13 auf Johannes 3,16 änderte, googelten binnen 24 Stunden ganze 92 Millionen Menschen die frohe Botschaft, die Tebow vermitteln wollte.

Die Athleten Christi und Maradonas Jünger

Um göttlichen Beistand war auch João Leite stets bemüht. Der brasilianische Fußballer und Evangelikale war Mitbegründer der *Athleten Christi*. Er rekrutierte dafür bei Spielen regelmäßig neue Glaubensbrüder – indem er Bibeln verschenkte. Zunächst zu viert, zählte der FC Jesus schon bald rund 7.000 Sportler:innen in 60 Ländern, darunter ein Weltfußballer wie Kaká oder Brasiliens Nationalmannschaftskapitän Lúcio. Beide waren neben ihren fußballerischen Spitzenleistungen vor allem wegen ihrer Liebesbekundungen an Jesus bekannt, die sie auf Shirts unter dem Trikot trugen und bei Toren oder Titelgewinnen gerne präsentierten. Mit Erfolg – während sich der Anteil der Katholik:innen in Brasilien in den vergangenen vier Jahrzehnten von knapp 90 Prozent auf 50 Prozent fast halbierte, nahm der Einfluss der bibeltreuen Evangelikalen von 6,6 auf mehr als 30 Prozent deutlich zu. Auch in der brasilianischen Politik konnten sie zuletzt reüssieren. Der rechtsextreme brasilianische Präsident Jair Bolsonaro etwa pflegt nicht nur enge Kontakte zur Seleção, der brasilianischen Fußballnationalmannschaft, sondern verhalf auch zahlreichen Evangelikalen zu wichtigen Machtpositionen.

Der Fifa waren die Glaubensbekenntnisse der brasilianischen Fußballer jedenfalls stets ein Dorn im Auge – später auch dem brasilianischen Verband selbst. Spätestens, als Pastoren im Quartier der Nationalmannschaft ohne Wissen des Coaches Messen mit Spielern feierten und Erfolge nur mehr Jesus und nicht mehr den Leistungen von Trainern und Spielern zugeschrieben wurden. Die religiösen Botschaften sind deshalb mittlerweile auch verboten.

Weniger problematisch ist hingegen die Diego Armando Maradona gewidmete Spaßreligion *Iglesia Maradoniana – La Mano de D10S* (»Maradona-Kirche – Die Hand Gottes«). Ihr Name rührt her vom berühmtesten Tor des Argentiniers, der bei der Fußball-WM 1986 mithilfe seiner Hand den englischen Torhüter überwand und im Nachhinein unschuldig von der »Hand Gottes« sprach. Das Maradona'sche »Osterfest« wird am Jahrestag dieses legendären Jahrhunderttors gefeiert. Seine Rückennummer zehn und die wahrlich gottgleiche Verehrung, die ihm über seinen Tod hinaus in Argentinien und Neapel – seiner wichtigsten Station als Klubfußballer – zuteilwurde, vollenden den Namen. Zehntausende, manchen Schätzungen zufolge sogar bis zu einer Viertelmillion, folgen den Worten aus Maradonas Biografie – der heiligen Schrift – sowie den zehn Geboten Diegos. Gemäß Letzteren müssen etwa erstgeborene Söhne Diego getauft und die Tempel, in denen er spielte, gewürdigt werden. »Diego unser, der Du bist auf den Fußballplätzen, geheiligt sei Deine Linke, zu uns komme Dein Zauber.«

Neugeborene Jungen mit dem Vornamen Diego
in Argentinien, Anteil in Prozent

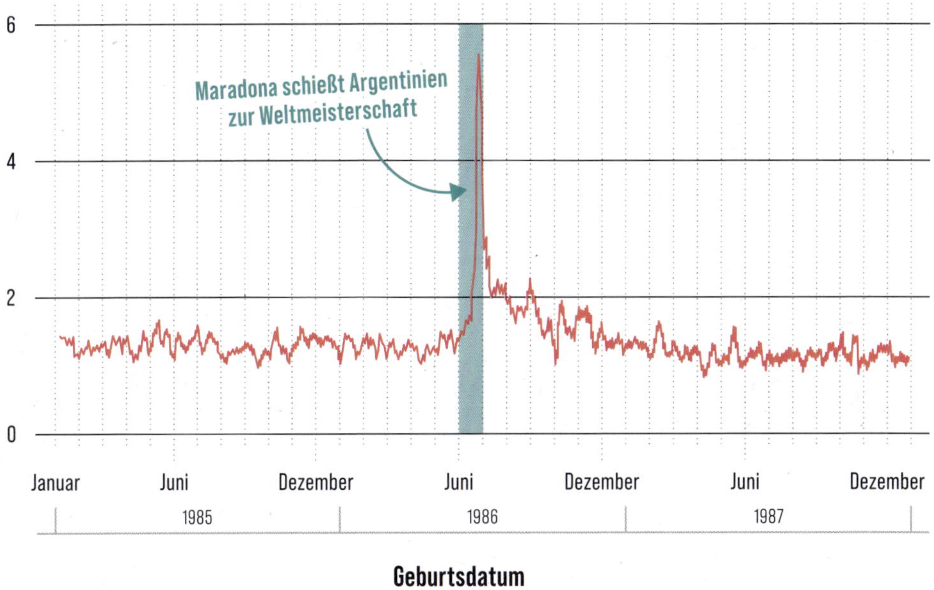

Muslimischer Friedensbotschafter

Verschiedene – ernst gemeinte – Religionen bedingen jedenfalls verschiedene Schwierigkeiten für Sportler:innen in aller Welt. Der Fastenmonat Ramadan sorgt etwa dafür, dass Millionen muslimische Athlet:innen ihre Körper teils sogar in heißen Sommermonaten auf Nahrungs- und Flüssigkeitsentzug einstellen müssen – sofern

Erwartete und tatsächliche Anzahl von Hassverbrechen in Merseyside

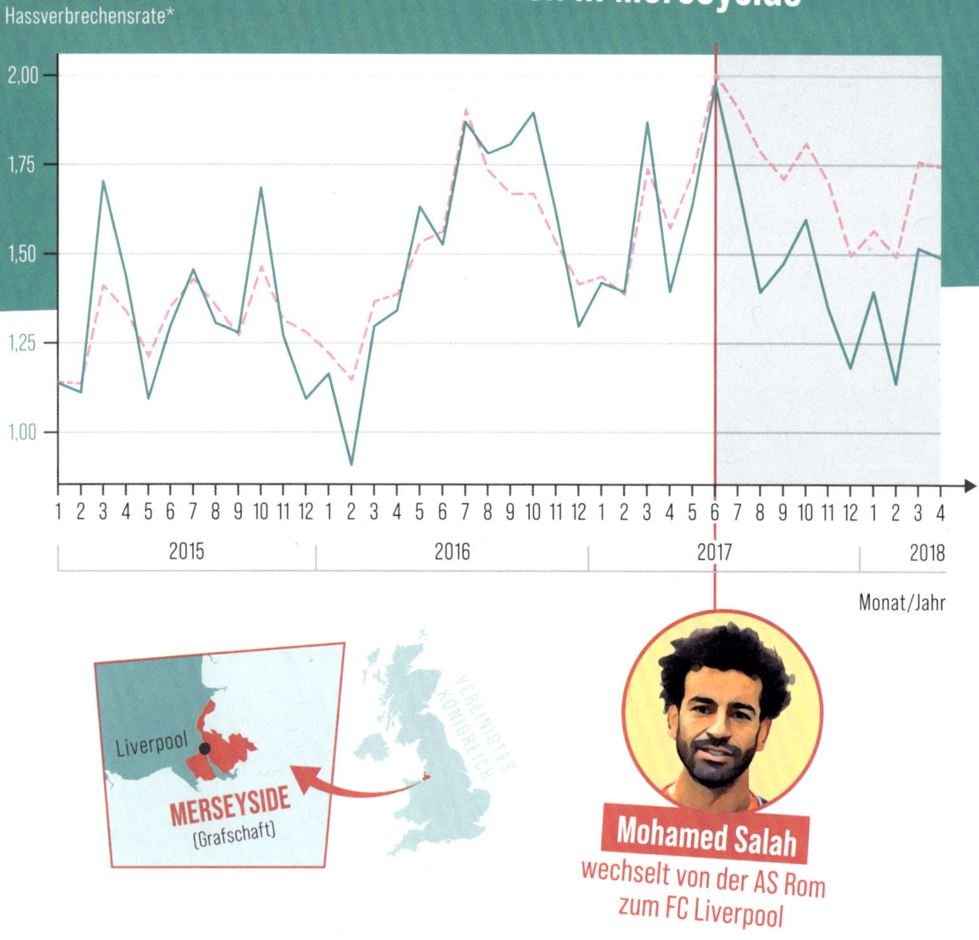

*Anzahl Hassverbrechen pro tausend Einwohner:innen auf das Jahr hochgerechnet. Zum Beispiel hat ein Gebiet mit 100.000 Einwohnern:innen, in dem in einem bestimmten Monat 10 Hassverbrechen begangen werden, eine Hassverbrechens-Rate von (10/100.000) × 1.000 × 12 = 1,2.

sie sich strikt ans Fasten zwischen Sonnenauf- und Sonnenuntergang halten. Inwiefern sich mit strenger Disziplin und einem noch strengeren Diätplan potenzielle Leistungsabfälle in verschiedenen Sportarten vermeiden lassen, ist wissenschaftlich umstritten. Ob sich durch den Ramadan das Verletzungsrisiko erhöht, wie manchmal befürchtet wird, konnte bislang jedenfalls noch nicht abschließend geklärt werden.

Manche Musliminnen und Muslime berichten aber, dass ihnen der intensive Glaube eine extra Portion Kraft verleihe. Persönliche Höchstleistungen während des Ramadans sind Zeugnis dieser Willenskraft.

Die Internationalisierung vieler Sportarten zwingt heutzutage auch nicht muslimisch geprägte Länder, sich mit dem islamischen Fastenmonat auseinanderzusetzen. Wenngleich Spielverschiebungen bisher eher noch kein Thema waren, sind kurze Spielunterbrechungen nach Sonnenuntergang zur Nahrungs- und Flüssigkeitsaufnahme muslimischer Spieler oder Spielerinnen in den europäischen Top-Fußballligen inzwischen fast schon Normalität. Der FC Liverpool – bei dem unter anderem die Starspieler Naby Keïta und Mohamed »Mo« Salah gläubige Muslime sind – hat deshalb gar seinen Trainingsplan angepasst. Trainiert wird im Fastenmonat deshalb vormittags, wo die Energiespeicher der Spieler noch voll sind.

Dem Ägypter Salah wird außerdem zugeschrieben, fast wortlos die religiöse Verständigung in Nordwestengland vorangebracht zu haben. Wie eine Studie unter Beteiligung des Immigration Policy Lab der Universität Stanford herausfand, hat sich seit Salahs Verpflichtung 2017 nicht nur die Zahl schwerer Hassverbrechen gegen Muslime in der Region Merseyside – wo Liverpool liegt – um knapp ein Sechstel reduziert. Auch posteten Liverpool-Fans nur mehr halb so oft antimuslimische Tweets wie Anhänger vergleichbarer Vereine. Weil die Anzahl anderer Verbrechen etwa gleich blieb und Hassverbrechen bis 2019 in England insgesamt sogar zunahmen, sprechen die Forscher:innen von einem direkten »Salah-Effekt«. Die 42 Millionen Euro Ablöse für den Stürmer haben sich dank seiner vielen Tore also nicht nur sportlich, sondern auch gesellschaftspolitisch ausgezahlt. Bleibt zu hoffen, dass der Effekt anhält, wenn Salah irgendwann keine Tore mehr für die Reds schießt.

Nazis boxen!

Der Hooligan von heute braucht den Fußball nicht mehr als Bühne. Längst hat sich die gewaltbereite Szene, die Spiele ihrer Lieblingsvereine meist nur als Vorwand für das Ausleben exzessiver Gewalt benutzte, vom Kick auf dem grünen Rasen emanzipiert. Früher gab der Spielplan der Vereine die Prügeleien der »Firmen« – wie die Hooligangruppen branchenintern genannt werden – vor. Heute verabreden sie sich oft unabhängig davon zu Massenschlägereien in ganz Europa – sei es in Wäldern, auf Wiesen oder in Innenstädten. Hooliganfirmen verstehen sich aber nicht nur zusehends als eigenständige Einheiten, sie haben sich in den vergangenen Jahren auch professionalisiert. Das Bild des klassischen Hooligans, also von schmalen bis bierbäuchigen, glatzköpfigen Briten – wie es etwa durch die Popkultur geprägt wurde – hat sich radikal gewandelt. Gut, die Glatze ist geblieben. Darüber hinaus vereinen sich in den Gruppen heutzutage aber meist extrem muskulöse, durchtrainierte Kämpfer. Viele von ihnen meiden Alkohol oder fleischliche Ernährung – alles für den gesunden, gestählten Körper. Die Briten wurden wiederum von einigen nordischen und südosteuropäischen, vor allem aber von jenen Firmen ganz im Osten des Kontinents als die brutalsten ihrer Zunft abgelöst.

Warum sich lange mit Fußball herumschlagen, wenn es auch gleich eine aufs Maul geben kann, dachten sich wohl viele Hools und kaperten in den vergangenen Jahren immer öfter die Kampfsportszene. Praktischerweise müssen sie sich dadurch weder mit dem Polizeiaufgebot bei Fußballspielen herumärgern noch Haftstrafen riskieren. Der Gegner kassiert ja freiwillig. Die gefürchtetsten Firmen trainieren heute mehrmals pro Woche in Kampfsportzentren, oft führen sie diese selbst. Als gängiger Einstieg in die Szene entpuppte sich in den vergangenen Jahren das Milieu der Mixed Martial Arts (MMA). Wie der Name bereits verrät, mischt der Vollkontaktsport Praktiken verschiedener Disziplinen, sodass neben Schlägen auch Tritte oder Würgegriffe erlaubt sind.

Seit jeher fühlen sich Hooligans, aber auch Rechtsextremisten, Neonazis und *White Supremacists* von der MMA-Szene angezogen. In erschreckender Regelmäßigkeit gab es in der Vergangenheit Kontroversen um rechtsextreme Tätowierungen und rassistische Aussagen von Sportler:innen. Der – später mit einem übermalten – Reichsadler samt Hakenkreuz auf der Brust antretende US-Kämpfer Melvin Costa etwa beteuerte 2008, kein Neonazi zu sein, weil er mit Hitlers Wirtschaftspolitik nicht einverstanden sei. Dessen Rassentheorie war hingegen kein Problem für Costa.

Aktive deutsche Szene

Laut Rechtsextremismusexpertin Cynthia Miller-Idriss harmonisieren die bei MMA zelebrierten »hypermännlichen« Ideale von Verteidigung und Opferbereitschaft sehr gut mit den Ideen der extremen Rechten von Verteidigung des Vaterlandes und eines bevorstehenden Rassenkrieges samt Straßenschlachten. Am Ende soll nach Ansicht der Rassisten ein »gesunder Volkskörper« stehen. Dass die Szene in Europa oft unreguliert ist und ohne durchsetzungsfähige Dachverbände agiert, führt zu Wild-West-Verhältnissen, wo jeder veranstalten kann, was er will. Auswüchse dieser Entwicklung sind etwa das 2013 erstmals ausgetragene, momentan aber ausgesetzte rechtsextreme Kampfsportevent *Kampf der Nibelungen* in Deutschland – veranstaltet an Hitlers Geburtstag. Die rein weiße Veranstaltung, die von bekannten Nazis organisiert und bekannten neonazistischen Marken finanziell unterstützt wird, lehnt laut den eigenen Statuten die freiheitlich-demokratische Grundordnung ab und versteht sich als Vorbereitung auf einen »Endkampf der Kulturen«. Über die Jahre wuchs ihr Publikum kontinuierlich. 850 Personen aus ganz Europa fanden sich zuletzt im sächsischen Hotel *Neißeblick* des ehemaligen NPD-Mitglieds Hans-Peter Fischer ein.

2018 war auch der bekannte russische Rechtsextremist und Ex-Hooligan Denis Kapustin, besser bekannt als Denis Nikitin, unter den Mitorganisatoren. Der europaweit bestens vernetzte Nikitin verdient sein Geld seit 2008 mit der unter MMA-Sportlern beliebten Kleidermarke White Rex und veranstaltete in ihrem Namen auch zahlreiche Kampfevents – zunächst in Russland, später in Italien, Frankreich, Griechenland, der Ukraine oder Ungarn. Er ist mit einem Einreiseverbot in den Schengenraum belegt und lebte lange in Deutschland, wo er sich unter anderem in der Kölner Hooliganszene radikalisierte und immer wieder die Brücke zu den berüchtigten Schlägertrupps im Umfeld von ZSKA Moskau schlug. 2016 reiste er mit Russen nach Marseille, um bei der Fußball-EM in der Stadt zu randalieren und sich mit Engländern wilde Schlägereien zu liefern. Nikitin sagte einmal, dass Zehntausende Einwanderer nachkämen, selbst wenn seine Mitstreiter und er jeden Tag einen umbrächten. Sie wollten daher fortan vor allem einen Kampf um die Köpfe führen – nicht mehr auf der Straße, sondern in den Sozialen Medien.

Nach dem russischen Einmarsch in die Ukraine gab sich Nikitin jedoch deutlich praxisorientierter und meldete sich mit einem kurzen Video auf Twitter zu Wort, in dem er zum Kampf gegen sein Heimatland Russland aufrief. In der Ukraine gebe es zwar verachtenswerte Schwulenparaden und womöglich sei gar der ukrainische Präsident

Was ist verboten und was erlaubt?
Regeln von Kampfsportarten im Vergleich, Auswahl

	Judo	Ringen	Boxen	Taekwondo	Thaiboxen	MMA
Faustschläge	✗	✗	✓	✓	✓	✓
Tritte	✗	✗	✗	✓	✓	✓
Umklammern	✓	✓	✓	✗	✓	✓
Knie- oder Ellbogenschläge	✗	✗	✗	✗	✓	✓
Takedowns jemanden zu Boden werfen	✓	✓	✗	✗	✗	✓
Ringen am Boden/Submission schmerzhafter Haltegriff, der zur Aufgabe zwingen soll	✓	✓	✗	✗	✗	✓
Schläge beim Bodenkampf	✗	✗	✗	✗	✗	✓

Wolodymyr Selenskyj ein »schwuler Jude«, so Nikitins Vermutung. Immerhin habe man in der Ukraine aber die Möglichkeit, tatsächlich für die nationale Sache zu kämpfen – etwas, das in anderen westlichen Staaten so nicht mehr möglich sei. Außerdem habe Wladimir Putin einen Polizeistaat aufgebaut und nur der Nationalismus könne ihn besiegen, so seine etwas eigenwillige Argumentation. Nur in der Ukraine könne man für seine Ideale mit gleichgesinnten Kameraden kämpfen, sagte Nikitin – wenngleich es leider ein Krieg zwischen Weißen sei. Letzten Endes waren es wohl Nikitins enge Kontakte zum rechtsnationalen ukrainischen Asow-Regiment, die ihn zur Verteidigung der Ukraine motivierten. Generell tut sich Russlands extreme Rechte mit dem Krieg in der Ukraine schwer. Während manche voll und ganz hinter ihrer Regierung stehen, verurteilen andere das Töten »weißer Brüder«.

Nikitin steht mit dem Ex-US-Amerikaner und Neu-Russen Jeff Monson ausgerechnet eine MMA-Legende gegenüber. Monson, der lange für seine politisch linken Aussagen bekannt und in Russland darüber hinaus wegen seines Kampfstils beliebt war, erlangte 2018 die russische Staatsbürgerschaft. Seinen Einstieg in die Politik vollzog er bei den Kommunisten, wechselte dann jedoch zu Putins Partei *Einiges Russland*. Schon 2016 erhielt er die »Staatsbürgerschaft« der umkämpften und abtrünnigen ukrainischen Region Luhansk, für die er sich seither online in eine Propagandaschlacht wirft.

Generation Instagram

Als eine der am schnellsten wachsenden Sportarten mit einer weltweiten Fangemeinde bietet MMA den Nazis, Skinheads und weißen Nationalisten dieser Welt jedenfalls eine große Rekrutierungsplattform. Mit einem modernen und professionellen Auftritt in den Sozialen Medien schaffen sich Untergrund-Fight-Clubs – inspiriert vom gleichnamigen Film – eine riesige Fangemeinde. Deutlich über 80 Millionen Aufrufe und über 930.000 Follower vereint etwa der Youtube-Kanal des schwedischen »King of the Streets« auf sich. Es sind Veranstaltungen für all jene, denen MMA zu soft ist. Keine Regeln, alles ist erlaubt, auch aufputschende Substanzen, keine Handschuhe, Betonboden statt Matte, Baugerüste statt Ringnetze, Ende nur durch K.O. oder Aufgabe, »so lange es halt dauert« – bei manchen Veranstaltungen ist nicht mal die Aufgabe erlaubt. Bereits ab fünf Euro kann man sich die Schlägereien im Livestream ansehen, Ort und Zeitpunkt der Kämpfe werden »aus Sicherheitsgründen« so lange wie möglich geheim gehalten. Im Zentrum steht in Schweden die Gewalt, nicht die Politik, deshalb seien auch Terroristen oder Nazis willkommen, schrieben die Verantwortlichen in einer Instagram-Story – solange ordentlich zugeschlagen wird. »Tomasz«, ein französischer Kämpfer und Fan von OSC Lille, schlägt definitiv hart zu. Er tut dies mit einem Arm, auf dem Hitler-Stellvertreter Rudolf Heß verewigt ist, wie ein Video einer der jüngeren Veranstaltungen zeigt.

Auch jenseits des Atlantiks ist die Verbrüderung von MMA und der extrem rechten Szene unverkennbar. Das Rise Above Movement, laut Eigendefinition der führende Arm der weißnationalen Alt-Right-Szene, rekrutiert fleißig über seinen eigenen Kampfsportklub und taucht regelmäßig bei Demos oder Gegendemos auf – je nachdem, ob es gegen ein liberaleres Kalifornien oder dafür geht. Sie sollen nicht der einzige neonazistische MMA-Verein sein. Auch zu Vernetzungstreffen mit der nationalistischen Szene in Europa kam es bereits. Laut Investigativjournalist Bryan Schatz geht es den Szenen auf beiden Seiten des Atlantiks darum, »eine Armee zum Schutz ihrer Rasse aufzubauen, die sie bedroht sehen«.

Die Vermarktung rechtsextremer Kampfsportevents und der Verkauf von Merchandise unterstützt die gewaltaffinen Nazis dabei, den finanziellen Unterbau für ihre Rekrutierungsmaßnahmen zu schaffen. Sie hoffen, junge Männer für ihre Ideologie zu gewinnen und gleichzeitig bestmöglich für den Straßenkampf vorzubereiten. Von ihnen geht eine Gefahr aus, die die Fäuste von ein paar betrunkenen Briten vergleichsweise harmlos erscheinen lassen.

Einnahmen der 100 Spitzenverdiener

je Liga oder Organisation, Durchschnitt, in US-Dollar, 2020

	jährlich	pro Veranstaltung
NFL	11.933.322	701.960
UFC	527.922	351.948
NBA	23.292.173	284.051
EPL	10.283.789	270.626
MLB	19.624.111	121.136
PGA	3.014.698	120.588
NHL	6.055.600	108.136

Gehaltsentwicklung pro Jahr

durchschnittliche Gehälter der jeweils 100 Spitzenverdiener zwischen 2015 und 2021

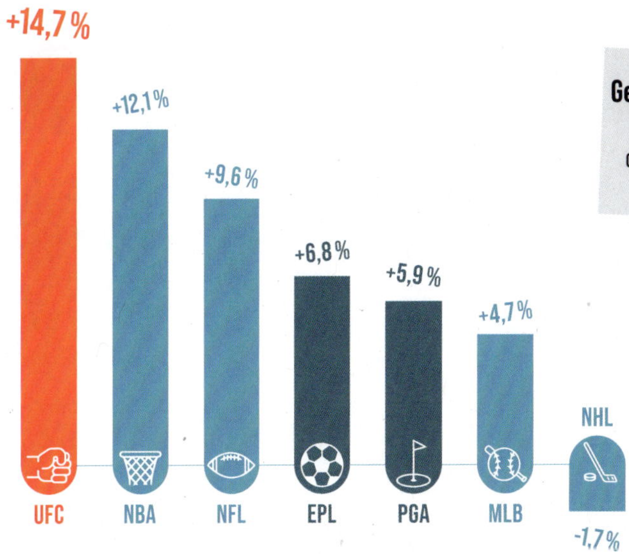

Die Angst der Autokraten vor den Ultras

Sie betäubten uns mit Ketama-Hasch
Und machten uns zu Waisen,
Während wir auf den Tag des Jüngsten Gerichts warten.
Talente wurden zerstört durch die Drogen, die ihr ihnen gegeben habt.
Wie sollen sie jemals erstrahlen?
Ihr habt die Reichtümer des Landes geplündert,
Um sie mit anderen Ländern zu teilen.
Und dabei eine ganze Generation zerstört!
Ihr habt die Leidenschaft vernichtet!
Ihr habt die Provokationen begonnen!
Das Gesetz der Angst,
Das ihr geschaffen habt und uns aufzwingt,
Um zu versuchen, uns zu regieren.

Von den Rängen des Stade Mohammed V aus, der Heimstätte von Raja Casablanca, eroberte der Fangesang *F'bladi delmouni* (»Unterdrückt in meinem Land«) ab 2017 nicht nur Fußballstadien in ganz Nordafrika. Er wurde auch zu einer der vielen Protesthymnen, die in jenen Ländern das Streben nach Freiheit begleiteten. Der Song übte aber nicht nur Kritik an der Perspektivlosigkeit der marokkanischen Jugend, er war auch eine unmittelbare Reaktion auf den Versuch der Regierung ein Jahr zuvor, die unbequemen Fans mundtot zu machen. Als 2016 bei gewaltsamen Zusammenstößen zwischen zwei Fangruppen von Raja Casablanca zwei Menschen starben, wurden sogenannte Tifos (großflächige Choreografien zur Unterstützung der Mannschaften), Flaggen, Spruchbänder und nicht zuletzt die traditionsreichen Fangesänge verboten. Zakaria Belqadi, Capo und damit Chef der größten Ultravereinigung Rajas, wurde wegen Anstiftung zur Gewalt gar für zwei Jahre ins Gefängnis gesteckt. Als das Verbot nach einem Jahr wegen massiver

Proteste wieder aufgehoben wurde, dirigierte Belqadi die Fangesänge telefonisch vom Gefängnis aus. Die Fans brüllten ihre rhythmischen Songs seither nur noch lauter von den Tribünen.

Der ewige Konflikt zwischen den Mächtigen, der Polizei und den Ultras, die oft aus den ärmsten Vierteln stammen, brodelte weiter. 2018 tötete die marokkanische Marine eine Studentin, die versuchte, übers Mittelmeer zu flüchten. Fans von Maghreb Tétouan protestierten dagegen, indem sie bei einem Spiel spanische Flaggen schwenkten – 14 von ihnen wurden dafür mit bis zu zehn Monaten Gefängnis bestraft. Polizeiwillkür und Einschüchterungsversuche durch den Staat sind deshalb wiederkehrende Themen der minutenlangen Fansongs. Solche Themen besingen die Fans des unterklassigen Vereins Kénitra Athlétic Club regelmäßig in ihrem international bekannten Lied *1312 für heute und immer*. Sie singen darin, dass sie »niemals schweigen werden, wenn es Korruption und Autoritarismus anzusprechen gilt«. Und dass der Staat gar nicht erst versuchen solle, ihre »Leidenschaft zu stoppen«. Ihre Wut sei schließlich »die Waffe gegen Unterdrückung«. Weiter heißt es in dem Lied:

Das ist ein Song für alle Ultras dieser Welt
Und alle Menschen, denen die Freiheit versagt wird.
Diese Botschaft ist für die Polizei und die Regierung:
Wir haben die Ungerechtigkeit satt,
Nur der Herr ist unser Zeuge!
Jede Woche gibt es große Partys in der Kurve,
Tifos, Pyrotechnik und Banner!
Botschaften, die die Wahrheit erzählen, die Wahrheit!
Unsere Ideen kennen keine Grenzen.
Tagtäglich nennen sie uns Kriminelle,
Sie klagen uns an und halten uns gefangen –
Die Medien, die Gesellschaft und die Regierung.
Wir hassen euch alle, wir sind bereit für den Krieg!

Obwohl so gut wie alle nordafrikanischen Ultragruppierungen jegliche Parteipolitik ablehnen, sind viele von ihnen trotzdem ausgesprochen politisch. Das Stadion ist dabei oft einer der letzten Orte, an denen Protest gegen die Verhältnisse im Land noch möglich ist. Ganz nach dem Motto: »Sie können uns nicht alle verhaften.«

Getrennt in der Farbe, vereint in der Sache

Die Macht der Ultras zeigte sich auch 2019 beim »Derby der verfeindeten Brüder« in Algeriens Hauptstadt Algier. Für gewöhnlich restlos ausverkauft, blieb das 80.000 Personen fassende Stadion zu drei Vierteln leer. Die Ultras beider Klubs hatten zum Boykott aufgerufen, um tags darauf geschlossen gegen die Regierung zu demonstrieren. »Man geht auf keine Hochzeit, wenn die Mutter krank ist«, hieß es auf den Flyern, die in der ganzen Stadt verteilt wurden.

Nordafrikanische Fußballklubs
Auswahl

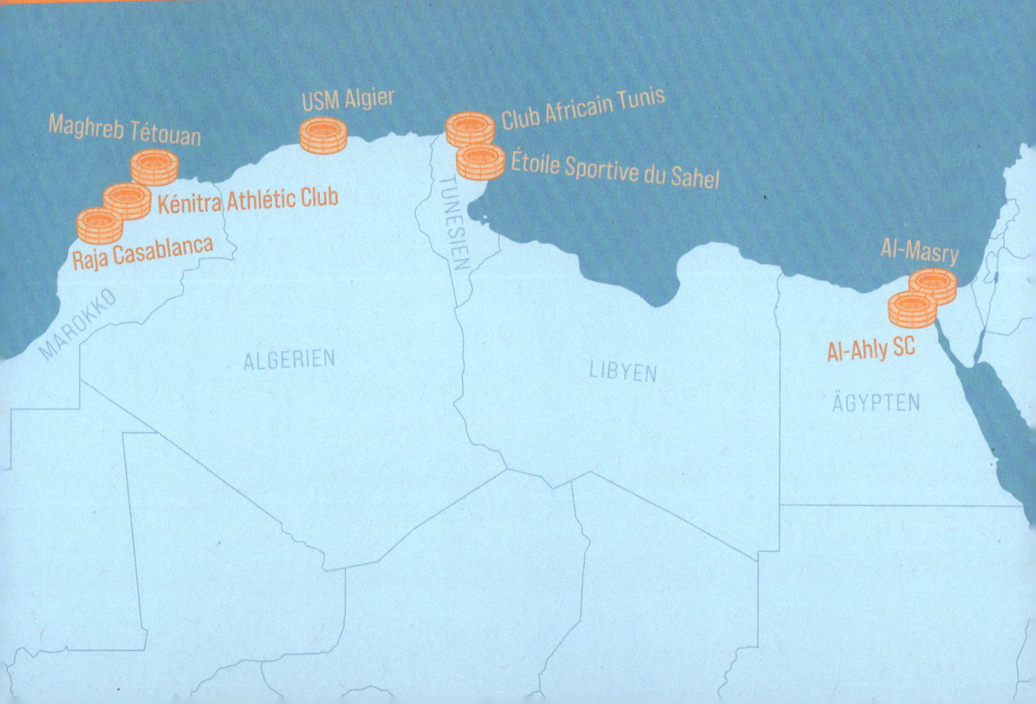

Die Mutter? Der algerische Staat. Die Krankheit? In den Augen der Ultras das korrupte Regime, verkörpert durch Präsident Abd al-Aziz Bouteflika und die Vetternwirtschaft seiner engsten Gefolgschaft. Bouteflika war aufgrund seines Alters, seiner Krankheiten und mehrerer Schlaganfälle offensichtlich nicht länger regierungsfähig, konnte teils nicht einmal mehr sprechen. Dennoch strebte er aber, offenbar auf Drängen seines innersten Machtzirkels, eine fünfte Amtszeit an. Die Ultras von USM Algier kritisierten dies, die Korruption und den pompösen Präsidentenpalast im Nobelviertel El Mouradia mit dem Song *La Casa del Mouradia*, eine Anspielung auf die spanische Erfolgsserie *Haus des Geldes (La Casa de Papel)*. Schnell schwappte der Gesang von den Rängen auf Demos in den Straßen über und hatte definitiv seinen Anteil an der letztlich zurückgezogenen Kandidatur Bouteflikas:

In der ersten [Amtszeit] glaubten wir, es werde gut,
sie beschäftigten unsere Gedanken mit dem
Jahrzehnt [des Bürgerkriegs].
In der zweiten wurde die Sache schon klarer,
La Casa del Mouradia.
In der dritten wurde das Land ausgezehrt,
aus privaten Interessen.
In der vierten starb die Puppe,
doch die Situation blieb unverändert.
In der fünften geht es weiter, wie sie es
unter sich ausgemacht haben.

Die Rache des Sicherheitsapparats

Ultra-Songs hatten auch Anfang 2011 beim Sturz des fast 30 Jahre autokratisch regierenden Machthabers Ägyptens, Husni Mubarak, eine entscheidende Rolle gespielt. Besonders die einflussreichen Ultras Ahlawy – so der Name der Ultras des Kairoer Vereins Al-Ahly SC – galten dabei aufgrund ihrer Banner und Lieder, aber auch aufgrund ihrer Fähigkeit, Barrikaden zu errichten, bald als »Beschützer der Revolution und Stimme der Armen und Entrechteten«. Sie wurden auch schon als der »Treibstoff der Revolution«

bezeichnet. Glaubt man dem Medienecho sowie den Aussagen zahlreicher Ultras und einfacher Bürger:innen, war es ebenjene Führungsrolle, die fast genau ein Jahr später Dutzende Ahlawy-Ultras das Leben kosten sollte.

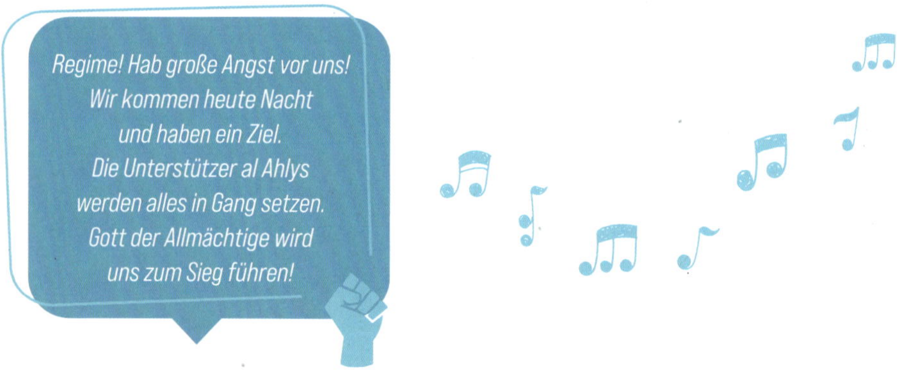

Bei einem Auswärtsspiel gegen das verfeindete Team Al-Masry in Port Said kam es am 1. Februar 2012 zu etlichen Gewalttaten der Heimfans sowie einer Reihe offenbar willentlich in Kauf genommener oder angeordneter Sicherheitsverletzungen seitens der Ordner und der viel zu wenigen Polizisten und Soldaten im Stadion. Vor und während des Spiels wurde der Auswärtsblock Al-Ahlys von bewaffneten heimischen Anhängern gestürmt und mit Brandsätzen beworfen. Während die Polizei sie lange gewähren ließ, wurden Fluchtwege abgeriegelt und die Stadion-Security löste durch das Abschalten des Flutlichts eine Massenpanik aus. Der schwärzeste Tag in der Geschichte des ägyptischen Fußballs löste über die Landesgrenzen hinaus Entsetzen und Solidarität anderer Ultras aus. Mindestens 74 Menschen, meist sehr junge Männer, starben während der Gewaltexzesse, Dutzende weitere bei den anhaltenden Protestmärschen und Revolten, die auf das Spiel folgten.

Von den Al-Ahlawys bezweifelte niemand, dass es sich bei der unterlassenen Hilfe um eine gezielte Racheaktion des Sicherheitsapparats für ihre Rolle während der Revolution Anfang 2011 handelte. Manche vermuten gar eine direkte Beteiligung der Polizei durch sogenannte Agents Provocateurs. Auch verstanden die Ultras es als Vorwand für den sechsjährigen Ausschluss aller Fans aus allen Stadien, die Einstufung aller Ultras als »Terroristen« und das damit einhergehende Verbot der Ultragruppierungen. Ihr revolutionäres Potenzial wurde dadurch zwar geschwächt, wohl aber nicht beseitigt.

Immer mehr und immer politischer

Dass es die Fangesänge nordafrikanischer Ultras nicht nur zufällig öfter in die Social-Media-Timelines von fußballbegeisterten Menschen spült, sondern dass sie tatsächlich auch in ihrer Häufigkeit zunehmen, das fand ein junges Forscherteam aus Tunesien zuletzt heraus. Es untersuchte 1.452 Fangesänge von 66 Ultragruppen der 22 größten tunesischen Fußballteams. Die Forscher:innen stellten fest, dass sich jene neben Lobpreisungen eigener Spieler und Fans sowie Beschimpfungen der gegnerischen Seite zu 30 Prozent um soziale und politische Kritik drehten – oftmals freilich auch alles in einem Lied vereint.

Die ersten solchen Songs gab es 2007; spätestens seit dem Arabischen Frühling von 2011 – als der Autokrat Zine el-Abidine Ben Ali aus dem Amt gejagt wurde – sind solche

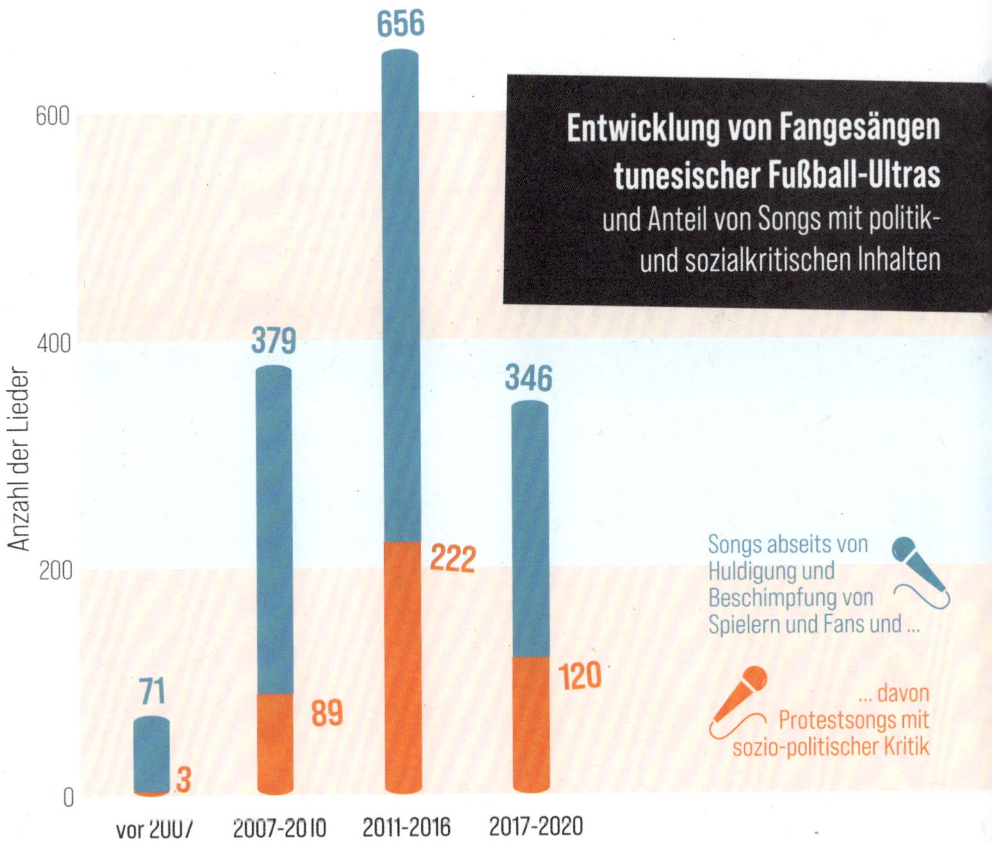

anklagenden Fangesänge jedoch deutlich häufiger zu vernehmen. Ganze 79 Prozent der kritischen Lieder richteten sich dabei gegen den Staat, dessen Institutionen, den Sicherheitsapparat und die administrative Elite des Landes – wie es etwa die Anhänger von Étoile Sportive du Sahel formulieren:

> Sie ermitteln gegen mich, ohne stichhaltige Beweise.
> Erfinden entweder eine falsche Anschuldigung gegen mich
> Oder zerren mich zu Drogentests.

Frei komme man nur, wenn man sich der »wuchernden Vetternwirtschaft« unterwerfe, die Armen aber »verbringen die Nacht in der Zelle«. Und tatsächlich finden sich zahlreiche Fans immer wieder in Gefängnissen wieder. Die junge Geschichte der Ultrakultur in Marokko, Tunesien, Algerien und Ägypten hat aber auch gezeigt, dass die autoritären Herrscher die Fans mit ihrer Repression nur noch weiter motivieren, neue, bewegendere und mitreißendere Fangesänge zu kreieren. Dabei würden wohl viele die autoritären Staaten verlassen, wenn nicht die Liebe zu ihren Vereinen so groß wäre. Dass die vermeintlich starken Männer viele der besten Köpfe ihrer Länder mit ihrer Politik für immer vertreiben, deuten auch die Fans von Club Africain Tunis in ihrem Song *Ya Hayetna* an:

> Ihr habt Heroin hereingeschmuggelt,
> das Land verdorben und Chaos gestiftet.
> Ihr habt die Leute dazu gebracht, sich fremd zu fühlen.
> Ihr habt sie vertrieben.
> Euretwegen mussten sie die Entfremdung ertragen.
> Ihr habt das Land stranguliert
> Und dabei große Gewinne gemacht.
> Und Menschen auf Boote geworfen,
> Die eine qualvolle Flucht mit Schmugglern auf dem Meer erleben.

Eins steht fest: Die nordafrikanischen Ultras werden auf absehbare Zeit eine bedeutende politische Stimme bleiben. Oder um es mit den Worten der Fans des Kénitra Athlétic Clubs zu sagen:

> Wir haben keine Angst vor niemandem
> Und niemand wird uns je kontrollieren können.
> Wir werden niemals so sein, wie sie es wollen.

Der olympische Frieden ist tot – hat er je gelebt?

Russland scheißt auf den olympischen Frieden. Anders ist es nicht zu erklären, dass ihn Moskau während drei der letzten acht Spiele gebrochen hat. Just am Tag der Eröffnung der Sommerspiele von Peking 2008 rollten russische Panzer in Georgien ein. Drei Tage vor Ende der Heimwinterspiele in Sotschi 2014 begann die als »Rückeroberung« deklarierte Annexion der ukrainischen Halbinsel Krym. Und zweieinhalb Wochen vor Ende der Paralympischen Spiele von Peking 2022 marschierten russische Truppen in die Ukraine ein, nachdem dort schon seit 2014 prorussische Separatisten mit Unterstützung Moskaus den Donbas im Osten des Landes mit Krieg überzogen.

Dabei hatte Russland noch vor Beginn der Spiele die traditionell vom Ausrichterland bei der Uno eingereichte Resolution zum olympischen Frieden unterstützt. Am 2. Dezember 2021 verkündete der russische Diplomat Stepan Kusmenkow diesbezüglich in Genf, dass Sport ein Botschafter des Friedens sein und helfen könne, künftige Generationen in einer gewaltfreien Welt aufwachsen zu lassen. Er forderte die anderen Staaten auf, sich an den olympischen Frieden zu halten, Sport nicht zu politisieren, und kritisierte die »kollektive Bestrafung von Athletinnen und Athleten« – eine Anspielung darauf, dass russische Sportler:innen wegen Dopingvergehen nur unter IOC-Flagge antreten durften.

Das Papier nicht wert

Laut der gemeinschaftlich verabschiedeten Resolution soll der Frieden »individuell und kollektiv« geachtet und »insbesondere« die sichere An- und Abreise der Athlet:innen garantiert werden. Das geht über die in der Antike üblichen Regelungen sogar noch hinaus. 2022 war jedoch nicht das erste Mal, dass die Erklärung das Papier nicht wert war, auf das sie gedruckt wurde.

Putin täte gut daran, einen Blick in die lange Geschichte des olympischen Friedens zu werfen, wo es abschreckende Beispiele für Aggressoren in Zeiten von Spielen gibt.

Das »olympische Händehalten« oder *ekecheiria* fand von Beginn an Anwendung unter den griechischen Stadtstaaten. Als Pisa aber die Region Elis trotz Nichtangriffspakten in den Jahren 748, 644 und 588 vor Christus erfolglos attackierte, endete dies mit der vollständigen Unterwerfung und schließlich der Zerstörung Pisas.

Ausschlüsse, Boykotte, Enttäuschungen

Im Zeitalter der modernen Spiele gibt es die UN-Resolutionen zu einem Schweigen der Waffen erst seit den Winterspielen von Lillehammer 1994. Die vom Franzosen Pierre de Coubertin 1894 wiederbelebten und 1896 erstmals wieder abgehaltenen Spiele hätten aber freilich davor schon als Friedensperioden gelten

Wie oft der olympische Frieden seit Wiedereinführung 1992 missachtet wurde

3

Davon von Russland

3

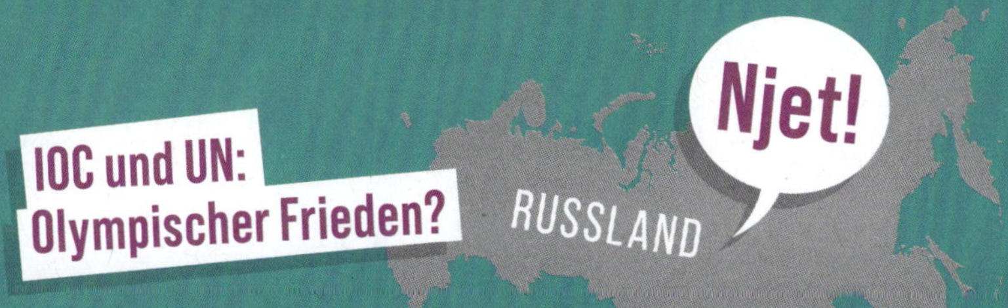

sollen. Doch wahrscheinlich hätten auch die fünf olympischen Ringe nicht die Weltkriege und andere Auseinandersetzungen im Laufe der vergangenen Jahrzehnte verhindern können. 1916, 1940 und 1944 wurden die Spiele wegen der Weltkriege abgesagt. Noch viel öfter kam es zu Boykotten oder dem zwischenzeitlichen Ausschluss von Kriegstreibern und Unrechtsstaaten wie Deutschland, Österreich, Japan, Ungarn, der Sowjetunion, Südafrika oder der Türkei.

Auf Initiative Griechenlands und des Internationalen Olympischen Komitees wurde im Jahr 2000 die Stiftung für den olympischen Frieden gegründet. Der völkerrechtswidrige Einmarsch Russlands in die Ukraine während des olympischen Friedens im Februar 2022 war dieser Organisation jedoch nicht mehr als einen Halbsatz in einem Onlineartikel anlässlich des internationalen Tags des Sports für Entwicklung und Frieden wert. Wenigstens das IOC rang sich aber bereits am Tag der Invasion zu einer »scharfen Verurteilung« des Angriffs durch.

Nazi-Friedensfackel

Es entbehrt zudem nicht einer gewissen Ironie, dass der olympische Fackellauf – der immer wieder als Friedenszeichen gedeutet wird – eine Erfindung der Nationalsozialisten ist. Erstmals durchgeführt wurde er bei den Spielen 1936 in Berlin, jener Veranstaltung, die als NS-Propagandaspiele in die Geschichte einging. Damals wurde die Friedensfackel noch komplett zu Fuß von Griechenland nach Nazideutschland getragen. In den folgenden Jahrzehnten kamen dann ein paar spezielle Transportwege hinzu: unter anderem die französische Concorde – das schnellste zivile Flugzeug der Geschichte –, ein norwegischer Skispringer und eine australische Meeresbiologin, die mit der Fackel tauchte. 1976 wurden gar ionisierte Teilchen der Flamme in Griechenland aufgefangen, in kodierte Impulse umgewandelt und via Satellit per Laser nach Kanada geschickt. Als die Flamme wenige Tage nach Beginn der Spiele bei einem Sturzregen erlosch, entzündete ein anwesender Installateur kurzerhand ein paar Seiten Zeitungspapier mit seinem Feuerzeug und entfachte damit die Flamme wieder. Schnell wurde sie daraufhin aber erneut gelöscht und durch das Originalfeuer einer Ersatzfackel ersetzt.

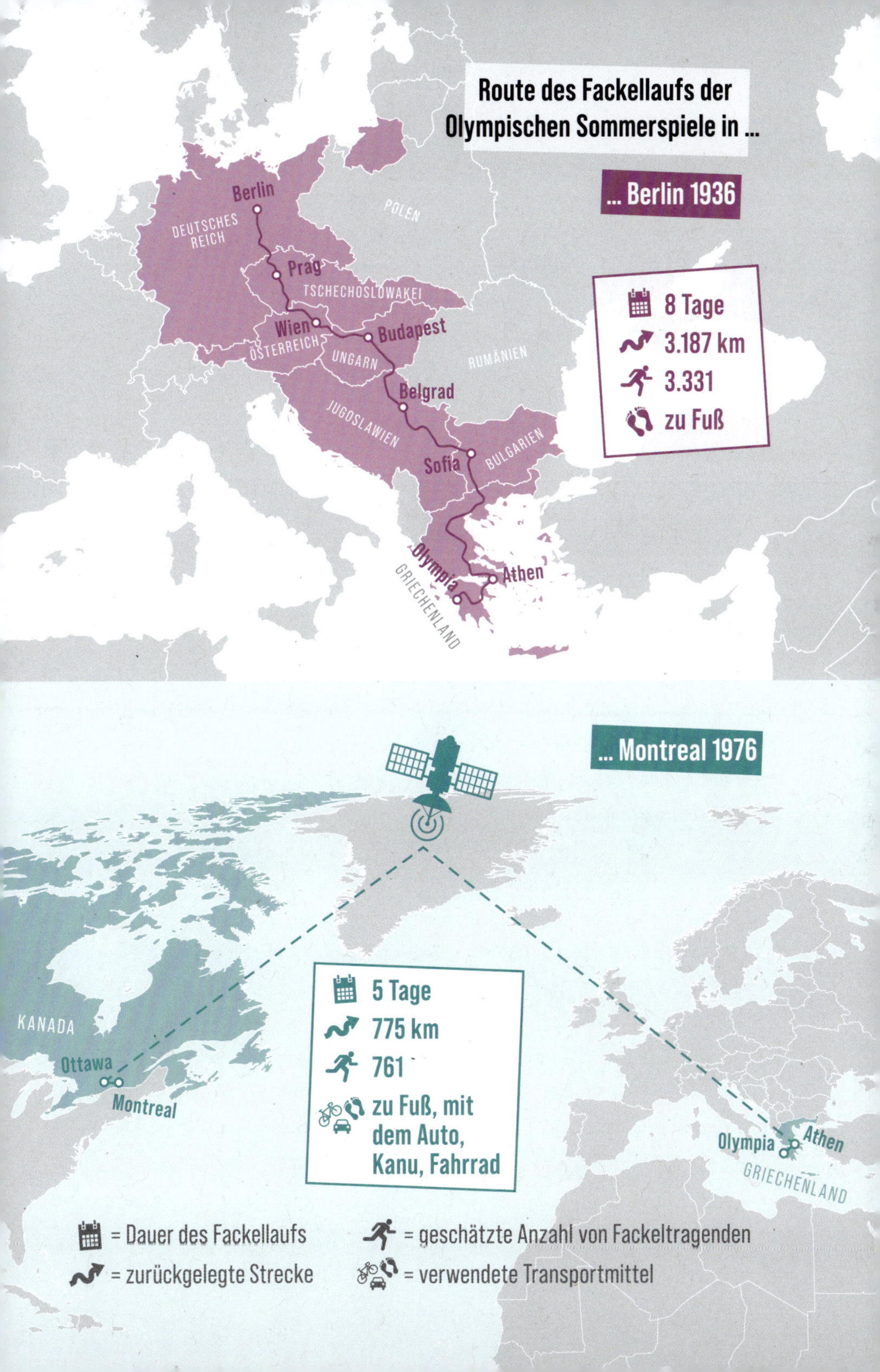

Route des Fackellaufs der Olympischen Sommerspiele in …
… Berlin 1936
Berlin
DEUTSCHES REICH
POLEN
Prag
TSCHECHOSLOWAKEI
Wien
ÖSTERREICH
Budapest
UNGARN
RUMÄNIEN
Belgrad
JUGOSLAWIEN
Sofia
BULGARIEN
Olympia
Athen
GRIECHENLAND
8 Tage
3.187 km
3.331
zu Fuß
… Montreal 1976
KANADA
Ottawa
Montreal
5 Tage
775 km
761
zu Fuß, mit dem Auto, Kanu, Fahrrad
Olympia
Athen
GRIECHENLAND
= Dauer des Fackellaufs
= zurückgelegte Strecke
= geschätzte Anzahl von Fackeltragenden
= verwendete Transportmittel

Gleiches Geld für bessere Frauen

Gerade einmal zwei Frauen gehörten 2022 zu den 100 höchstbezahlten Athlet:innen der Welt: die US-Tennisspielerinnen Naomi Osaka und Serena Williams. Im Jahr 2018 war gar keine Frau auf der Liste vertreten. Osakas Karriere nahm damals erst Fahrt auf und Williams pausierte längere Zeit aufgrund der Geburt ihrer ersten Tochter. Was auffällt: Seit das Wirtschaftsmagazin *Forbes* 1990 damit begann, die jährlichen Gesamteinnahmen von Sportler:innen aus Preisgeldern und Werbedeals zu erheben, war die bestbezahlte Sportlerin immer eine Tennisspielerin. Zu verdanken haben sie das engagierten Vorkämpferinnen aus den eigenen Reihen. Titelverteidigerin Billie Jean King weigerte sich Anfang der 1970er, abermals an den US Open teilzunehmen, sofern sie nicht dasselbe Preisgeld wie die Männer erhielte. Die Veranstalter reagierten, King gewann das Turnier erneut und strich 1973 erstmals so viel Preisgeld ein wie ihre männlichen Kollegen.

Mehr als drei Jahrzehnte später war es schließlich Serena Williams' große Schwester Venus, die kurz vor Beginn des Tennisturniers von Wimbledon mit einem Artikel in der britischen *Times* die monetäre Ungleichbehandlung anprangerte. Sie sei offenbar nur ein »Champion zweiter Klasse«. Anders sei nicht zu verstehen, warum sie als Siegerin von 2005 auch ein Jahr später noch für weniger Preisgeld als die Männer aufschlage. 2007 entschloss sich schließlich auch Wimbledon als letztes der vier Grand-Slam-Turniere, den Champions gleich viel auszuzahlen. Venus Williams holte sich die 700.000 Pfund und einen noch wichtigeren, dauerhaften Erfolg für ihre Geschlechtsgenossinnen. Auch deshalb dominieren Tennisspielerinnen heute die Gehaltstabellen, wenngleich noch nicht alle Turniere im Damentennis nachgezogen haben.

Frauen unter den bestbezahlten Athlet:innen

laut *Forbes*, Einkommen in Millionen US-Dollar, 2022

	ATHLET:IN	GESAMT-EINNAHMEN	DURCH GEHALT/PRÄMIEN	DURCH WERBEDEALS
1	Lionel Messi	130	75	55
2	LeBron James	121,2	41,2	80
3	Cristiano Ronaldo	115	60	55
4	Neymar jr.	95	70	25
5	Stephen Curry	92,8	45,8	47
6	Kevin Durant	92,1	42,1	50
7	Roger Federer	90,7	0,7	90
8	Canelo Alvarez	90	85	5
9	Tom Brady	83,9	31,9	52
10	Giannis Antetokounmpo	80,9	39,9	41
11	Russell Westbrook	79,2	44,2	35
12	James Harden	74,4	44,4	30
13	Matthew Stafford	72,3	69,8	2,5
14	Aaron Rodgers	72,3	57	11
14	Tiger Woods	68	0,04	68
16	Josh Allen	67	63	4
17	Lewis Hamilton	65	57	8
18	Tyson Fury	62	60	2
19	Naomi Osaka ♀	59,2	1,2	58
20	Damian Lillard	57,4	39,4	18
21	Deshaun Watson	55,6	55,5	0,1
22	Klay Thompson	55	38	17
23	Mike Trout	49,5	35,5	14
24	Patrick Mahomes	49,1	29,1	20
25	Kirk Cousins	48,5	46	2,5

Unterrepräsentiert

Viele Sportlerinnen aus anderen Disziplinen blicken aber auch so schon neidisch auf ihre Tenniskolleginnen. Zum Beispiel die Eishockeyspielerinnen der amerikanischen NWHL: Sie bräuchten bei den derzeitigen Gehältern über 300 Jahre, um das zu verdienen, was ein NHL-Spieler in einer einzigen Saison verdient. Und während Basketballerinnen in der WNBA, der lukrativsten Frauenliga der Welt, höchstens 220.000 US-Dollar pro Jahr verdienen dürfen, liegt das *Mindest*gehalt bei ihren männlichen Kollegen bei 900.000 Dollar. Stars wie Steph Curry von den Golden State Warriors erhalten sogar 45,8 Millionen Dollar – pro Jahr. Und Rocky, das Maskottchen der Denver Nuggets, verdient mit 625.000 Dollar jährlich fast dreimal so viel wie die bestbezahlte Frauenbasketballerin. Das häufigste Argument lautet dabei, dass mit der Vermarktung der Männer einfach mehr Geld zu verdienen sei. Bedenkt man, dass der US-Sportsender *ESPN* mit 2,67 Milliarden US-Dollar zuletzt mehr als das Hundertfache für die Übertragung der Männer-Basketballliga als für die der Frauen hinblätterte, ist dies zu einem gewissen Grad bestimmt noch berechtigt. Das liegt allerdings auch an der niedrigeren Repräsentanz von Frauen in den Medien. Und wer nicht gezeigt wird, kann schlecht für sich werben. Ein Teufelskreis, aus dem frau nur schwer herauskommt. Noch 2015, als laut einer Studie fast 40 Prozent aller Sportler:innen in den USA weiblich waren, erhielten Athletinnen nur knapp vier Prozent der Berichterstattungszeit. In Australien oder Großbritannien war es nur ungleich mehr, lediglich im europäischen Norden kratzten Frauen damals an der Zehn-Prozent-Marke, was den Anteil an der Fernsehberichterstattung anging.

Doch es tut sich was. Nicht nur im Volleyball, wo seit 2004 die gleichen Preisgelder für Männer und Frauen ausgeschüttet werden, auch in Sportarten wie Surfen oder Padel-Tennis wurden zuletzt die Prämien angeglichen. Weitaus mehr Aufmerksamkeit erhielt in den vergangenen Jahren der erfolgreiche Kampf der US-Fußballerinnen für eine faire Bezahlung – wenngleich auf Nationalmannschaftsebene zuvor auch schon die norwegischen, niederländischen oder australischen Fußballerinnen dieses Ziel erreicht hatten. Dennoch sprechen Kommentator:innen weltweit von einem historischen Erfolg, den die US-Kickerinnen – angeführt von den Starspielerinnen Alex Morgan und Megan Rapinoe – im Februar 2022 feierten.

Frauen unter den bestbezahlten Athlet:innen

laut *Forbes*, Einkommen in Millionen US-Dollar, 2022

	Athlet:in	Gesamt-einnahmen	durch Gehalt/Prämien	durch Werbedeals
26	Jimmy Butler	48	36	12
26	Max Verstappen	48	46	2
28	Paul George	47,9	39,4	8,5
29	Anthony Davis	45,4	35,4	10
29	Kawhi Leonard	45,4	39,4	6
31	Phil Mickelson	45,3	3,3	42
31	Serena Williams ♀	45,3	0,3	45
33	Mohamed Salah	45	27	18
34	John Wall	44,8	44,3	0,5
35	Kylian Mbappé	43	28	15
35	Conor McGregor	43	33	10
37	Rory McIlroy	41,5	7,5	34
38	Marshon Lattimore	40,9	40,8	0,1
39	Devin Booker	39,9	31,9	8
40	Joel Embiid	39,7	31,7	8
41	Amari Cooper	39,4	38,9	0,5
41	Dak Prescott	39,4	27,4	12
43	Chris Paul	39,1	31,1	8
44	Ryan Ramczyk	38,8	38,7	0,1
45	Stefon Diggs	38,7	36,2	2,5
46	Jake Paul	38	30	8
46	Kemba Walker	38	35	3
46	Russell Wilson	38	24	14
49	Bradley Beal	37,7	33,7	4
50	T. J. Watt	37,6	36,6	1

Vergleich der drei bestverdienenden Sportler:innen

summiertes Einkommen in Millionen US-Dollar

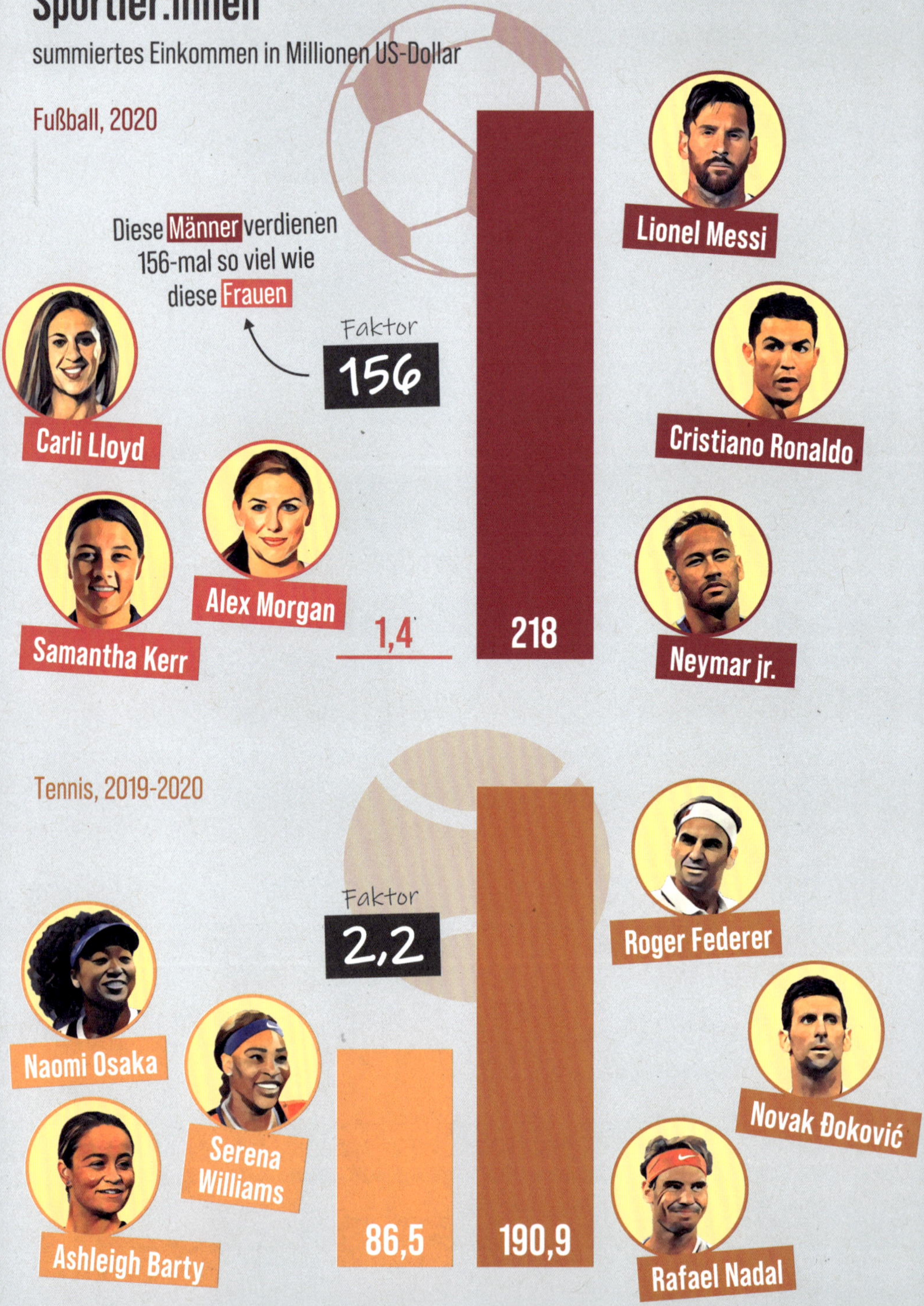

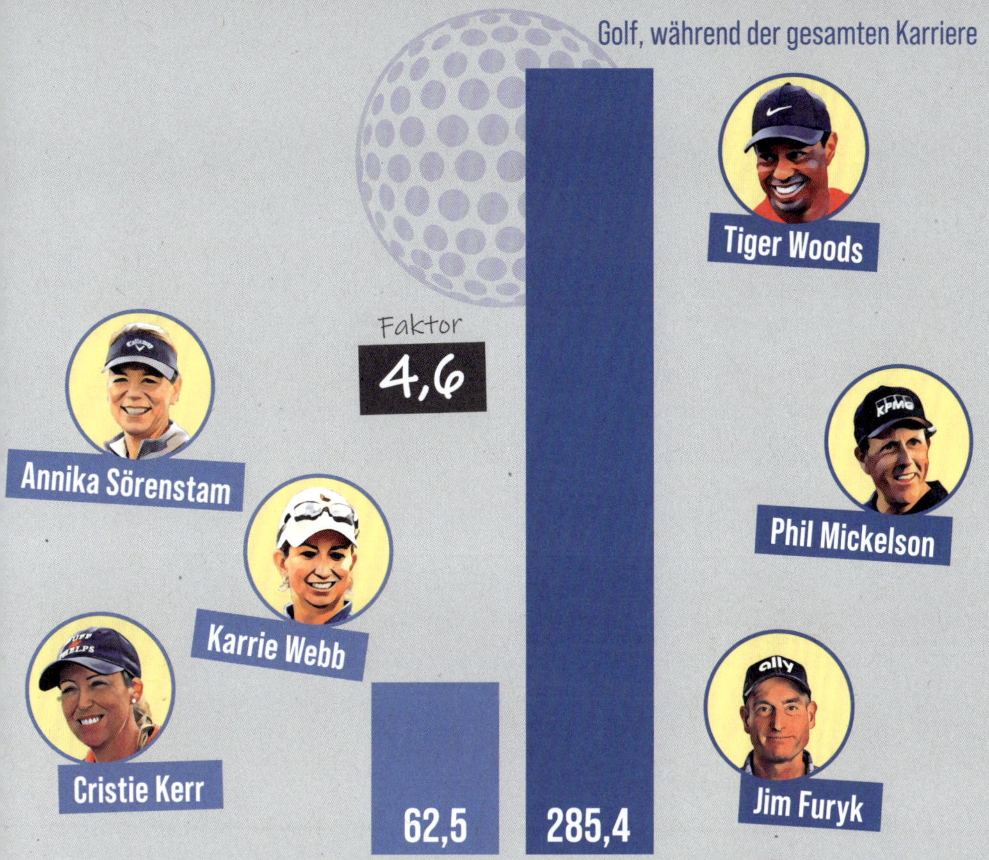
Golf, während der gesamten Karriere
Tiger Woods
Faktor
4,6
Annika Sörenstam
Phil Mickelson
Karrie Webb
Cristie Kerr
Jim Furyk
62,5
285,4

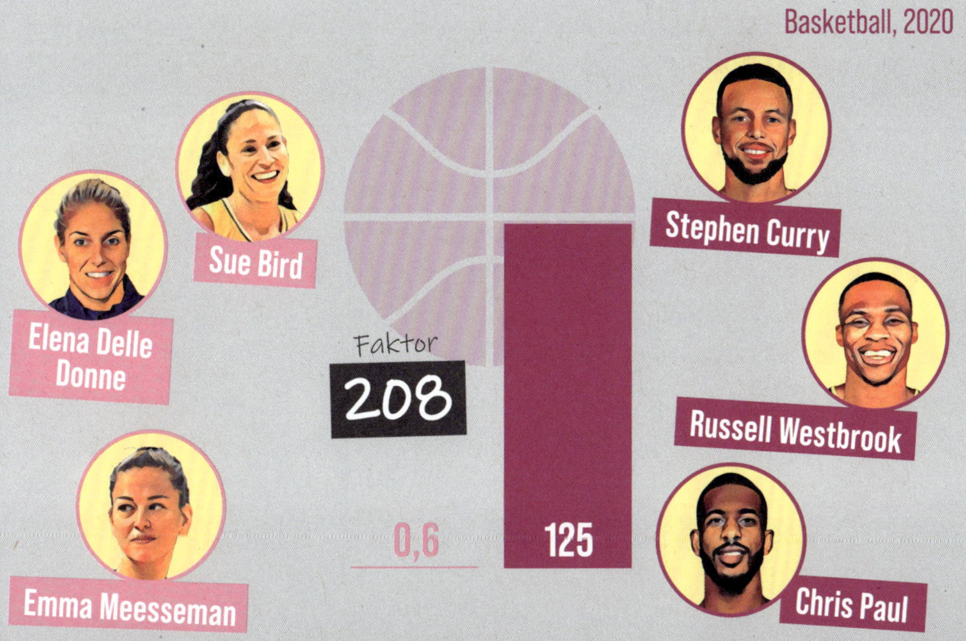
Basketball, 2020
Stephen Curry
Sue Bird
Elena Delle Donne
Russell Westbrook
Faktor
208
Emma Meesseman
0,6
125
Chris Paul

Mehr Fans, mehr Kohle

Die US-Spielerinnen erhalten nach dem neuen Deal endlich dieselben Prämien für eine Einberufung ins Nationalteam und für Erfolge bei Freundschaftsspielen und Großturnieren wie die Männer. Zuvor hatte ein Mann bis zu 17.625 Dollar für einen Länderspielsieg erhalten, Frauen maximal 4.950 – für dieselbe Arbeit. Die Frauen werden dafür auf eine jährliche Zahlung verzichten, die ihnen bisher zwar ein fixes, jedoch deutlich schlechteres Gehalt einbrachte. Für etwas mehr Risiko im Falle von Verletzungen, Babypausen oder schlechten Leistungen gibt es nun viel mehr Geld. Nicht zuletzt weil die US-Frauen mit vier WM-Titeln weitaus erfolgreicher als die Männer sind, galt der Schritt als überfällig. Denn auch einnahmenseitig geben in den USA längst die Frauen den Ton im Fußball an. Ihren Triumph bei der Weltmeisterschaft 2019 verfolgten mit mehr als 14 Millionen Zuschauer:innen in den USA 22 Prozent mehr Fans als das Finalspiel um den WM-Pokal der Herren 2018 in Russland. Ganze 280 Millionen Menschen weltweit sahen die Spiele der Frauen-EM 2022.

Das wirklich Revolutionäre an der Einigung ist, dass die Prämien der Männer und Frauen künftig in einen Topf geworfen und anschließend aufgeteilt werden. Damit gleichen sie die riesigen Prämienunterschiede der Fifa aus. Die Frauen dürften sich also besonders auch für die Erfolge der Männer interessieren. Ein WM-Achtelfinaleinzug bei den Männern brachte zuletzt nämlich das Dreifache eines Frauen-Finalsiegs ein. Darüber hinaus werden Teile der Einnahmen aus Sponsoring, Eintrittskarten und Fernsehrechten ebenso in den Pot geschüttet. Ab 2023 erhalten Spieler:innen 5,06 Dollar pro verkauftem Ticket für Heimspiele des Fußballverbands US Soccer. Die Regelung ist zunächst auf drei Jahre befristet. Teil des Kompromisses mit dem Verband war neben qualitativ gleichwertigen Trainingsmöglichkeiten und Charterflügen auch eine 24-Millionen-Dollar-Zahlung, die die Spielerinnen für entgangene Prämien in der Vergangenheit entschädigt – zwei Millionen davon fließen direkt in die Nachwuchsförderung.

Alle gewinnen

Ganz freiwillig rückte US Soccer die Millionen aber nicht heraus: Bereits 2016 beschwerten sich fünf Spielerinnen bei der Gleichbehandlungsbehörde wegen Gehaltsdiskriminierung. Sie bildeten sich dafür extra in Rechtsfragen weiter. 2019 waren es dann sogar 28 Frauen, die sich einer Sammelklage gegen den Verband anschlossen – just in jenem Jahr, in dem Szenen von Feierlichkeiten zum WM-Titel samt »Equal pay«-Sprechchören von Fans und Spielerinnen in die US-Wohnzimmer flimmerten. Im Verfahren, in dem die Frauen zunächst gar 67 Millionen Dollar forderten, schienen sich beide Seiten dann eher voneinander zu entfernen als anzunähern – spätestens dann, als die Verbandsseite argumentierte, die Wissenschaft belege eindeutig, dass Frauen im Sport Männern nun mal klar unterlegen seien. Und tatsächlich entschied der Richter im April 2020 im Sinne des Verbandes. Die US-Fußballerinnen hatten aber längst die öffentliche Meinung hinter sich – nicht zuletzt dank der Prominenz und des anhaltenden Aktivismus von Megan Rapinoe auf allen möglichen Kanälen.

Rapinoe hatte 2015 nach dem WM-Sieg eine Ehrung vom damaligen US-Präsidenten Barack Obama im Weißen Haus entgegengenommen. Nach ihrem erneuten Sieg 2019 erklärte sie aber, sicher nicht »ins beschissene Weiße Haus« zurückzukehren. Dort residierte mittlerweile der Republikaner Donald Trump, der die lesbische Spielerin immer wieder öffentlich kritisiert hatte – und sie ihn. Dem aktuell amtierenden US-Präsidenten Joe Biden war Rapinoe dann wieder gewogen. Nicht zuletzt weil dieser bereits in seinem Wahlkampf klargemacht hatte, dass sich der Verband um gleiche Bezahlung zu kümmern habe: »Ansonsten könnt ihr euch für eine WM-Finanzierung woanders umsehen, wenn ich Präsident bin«, so Biden damals in Anspielung auf die Fußball-WM der Männer, die 2026 in den USA, Kanada und Mexiko stattfindet. Der US-Verband setzte daraufhin die neue Gehaltsregelung um. Und Rapinoe twitterte: »Wenn wir gewinnen, gewinnen alle!«

Präsidentielle Platzstürme und schimpfende Scheichs

Im Alter von 60 Jahren und 198 Tagen avancierte Ronnie Brunswijk 2021 zum ältesten Fußballer, der je in einem internationalen Vereinswettbewerb aufgelaufen ist. 54 Minuten lang stand der leicht übergewichtige Stürmer bei der 0:6-Achtelfinalniederlage seines surinamesischen Klubs Inter Moengotapoe in der Concacaf League gegen CD Olimpia aus Honduras auf dem Platz – an der Seite eines seiner 50 Kinder. Ja, Brunswijk soll tatsächlich so viele Nachkommen haben. Sein Auftritt als Fußballoldie ist bei Weitem nicht die spektakulärste Episode seines bemerkenswerten Lebens. Zum Rückspiel hätte der Präsident und Besitzer des Vereins nämlich gar nicht anreisen können, wird er doch seit mehr als zwei Jahrzehnten – nach Verurteilungen in den Niederlanden und Frankreich – per internationalem Haftbefehl gesucht. Vorgeworfen wird ihm internationaler Drogenhandel. Der Comebackversuch wurde aber ohnehin verhindert, da der Verband beide Vereine vom Wettbewerb ausschloss. Schuld daran war abermals Ronnie Brunswijk. Videoclips zeigen, wie er nach dem Spiel im – klar – Ronnie-Brunswijk-Stadion in der Kabine Bargeld an die Gegner verteilt.

Dass Brunswijk Geld verteilt, ist nicht weiter ungewöhnlich. Er trägt nicht umsonst den Spitznamen »Robin Hood«. Als eines von zehn überlebenden Kindern wuchs Brunswijk in Moengotapoe auf, einer armen Region im Osten der früheren niederländischen Kolonie Suriname. Als einziges Kind der Familie wurde Brunswijk von einem Priester ausgewählt, eine Privatschule zu besuchen. Der großgewachsene und muskulöse Sprössling wurde später fürs Militär rekrutiert und stieg schnell zum persönlichen Leibwächter des zusehends diktatorisch agierenden Präsidenten Desiré Bouterse auf. Als dieser die Volksgruppe der Maroons zu unterdrücken begann, der auch Brunswijk angehört, wandte dieser sich von ihm ab und wandelte sich zu dessen politischem Gegner.

Sein Geld und jenes, das er verteilte, soll Brunswijk in dieser Zeit auch mit Banküberfällen verdient haben. Er selbst streitet dies ab und verweist vage auf Gewinne aus einer Goldmine. Aus dem niederländischen Exil plante er später einen Putsch, der ab 1986 in einen sechsjährigen Bürgerkrieg mündete und das Land ärmer, aber letztlich demokratischer zurückließ. Finanziert wurde der Konflikt auf beiden Seiten angeblich mit Kokain, Brunswijk aber berief sich wiederum auf Gewinne aus dem Gold- und Holzhandel. Später kaufte er seinen Heimatklub, bei dem er auch deutlich früher schon gelegentlich aufgelaufen war. Seine aktuelle Sperre wegen des fröhlichen Geldverteilens an die Honduraner ist übrigens nicht die erste des heutigen Vizepräsidenten Surinames. Bereits 2012 wurde er suspendiert, nachdem er einen Schiedsrichter beschimpft hatte, 2005 soll er gar einen Gegner mit einer Waffe bedroht haben. Mangels Beweisen wurde diese Sperre später jedoch aufgehoben.

Gute Verbindungen zum Kreml

An Beweisen fehlte es bei Iwan Ignatjewitsch Sawwidi nicht. TV-Kameras hatten den Eigentümer von Paok Thessaloniki eingefangen, wie er 2018 beim Stand von 0:0 in der 89. Minute des meisterschaftsentscheidenden Spiels gegen AEK Athen mit einer Waffe am Gürtel den Platz stürmte und mehrere Handgemenge auslöste. Als ein Tor für Paok wegen Abseits aberkannt wurde, witterten Sawwidi, Dutzende Offizielle und Zehntausende Fans wieder einmal eine Verschwörung zugunsten eines Hauptstadtklubs.

Weil der ehemalige russische Parlamentsabgeordnete Tausende Arbeitsplätze in der Stadt geschaffen, das Stadion renoviert und den Verein entschuldet hatte, hatten ihn die traditionell skeptische lokale Bevölkerung sowie die Ultras von Paok ohnehin ins Herz geschlossen. Sie alle nahmen ihm deshalb auch den

Sportvereine mit Waffen im Wappen

Auswahl, Sportarten Fußball, Eishockey, American Football

Manchester United
England

Scunthorpe United
England

Bristol Rovers
England

Sheffield United
England

Charlton Athletic
England

FC Arsenal
England

West Ham United
England

Doncaster Rovers
England

Canon Sportif de Yaoundé
Kamerun

FC Barnsley
England

Portland Timbers
USA

Missile FC
Gabun

Independiente Caravel
Aruba

Gaddafi FC
Uganda

Free State Stars
Südafrika

Buffalo Sabres
USA

Winnipeg Jets
Kanada

ASA Târgu Mureș
Rumänien

Zamalek FC*
Ägypten

Club Deportivo Espoli
Ecuador

Tennessee Titans
USA

Las Vegas Raiders
USA

Kansas City Chiefs
USA

Tampa Bay Buccaneers
USA

Virginia Cavaliers
USA

*Zamalek FC umfasst Fußball, Handball und Volleyball

Spielabbruch, den Punktabzug und die für zwei Wochen unterbrochene Meisterschaft aufgrund des bewaffneten Platzsturms nicht übel – ganz im Gegenteil. Wenn er während seiner dreijährigen Stadionsperre vor Spielen die Mannschaft besuchte, um ihr Glück zu wünschen, erhielt Sawwidi stets einen tosenden Empfang der in Schwarz-Weiß gekleideten Fans. Er sollte sich ein Jahr später bedanken, als er dem Verein mit teuren Transfers den ersten Meisterschaftstitel seit 34 Jahren schenkte – noch dazu war es der beeindruckendste der griechischen Ligageschichte. Immerhin musste das Team wegen der Waffenaffäre mit zwei Punkten Rückstand in die Saison gehen. Doch dann verlor es kein einziges Spiel.

Wie James Montague in seinem Buch *Unter Ultras* beschreibt, wurde Sawwidi als Heilsbringer in der von Korruption, ausufernder Gewalt und Spielmanipulationen durchsetzten Liga empfangen, als er den Klub 2012 übernahm. Der im heutigen Georgien geborene Russe mit griechischen Wurzeln, ein reicher Ausländer, einer von außen, sei nicht auf das Wohlwollen und die Finanzspritzen griechischer Offizieller angewiesen – so Montagues These. Der Putin-Freund Sawwidi hatte seine Milliarden als Tabakoligarch gemacht und war nach der griechischen Finanzkrise zu einer regelrechten Shoppingtour im Norden Griechenlands aufgebrochen. Neben Anteilen am strategisch wichtigen Hafen von Thessaloniki, Zeitungen, TV-Sendern, weiteren Tabakkonzernen und vielen Immobilien hatte er eben auch Paok gekauft.

Wenngleich Sawwidi selbst definitiv keine Finanzspritzen nötig hat, so steht zumindest im Raum, dass er welche verteilte – abseits der Wohltätigkeitsprojekte, mit denen er sich auf seiner Website schmückt. So soll er laut Recherchen des Projekts zur Erfassung und Veröffentlichung von organisierter Kriminalität und Korruption seine Verbindungen in Griechenland genutzt haben, um 300.000 Euro in bar unter anderem an nationalistische Fangruppen in Nordmazedonien zu schicken. Ziel soll es gewesen sein, das für 2018 geplante Referendum über eine Namensänderung der ehemaligen jugoslawischen Republik Mazedonien zu *Republik Nordmazedonien* zu torpedieren. Was viele makedonische Nationalisten in Griechenland und auf dem Balkan aus historischen Gründen ablehnten, war Russland vor allem deshalb ein Dorn im Auge, weil mit einer friedlichen

Einigung auch das griechische Veto gegen eine Aufnahme Nordmazedoniens in die Nato und die EU begraben würde. Tatsächlich riefen die Komiti, die größte Ultragruppe des nordmazedonischen Hauptstadtklubs FK Vardar Skopje, Stunden nach Bekanntgabe des Abstimmungsergebnisses zu Massenprotesten auf. Geld wollen sie nie bekommen haben. Und Sawwidi will auch keines verteilt haben, schon gar nicht auf Anordnung des Kremls. Doch auch Vardar hat einen russischen Besitzer und auch die Thessaloniki-Fans protestierten und hielten in Stadien immer wieder Banner hoch, wonach es nur ein Makedonien gebe und dieses im heutigen Griechenland liege – letztlich vergeblich. 2020 wurde Nordmazedonien 30. Nato-Mitglied und gilt als derzeit aussichtsreichster EU-Beitrittskandidat auf dem Westbalkan.

Scheich zwingt Schiri zu Torrücknahme

Keine Geschichte platzstürmender Politiker wäre vollständig ohne Scheich Fahd Al-Ahmad Al-Jaber Al-Sabah. Er ist der Grund dafür, dass Frankreich in einem einzigen WM-Spiel zweimal mit 4:1 in Führung ging. Wie kam es dazu? Der Präsident des kuwaitischen Fußballverbandes und Sohn des Emirs verfolgte die Vorrundenpartie der Weltmeisterschaft 1982 im spanischen Valladolid auf der Ehrentribüne. Sekunden nach dem ersten regulären 4:1-Führungstreffer für die überlegenen Franzosen durch Alain Giresse zeigten die internationalen TV-Bilder einen wild gestikulierenden Scheich auf den Rängen. Der Pfiff eines Fans hatte einige kuwaitische Spieler vor dem Tor abgelenkt – sie vermuteten Abseits, wenngleich es klar keines war.

Als der sowjetische Schiedsrichter Myroslaw Stupar das reguläre Tor als solches wertete, platzte dem Scheich der Kragen. Er stürmte den Platz, umringt von etlichen Polizisten, schimpfte wie ein Rohrspatz, befahl seinen Spielern, die Kabine aufzusuchen, und drohte so lange mit Spielabbruch, bis Stupar das Tor annullierte. Das Spiel wurde sechs Minuten später fortgesetzt – beim Stand von 3:1. Er hatte also das Tor verteidigt – ganz ohne Waffe. Wenige Minuten später erzielten die Franzosen abermals ein Tor zum 4:1 und diesmal konnte auch der mächtige Scheich nichts ausrichten. Kuwait schied später aus dem Turnier aus. Es war das unrühmliche Ende einer starken kuwaitischen Fußballergeneration. Stupar durfte nie wieder ein internationales Spiel leiten und der Scheich bekam eine verkraftbare Geldstrafe von 25.000 Schweizer Franken aufgebrummt. Er entschuldigte sich acht Jahre später mit einer Einladung der französischen Nationalmannschaft nach Kuwait – just in jenem Jahr, als Saddam Husseins irakische Truppen das Emirat überfielen. Scheich Fahd wurde dabei im Palast des Emirs getötet.

Es geht auch anders: Der grünste Fußballklub der Welt

Ein Fußball-Großereignis ist eine richtige Dreckschleuder: Allein bei der WM 2018 in Russland wurden umgerechnet 2,2 Millionen Tonnen CO_2-Äquivalent ausgestoßen. Einen griffigen Vergleich gefällig? Wollte man für jeden Menschen auf der Welt ein kleines Bier brauen, würde die Herstellung in etwa gleich viel an Treibhausgasen in die Atmosphäre schleudern. Vergleichbar ist es auch mit den CO_2-Emissionen Togos, Surinames oder Montenegros im Jahr 2020. Und das alles nur für ein bisschen Gekicke auf grünem Rasen. Für drei Viertel der ausgestoßenen Treibhausgase in Russland war allein der Transport verantwortlich. Spieler, Funktionärinnen und Fans müssen schließlich von der Heimat zum Veranstaltungsort und dort von Stadion zu Stadion gebracht werden.

Dass Fußball, und vor allem der immer größere Markt neben dem eigentlichen Spiel, nicht gerade zu den klimafreundlichsten Freizeitaktivitäten zählt, wird immer mehr Menschen bewusst. Dennoch boomen Wochenendtrips, um Spiele der englischen Premier League oder der spanischen Primera División hautnah mitzuerleben. Der Traum von Europapokalnächten unter Flutlicht lässt viele Fans auch triste Jahre überstehen und ihr Team in jeder Stadt – egal wie fern – unterstützen, freilich zulasten der Umwelt. Aber auch ein gewöhnlicher Bundesligaspieltag in Deutschland ist mit einem Ausstoß von 7.750 Tonnen CO_2 nicht gerade eine Football-for-Future-Veranstaltung.

Das wachsende Bewusstsein für Nachhaltigkeit macht jedoch auch vor dem beliebtesten Sport der Welt keinen Halt. Knapp 2.700 Fanklubs unterzeichneten bereits die Initiative *Unser Fußball – basisnah, nachhaltig, zeitgemäß*, die seit 2020 die ökologische Verantwortung des Sports in Deutschland anmahnt. Ähnliche Bündnisse gibt es auch auf internationaler Ebene, etwa die UN-Klimaschutzinitiative *Sports for Climate Action*. Ironischerweise unterzeichnete ausgerechnet die »Volkswagen-Werkself«, der VfL Wolfsburg, Ende 2019 als erster europäischer Topverein die Erklärung der Vereinten Nationen. Ist der Autohersteller doch dafür bekannt, jahrelang und in großem Stil illegal Grenzwerte für Abgase umgangen zu haben. Alle teilnehmenden Vereine des UN-Bündnisses wollen nun aber bis Mitte des Jahrzehnts ihre Nettoemissionen auf null bringen und die verbrauchte Energie, die nicht aus Erneuerbaren stammt, zumindest kompensieren. So produzieren neben dem VfL Wolfsburg beispielsweise auch schon der Mainz 05 oder Werder Bremen Solarstrom in ihren Stadien – Letzterer nach eigenen Angaben bis zu eine Million Kilowattstunden pro Jahr, was in etwa dem jährlichen Stromverbrauch von 300 Haushalten gleichkommt.

Reichster Hippie Großbritanniens kauft Verein und verordnet Spielern und Fans vegane Ernährung

In deutlich kleinerem Rahmen – dafür umso ambitionierter – bemühen sich die Forest Green Rovers aus dem englischen Nailsworth, Nachhaltigkeitschampion zu werden. Bereits 2017 zeichnete die Fifa sie als »grünsten Verein der Welt« aus, ein Jahr später folgte die Auszeichnung als erster klimaneutraler Klub der Welt durch die Uno. Sie wollen nicht weniger als *der* grünste Fußballverein der Welt sein – und damit auch dem Namen Rechnung tragen, unter dem sie bereits seit 1893 spielen.

Alles begann, als der millionenschwere Industrielle Dale Vince 2010 in das Management des kleinen Vereins einstieg. Zuvor war der auch als »reichster Hippie der Insel« bezeichnete Vince lange in einem alten Feuerwehrauto um die Welt gereist und hatte schon seit Mitte der Neunzigerjahre sein Geld mit Windkraftanlagen gemacht. Nach seiner Übernahme krempelte er den Verein grundlegend um –

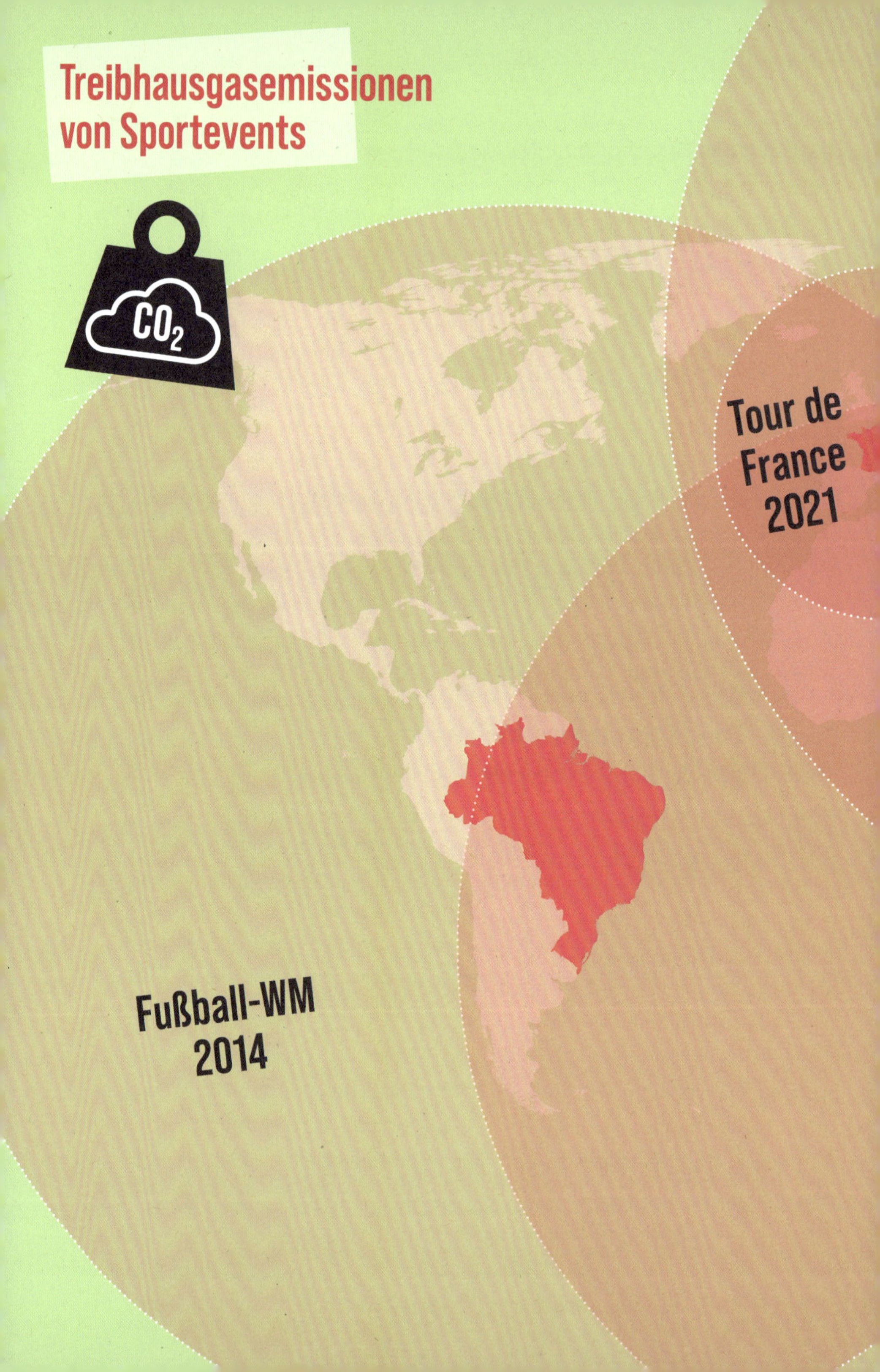
Treibhausgasemissionen
von Sportevents
CO_2
Tour de
France
2021
Fußball-WM
2014

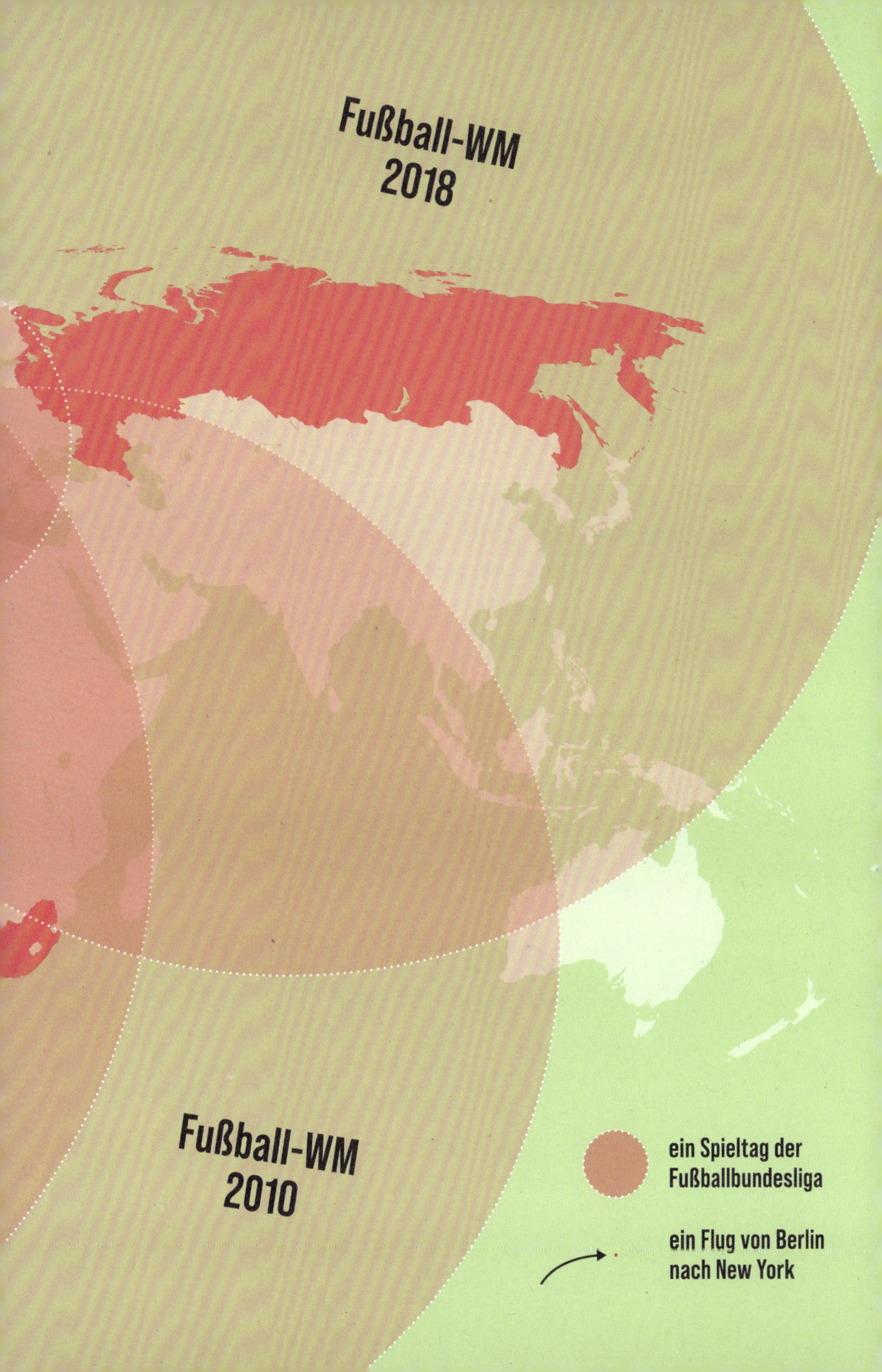
Fußball-WM
2018
Fußball-WM
2010
ein Spieltag der
Fußballbundesliga
ein Flug von Berlin
nach New York

und dieser stieg in den Folgejahren von der fünften in die dritte englische Liga auf. Dabei waren Vince' Reformen mehr als unorthodox: Nach einem Jahr im Amt verbannte er rotes Fleisch vom Speiseplan der Spielerinnen und Spieler und ebenso aus dem Stadion. 2015 stellte der Verein als weltweit erster seine Verpflegung gänzlich auf vegane Lebensmittel um. Begründet wurde diese Entscheidung aber nicht nur mit Tier- und Klimaschutz, sondern auch mit einer verbesserten Leistung der Spieler und einer gesünderen Verköstigung der Fans.

Trotz anfänglicher Skepsis zeigen sich die Fans begeistert und auch die Umsätze sprechen für sich. Neben dem Betrieb der eigenen Küche beliefert der Klub mittlerweile zahlreiche andere Vereine mit Essen und verkaufte im Stadion zuletzt viermal so viele vegane Pasteten, Pizzen und Fajitas wie vor der Umstellung – was sicher auch dem gesteigerten Zuschauerinteresse geschuldet sein dürfte. Die Rezepte stellt die Rovers-Köchin zudem auf einem eigenen Youtube-Kanal vor. Der gelebte Veganismus soll mit ein Grund dafür sein, warum schon mehr als hundert Fanklubs aus 20 Nationen die Spiele des kleinen Vereins intensiv verfolgen. Win-win für Klub und Klima.

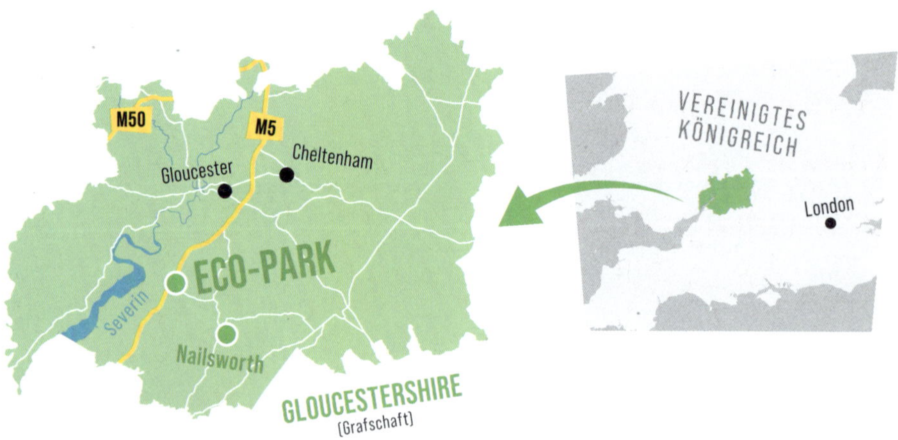

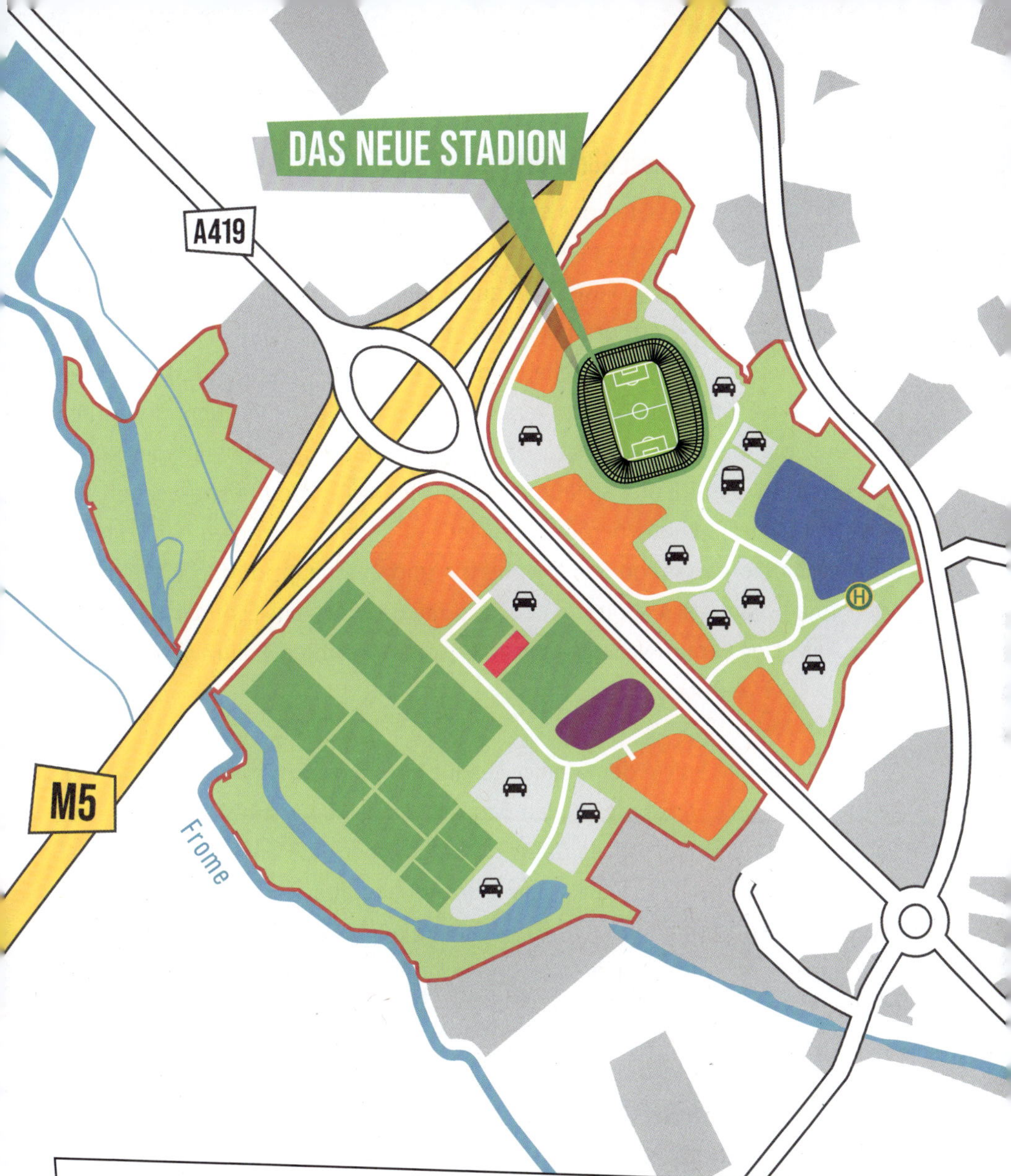

Grenze des Eco-Parks

Trainingsplätze

Parkplätze

Hotel und Fitnesscenter

Pflegeheim

Klubhaus der Forest Green Rovers

Flächen für „grüne Technologien“

Fußballinvestor finanziert Klimaaktivist:innen, die Fußballspiele stören

Auch beim Betrieb des Stadions setzen die Rovers auf Nachhaltigkeit. Auf dem Dach befinden sich Solarpaneele und Regenwasser wird für die Bewässerung des Rasens aufgefangen. Dieser wird zudem pestizidfrei gepflegt und von solarbetriebenen Mährobotern getrimmt. Die gesamte aufgewandte Energie kommt aus ressourcenschonender Quelle: Ecotricity, das Stromversorgungsunternehmen von Dale Vince, stellt dem Verein die Elektrizität zur Verfügung und lässt alle Fans, die mit dem E-Auto zu Heimspielen anreisen, gratis aufladen. Dafür darf Ecotricity das Trikot als Hauptsponsor zieren. Auf den aus recycelten Kaffeebohnen oder Bambus hergestellten Jerseys findet sich zudem das Logo der Umweltschutzorganisation Sea Shepherd – und überhaupt dürfen nur nachhaltige Firmen den Verein sponsern. 2022 kündigte Vince an, Ecotricity verkaufen zu wollen. Der exzentrische Klubbesitzer soll in Richtung Politik schielen. Den Verein will er aber behalten.

Als 2022 mehrere Spiele der Premier League von Klimaktivist:innen gestört wurden, erklärte Dale Vince, deren Kampagne finanziell unterstützt zu haben. Dass sie ausgerechnet Fußballspiele dafür nutzen würden, um auf ihre Forderungen aufmerksam zu machen, finde er amüsant – habe aber vorher nicht davon gewusst. Die Aktivist:innen hatten sich während laufender Spiele mit Kabelbindern um den Hals an Torpfosten festgebunden und T-Shirts mit der Aufschrift »Just stop oil« getragen. Trotz des Störens von Fußballspielen versicherte Vince in Interviews, zu einhundert Prozent hinter den Protesten zu stehen, solange sie gewaltfrei blieben.

Nachhaltigkeit als Geschäftsmodell

Der nächste Coup ist bereits in Planung: ein Stadion komplett aus Holz. Es werde das »Stadion mit dem kleinsten CO_2-Fußabdruck, das je gebaut wurde – seit die Römer den Beton erfunden haben«, so der Investor. Die nachhaltige Arena, entworfen im Büro der weltbekannten Architektin Zaha Hadid, soll die Ökobilanz abermals verbessern und optimal an die öffentlichen Verkehrsmittel angebunden sein. Neben den Rängen für 5.000 Zuschauer:innen sollen auf 56.000 Quadratmetern Büro- und Industriefläche neben einem Hotel und einem Seniorenheim vor allem auch Energiefirmen einziehen, die sich der Dekarbonisierung der Wirtschaft verschrieben haben.

Mehr als zehn erfolgreiche Jahre nach der grünen Wende bei den Forest Green Rovers glauben manche Kritiker:innen noch immer an eine Marketingkampagne, doch Dale Vince' Projekt zeigt, dass sich Nachhaltigkeit und sportlicher Erfolg nicht ausschließen müssen. Ganz im Gegenteil: Dank prominenter Sponsoren schreibt der ehemals verschuldete Verein seit 2017 sogar schwarze Zahlen. Wohin der sportliche Höhenflug die Rovers auch führen mag, ihr Bemühen um wahrlich grünen Fußball auf dem grünen Rasen hat den Sport schon jetzt ein Stück besser gemacht, die Branche wachgerüttelt und gezeigt, dass es auch anders geht.

Spielfeld Kok Boru*

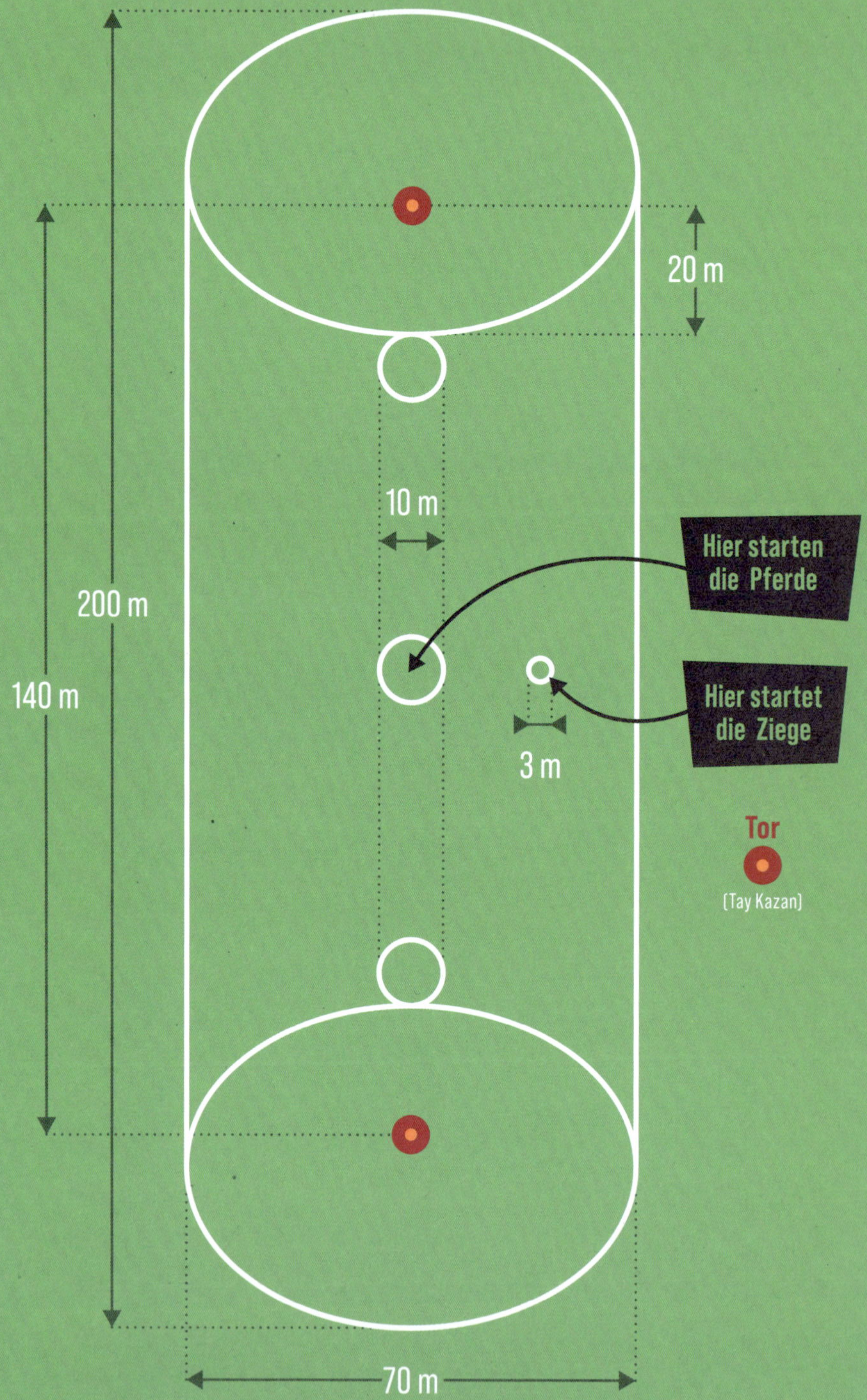

*den Wettkampfregeln der World Nomad Games entsprechend

Ziegenpolo, Robbenhäuten und Entenball

Jeden Sommer erobern neue Trendsportarten die Herzen der Menschen. Von Spikeball über Fahrradpolo bis Ziegenyoga. Viele Elemente kennt man bereits aus älteren Sportarten, oftmals werden die Utensilien und Regeln einfach zu einem neuen Spiel kombiniert. Irgendwann kommt bestimmt noch jemand auf die Idee, mit Ziegen Polo zu spielen.

Zu spät. Dieser Sport wurde bereits vor einigen Jahrhunderten erfunden und wird in zahlreichen zentralasiatischen Staaten immer noch vor Tausenden begeisterten Fans gespielt. Nur werden keine Ziegen gesattelt. Es wird selbstverständlich auf Pferden geritten, wie es sich für ehemalige Nomadenvölker gehört. Der Ziege bleibt nur die Rolle als Spielgerät. Die Rede ist von Buskaschi, das sich in etwa mit »Ziegengreifen« übersetzen lässt. Vor allem in Afghanistan und Pakistan sowie in zahlreichen ehemaligen Sowjetstaaten ist der Reitsport äußerst beliebt. In Kirgisistan gilt das als Kok Boru bekannte Spiel gar als Nationalsport.

Jahrhundertelang war Kok Boru dabei vor allem ein wildes Jeder-gegen-jeden. Die jungen Männer einer Jagdgemeinschaft stritten sich darum, den erlegten grauen Wolf – den Kok Boru – vor dem Zelt des Stammesältesten abzulegen, und versuchten

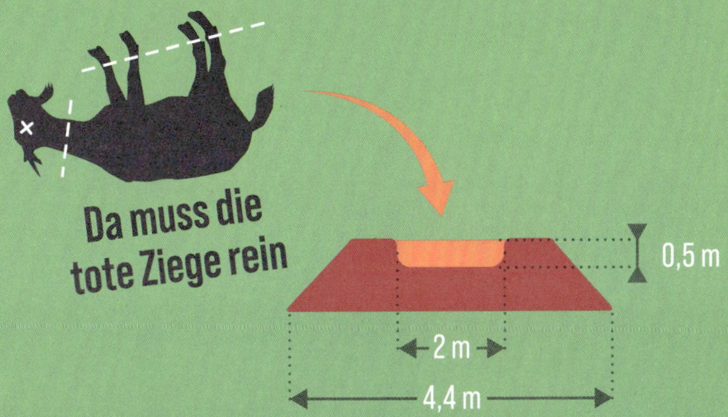

darum, ihn immer wieder den Gefährten zu entreißen. Über die Jahrhunderte entwickelte sich daraus eine beliebte Freizeitgestaltung. Bis zu eintausend Reiter nahmen an den oft mehrere Tage dauernden Spielen teil. Bolotbek Schamschijew, ein bekannter kirgisischer Filmemacher, goss im Jahr 1993 dann den »Volkssport in die Schablonen der großen Sportwelt«, schreibt der Journalist Martin Schauhuber.

Nomad Games als Stolz der Nation

Seither erinnert Kok Boru mit seinem 200 Meter langen und 70 Meter breiten Spielfeld, den zwei aus Beton gegossenen ovalen Toren, den zwei Teams zu vier Spielern und der Unterteilung in 20-minütige Drittel fast schon an westliche Sportarten – würde das Spielgerät eben nicht aus einem rund 35 Kilogramm schweren Ziegenkadaver bestehen, dem Schädel und Hufe abgehackt wurden. Für die Unesco zählt der martialisch anmutende Sport dennoch zum immateriellen Weltkulturerbe. Zum Verdruss aller Tierschützer:innen leiden im äußerst kampfbetonten Spiel auch noch die Pferde, weil die Reiter die Tiere oft ungebremst in andere Pferde steuern, um dem ziegenhaltenden Spieler das Objekt der Begierde zu entreißen.

Schwere Verletzungen und Knochenbrüche bei Tier und Mensch sind Alltag – vor allem auch wegen der ovalen Tore aus Beton. In Kasachstan ging man mittlerweile zumindest dazu über, die tote Ziege durch eine Gummiziege zu ersetzen, und das Betontor wich dort einem Kreidekreis am Boden. Die seit Jahren dominanten Kirgisen sehen dies jedoch nur als Ausdruck von Verweichlichung. Streitigkeiten um Spielregeln zwischen Kasachstan und Kirgisistan mussten schon mehrmals auf höchster diplomatischer Ebene gelöst werden. Die Rivalität ist riesig.

Der Anthropologe Ulan Bigoschin erklärt, dass kirgisische Kok-Boru-Spieler vor allem deshalb so verehrt werden, »weil sie das militärische Erbe der Steppe bewahren: auf dem Rücken der Pferde gegen den Feind kämpfen«. Die Starspieler sind Volkshelden. Der nationalistische Politiker von heute weiß das natürlich auszunutzen und stützt seinen nationalen Mythos gerne auf solche Legenden. Zum Wohle der Nation werden derartige Sportarten deshalb auch großzügig gefördert

dert. Es ist nicht überraschend, dass mit dem türkischen Präsidenten Recep Tayyip Erdoğan, dem kasachischen Präsidenten und »Führer der Nation« Nursultan Nasarbajew sowie dem ungarischen Ministerpräsidenten Viktor Orbán gleich drei autokratische Herrscher der Einladung zur Eröffnung der Nomad Games 2018 in Kirgisistan folgten. Sie verstehen es hervorragend, die Geige der übersteigerten Vaterlandsliebe zu spielen. Nationalstolz macht das Ziegenpolo dabei nur noch brisanter, erklärt die auf Reitsport spezialisierte Anthropologin Carolyn Willekes: »Keine Nation will eine Meisterschaft verlieren, aber wenn es um Herkunft, Tradition und Identität geht, ist der Einsatz noch größer.«

Kein Sport, den es nicht gibt

Die Nomad Games gelten als die Olympischen Spiele der Ethnosportarten. Darunter versteht man historische Formen der körperlichen Ertüchtigung, des Spiels und der Auseinandersetzung, wie sie unsere Vorfahren praktizierten. 2012 wurden sie auf Anregung der kirgisischen Regierung zum ersten Mal abgehalten, um der Nomadenkultur zu gedenken und diese wiederzubeleben. An der dritten Auflage, 2018, nahmen rund 2.000 Athlet:innen aus 82 Ländern und 12 Regionen der Russischen Föderation teil, die in 37 Sportarten um insgesamt 407 Medaillen kämpften. Außer im Ziegenpolo – der absoluten Hauptattraktion – duellieren sich die Kontrahent:innen in verschiedenen Formen des Ringens, bei Brettspielen, aber auch im Bogenschießen. Neben Falken gehen auch Hunde auf die Jagd nach Beute. Umrahmt wird das Ganze von kulturellen Showeinlagen, regionaler Küche und patriotischen Informationen über die jeweilige Landesgeschichte. 2022 richtet die Türkei und damit erstmals nicht Kirgisistan die Spiele aus, 2024 will Aserbaidschan Gastgeberland sein – alles Staaten, die ihr autoritäres Image gerne durch imposante Sportereignisse aufpolieren (siehe Seite 34).

Doch auch in anderen Teilen der Welt gibt es vergleichbare Veranstaltungen – etwa die Highland Games zur Feier der schottischen und keltischen Kultur. Im klassischen Kilt werden dort Bäume mit reiner Muskelkraft weit oder Quader aus Stroh mithilfe einer Mistgabel möglichst hoch geworfen – umrahmt von Musik aus dem Dudelsack. Im Kanufahren, Lacrosse und Hindernislaufen messen sich hingegen die Sportler:innen bei den North American Indigenous Games. Weniger bekannt sind die Spiele der World Eskimo Indian Olympics. Da sitzen sich Athlet:innen etwa beim Ohrenziehen gegenüber, einer eigenwilligen Variante des Tauziehens. Beim *Four Man Carry* muss ein Mann vier Männer möglichst weit tragen. Darüber hinaus werden die Besten im Balancieren auf einem eingefetteten Baumstamm, im Robbenhäuten oder im Deckenhochwurf gesucht. Bei Letzterem halten bis zu 40 Spieler:innen eine aus Walhäuten genähte Decke und werfen einen Mitspieler möglichst hoch in die Luft – auch die Balance und die Haltung des Hochgeworfenen werden bewertet.

Und wer jetzt noch nicht genug vom Sprichwort »andere Länder, andere Sitten« hat, dem sei gesagt, dass im argentinischen Volkssport Pato, das sehr dem kirgisischen Ziegenpolo ähnelt, früher eine lebendige Ente, eingeschlossen in einen Korb mit Haltegriffen, als Spielball fungierte. Das geht doch auf keine Kuhhaut! Dann lieber Ziegenyoga – da balancieren die Ziegen nur auf den turnenden Körpern herum.

Disziplinen der World Eskimo-Indian Olympics
Auswahl

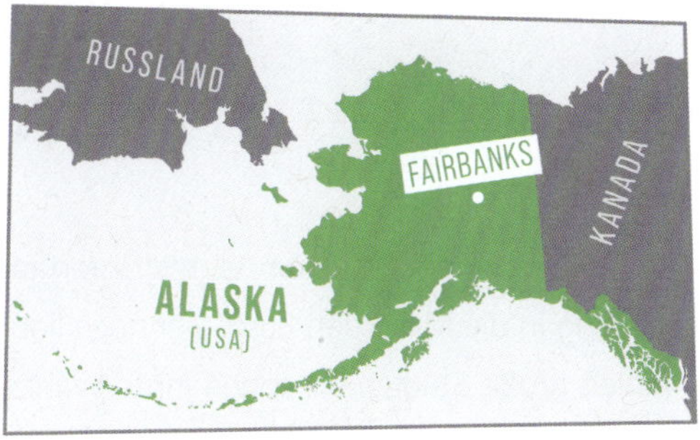

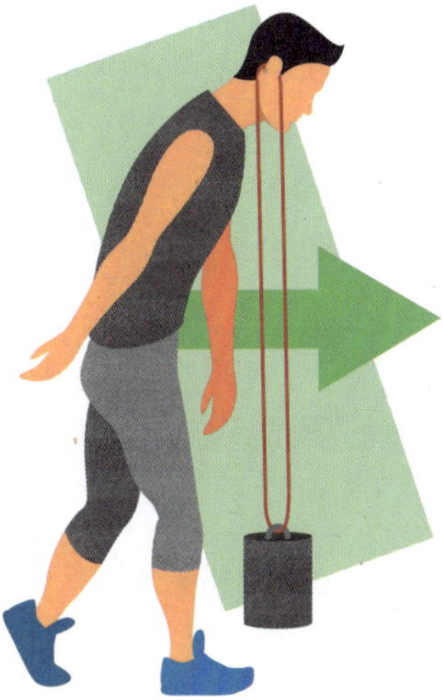

OHRENTRAGEN

Ziel ist es, mit einem Gewicht, das mit einer Schnur am Ohr aufgehängt wird, ohne Zuhilfenahme der Wange oder anderer Körperteile die weiteste Strecke zurückzulegen.

ROBBEN- ODER KNÖCHELHÜPFEN

Ziel ist es, im Liegestütz, wobei nur die Zehen und die Knöchel der geballten Hände den Boden berühren dürfen, die weiteste Strecke hüpfend zurückzulegen.

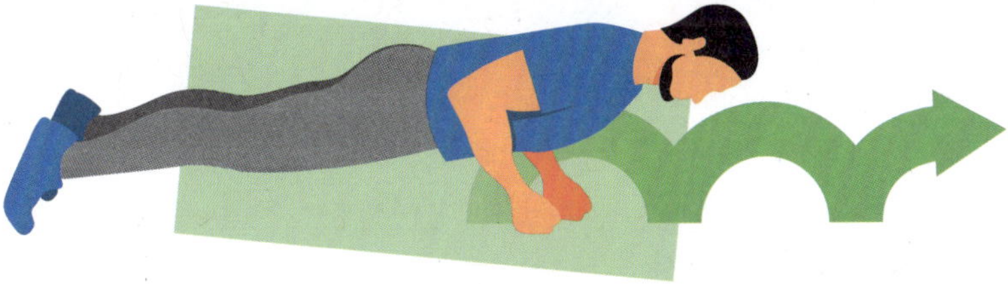

OHRENZIEHEN

Zwei sich gegenübersitzende Personen werden an jeweils einem Ohr mit einer Schnur verbunden und ziehen in entgegengesetzte Richtungen. Ziel ist es, die Schnur des Gegenüber vom Ohr zu ziehen oder ihn zur Aufgabe zu bewegen.

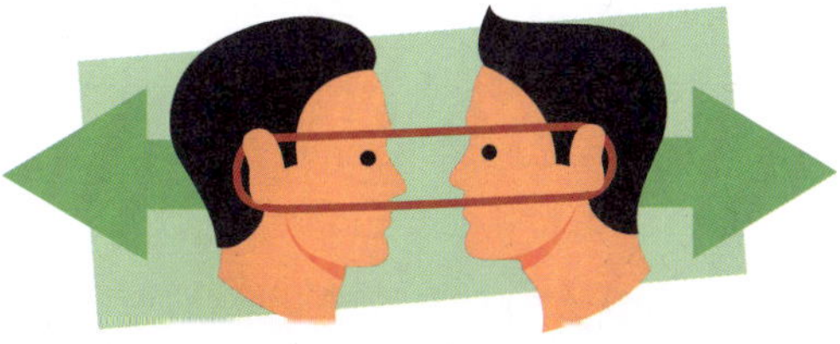

Ich bau dir ein Stadion!

So ein Stadionneubau ist ein teures Unterfangen. Die Kosten gehen heutzutage regelmäßig in die Milliarden Euro. Dennoch lieben vor allem männliche Politiker es, vor Wahlen große Stadien als sogenannte Wahlzuckerl zu versprechen – sei es in Australien, Irland oder Uganda. In dem ostafrikanischen Staat versprach Präsidentschaftskandidat John Katumba vor den Wahlen 2021 sogar, ein Fußballstadion in jedem der 135 Distrikte zu errichten. Der ugandische Staatshaushalt jubelt wohl heute noch darüber, dass die rund 36.000 Wählerinnen und Wähler Katumbas lediglich 0,36 Prozent Stimmenanteil ausmachten. Sie alle hätten problemlos ins größte Stadion des Landes, das 45.000 Personen fassende Mandela National Stadium, gepasst.

Auch Liu Kun dürfte aufgeatmet haben, Chinas Finanzminister. Moment mal, *Chinas* Finanzminister? Was haben Pekings Finanzen mit der Errichtung großer Fußballstadien in Afrika zu tun? Eine ganze Menge: Der chinesische Fiskus hat in den vergangenen Jahrzehnten direkt oder indirekt Stadionbauten in Angola, Äquatorialguinea, Äthiopien, Benin, Burkina Faso, Côte d'Ivoire, der Demokratischen Republik Kongo, Dschibuti, Gabun, Gambia, Ghana, Guinea, Guinea-Bissau, Kamerun, Kap Verde, Kenia, Kongo, Liberia, Madagaskar, Malawi, Mali, Marokko, Mauretanien, Mauritius, Mosambik, Niger, Ruanda, Sambia, Senegal, auf den Seychellen, in Sierra Leone, Simbabwe, Somalia, Südsudan, Tansania (das erste in Afrika, 1967), Togo, Tschad, Uganda und der Zentralafrikanischen Republik finanziert – unter anderem, wohlgemerkt! Aber auch in Asien, Europa (Belarus), Ozeanien, der Karibik, Lateinamerika und dem Südpazifik hat die aufstrebende Weltmacht ihren »Made in China«-Stempel auf

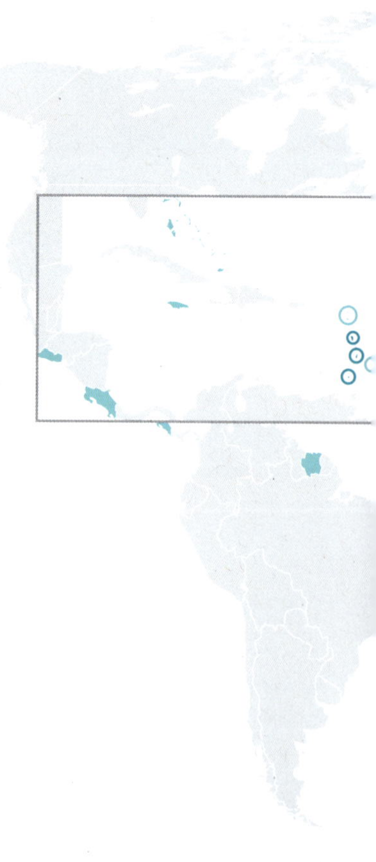

Sportstadien hinterlassen. Angefangen hat alles 1958 mit dem Nationalen Sportstadion in Ulaanbaatar im Nachbarland Mongolei. Im Lauf der Jahrzehnte errichtete man fast 1.400 Gebäude weltweit, darunter Parlamente, Justizpaläste und eben auch Dutzende Sportarenen.

Trojanische Pferde

Was früher Pandabären waren, sind mittlerweile eben auch Fußballstadien – wertvolle »Geschenke« der chinesischen Regierung. Allerdings sind diese mit politischen Absichten verknüpft. Einerseits etwa mit der Forderung nach der bedingungslosen Unterstützung der Pekinger Ein-China-Politik: Nur die kommunistisch-maoistisch geprägte Volks-

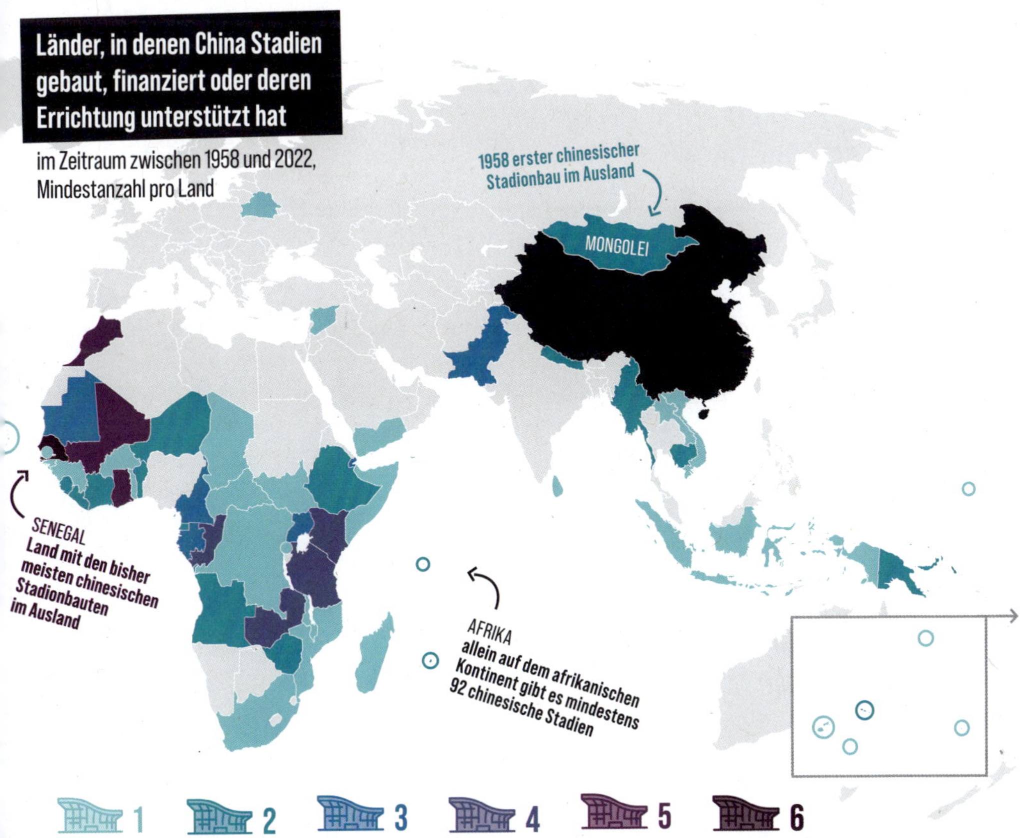

republik China soll international anerkannt, die diplomatischen Beziehungen zu Taiwan abgebrochen werden. Andererseits geht es um beinharte Wirtschaftsinteressen, weil das chinesische Wachstum auf der Suche nach Rohstoffen nur mit aggressiven, weltweiten Investitionen aufrechtzuerhalten ist. Teils werden die chinesischen Arbeiter dabei gleich mitgeliefert. Die lokalen Sportfans haben zwar ihre Freude, die afrikanische Wirtschaft profitiert aber oft wenig bis gar nicht von den Prestigebauten.

Und dann geht es China freilich auch um strategischen Einfluss. Wer von China Straßen, Schulen und Stadien bekommt, erlaubt vielleicht eher die Errichtung einer chinesischen Marinebasis, wie es Dschibuti schon getan hat und Äquatorialguinea und Namibia überlegen, zu tun. Nicht selten beschenkte China Länder, die über besonders große Offshore-Ölvorkommen verfügen. Kritiker:innen sehen die »Stadien der Freundschaft« als »Trojanische Pferde Chinas, um lokale Märkte zu erobern«, wie die indische Politologin Preethi Amaresh schreibt.

Bühne der Autokraten

Auch abseits der internationalen Diplomatie sind Sportstadien oft ein Politikum. Sie werden von Autokraten und Diktatoren protzig gestaltet, um sich Denkmäler zu setzen – Adolf Hitlers Berliner Olympiastadion etwa. Oder für die eigene Propaganda eingesetzt: Wladimir Putin versammelte im März 2022 mehr als 200.000 Russinnen und Russen im und ums Olympiastadion Luschniki in Moskau, um die Annexion der Krym – oder die »Wiedereingliederung«, wie er sie bezeichnet – acht Jahre zuvor zu feiern. Die vor Flaggen und Patriotismus strotzende Veranstaltung sollte die russische Bevölkerung zudem für den Krieg in der Ukraine begeistern. Auch Kim Jong-un nutzt Nordkoreas riesiges Nationalstadion regelmäßig für patriotisches Turnen (siehe Seite 26).

Entwurf des Multifunktionsstadions *Arena Austria*
von Kurt Zöchling, 2013

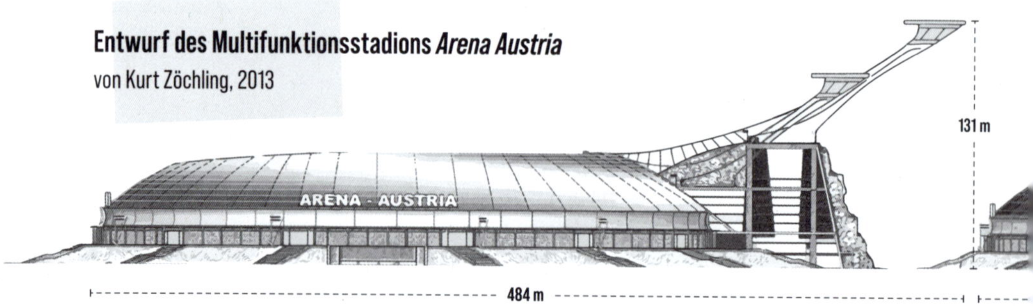

Auch der österreichische Rechtsaußenpolitiker Heinz-Christian Strache wollte sich in seiner Rolle als Vizekanzler und Sportminister mit der Errichtung eines Nationalstadions ein Denkmal setzen. Allerdings wurde er von den eigenen Korruptionsfantasien eingeholt, ehe er die Pläne umsetzen konnte. Die in Medien kursierenden gigantomanischen Pläne einer Arena Austria, in der neben Fußballspielen unter anderem auch Skispringen auf Normal- und Großschanzen, alpine Parallelslaloms, Eishockeyspiele, American Football, Tennismatches, Sportklettern und Bungeejumping veranstaltet werden sollten, lehnte er in einem Anflug von Realismus jedoch ab – obwohl der mächtige Skiverbandspräsident bereits seine Zustimmung signalisiert hatte.

Eins ist klar: Stadionneubauten sind meist vor allem eines: eine Frage des Prestiges. Politiker neigen regelmäßig zu einer Überinterpretation der sogenannten Umwegrentabilität – also jenes Nutzens, den das neue Luxusstadion des lokalen Eishockey- oder Fußballvereins für die gesamte Region durch Übernachtungen, shoppende und feiernde Fans mit sich bringt. Vor allem die Effekte einmaliger Sportgroßveranstaltungen verpuffen oft in Windeseile. Laut dem US-amerikanischen Wirtschaftsprofessor Victor Matheson liegt die reale Wertschöpfung für den Austragungsort des Superbowls bei lediglich 30 bis 130 Millionen Dollar – wenn man alle Ausgaben für Sicherheit, Infrastruktur und Ähnliches einberechnet. Das ist weit entfernt von den 719 Millionen Dollar, die die amerikanische Regierung für die Stadt Phoenix 2015 veranschlagte. 30 Millionen könnte man mit einem gewöhnlichen Ärztekongress weitaus weniger umständlich verdienen, meinen Kritiker:innen. Aber ebenso wie sich der Stolz einer Region oder ganzen Nation – wie es die Ausrichtung einer Fußballweltmeisterschaft auslösen kann – schwer mit Geld aufwiegen lässt, ist es oft schwierig zu berechnen, wie viel Geld aus öffentlicher Hand für teils millionenschwere Vereine tatsächlich zugeschossen werden sollte. Damit es am Ende nicht nur dem triumphierenden Politiker etwas bringt, sondern auch wirklich der Bevölkerung.

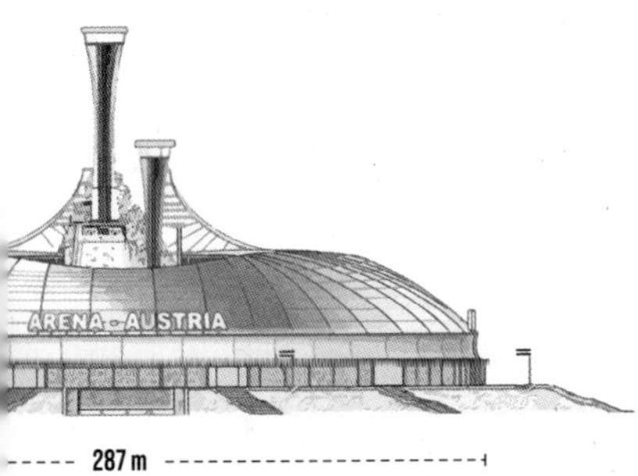

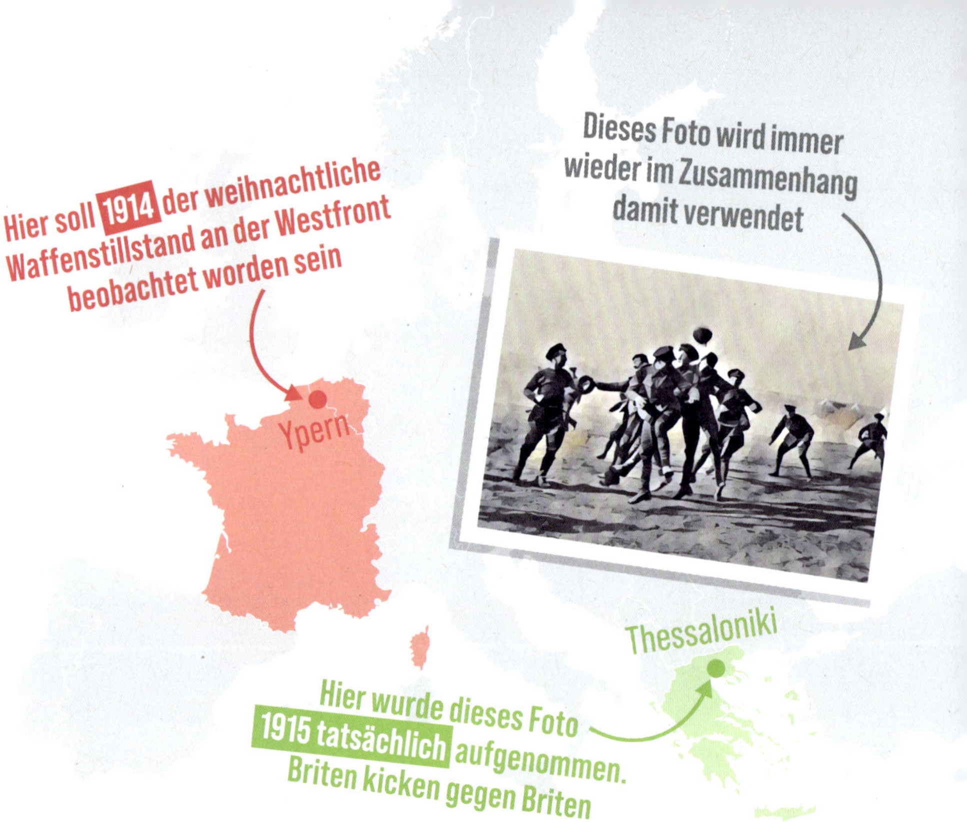

Hat der Weltkrieg wirklich für den Fußball pausiert?

Jedes Jahr im Dezember geht es wieder los: In Sozialen und klassischen Medien macht ein Foto die Runde, das fußballspielende deutsche und britische Soldaten am Ersten Weihnachtstag, dem 25. Dezember 1914, zeigen soll. Eine Feuerpause mitten im Ersten Weltkrieg und eine Feel-good-Story, die man in weltpolitisch schwierigen Zeiten gerne liest, die den Glauben an das Gute im Menschen betonen soll und immer wieder aufs Neue viral geht: Deutsche auf der einen Seite, Briten auf der anderen. Noch vor wenigen Stunden versuchten sie einander zu töten, jetzt kicken sie einen Ball, weil sie eigentlich keinen Groll gegeneinander hegen und nur von den Obrigkeiten in den Krieg geschickt wurden. König Fußball hat es wieder einmal gerichtet.

Das Problem: Es existieren keinerlei Fotos von besagtem Fußballspiel. Tatsächlich zeigt das aus falschen Gründen berühmte Bild ein Fußballspiel zwischen britischen Soldaten und Offizieren, das ein Jahr später nahe der griechischen Stadt Thessaloniki stattfand. Gelegentlich verwenden Medien versehentlich auch moderne Nachstellungen von Reenactment-Künstlern, unwissend, dass es keine historischen Bilder sind.

Es gab den Weihnachtsfrieden von 1914. An einigen Stellen im französisch-belgischen Grenzgebiet schwiegen tatsächlich die Waffen für einige Stunden und teils Tage. Manchmal wurde auch gekickt. Niemand hat aber den Krieg unterbrochen, *um* Fußball zu spielen, wie es die Uefa in einem Video zum 100. Jahrestag des Weihnachtsfriedens andeutete. Viele Medien, Unternehmen und Verbände verklären den Kurzzeitfrieden zu einer fußballerischen Versöhnungsgeschichte, die so nicht stimmt. Entlang etlicher Frontkilometer wurde weitergekämpft, auch an jenem Tag starben Dutzende junge Männer.

Weihnachtslieder, Haarschnitte und gegrillte Schweine

Der Beginn der Weihnachtsruhe wird gern überromantisiert, wie einige Historiker:innen seit Jahrzehnten bemüht sind aufzuklären. Tatsächlich sollen auf beiden Seiten der teils nur 50 bis 100 Meter voneinander entfernten Schützengräben Weihnachtslieder gesungen worden sein – bei den Deutschen etwa *Stille Nacht, heilige Nacht* und *O du Fröhliche*. Dass daraufhin aber beide Seiten sofort aus den Gräben stiegen und ein Fußballspiel ausbrach, wie es die berühmte Werbung des Lebensmittelriesen Sainsbury's nahelegt, ist reine Fantasie.

Tatsächlich sollen an Heiligabend, als die Waffen allmählich verstummten, Lieder angestimmt und auf deutscher Seite kleine Weihnachtsbäume, die aus der Hauptstadt gesandt worden waren, aufgestellt und mit Kerzen geschmückt worden

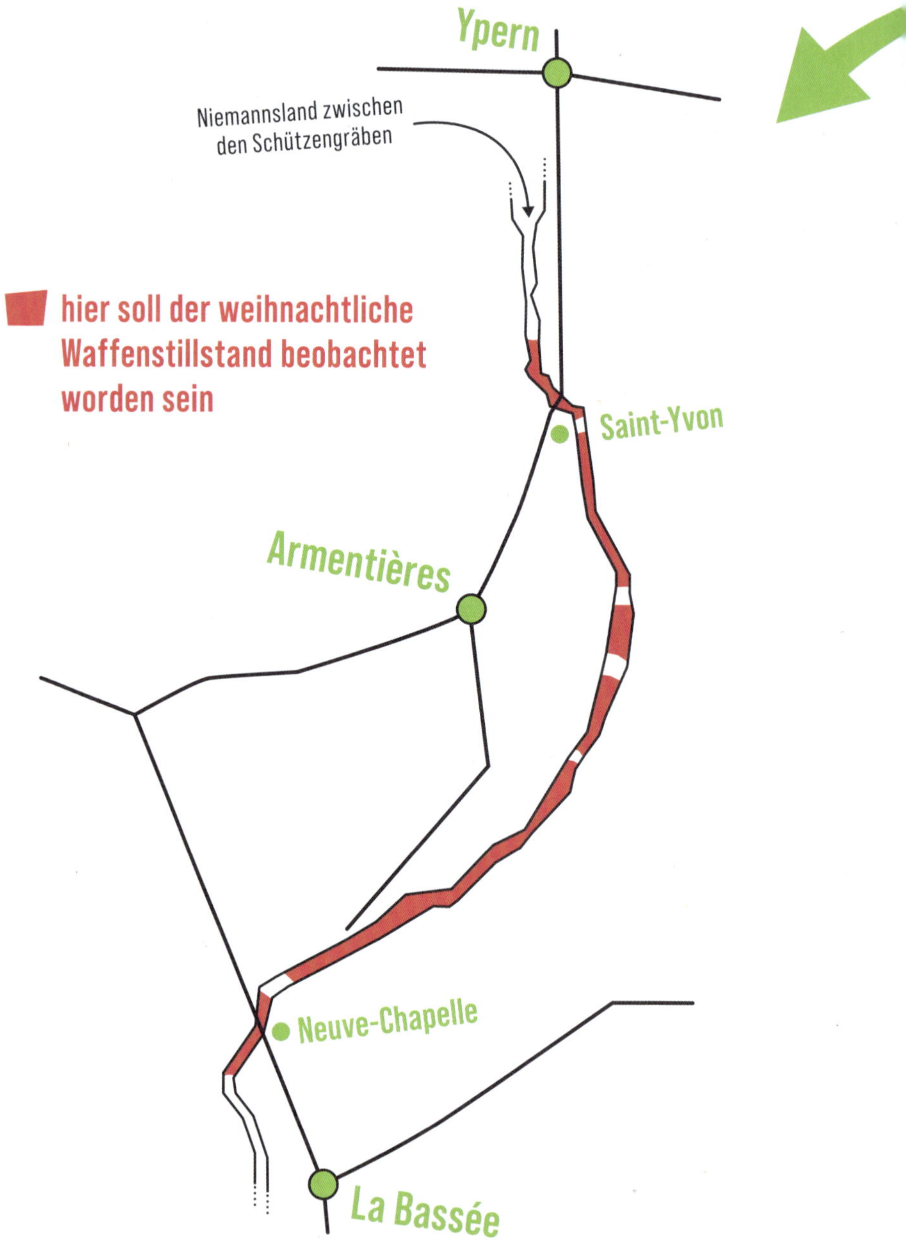
Ypern
Niemannsland zwischen
den Schützengräben
hier soll der weihnachtliche
Waffenstillstand beobachtet
worden sein
Saint-Yvon
Armentières
Neuve-Chapelle
La Bassée

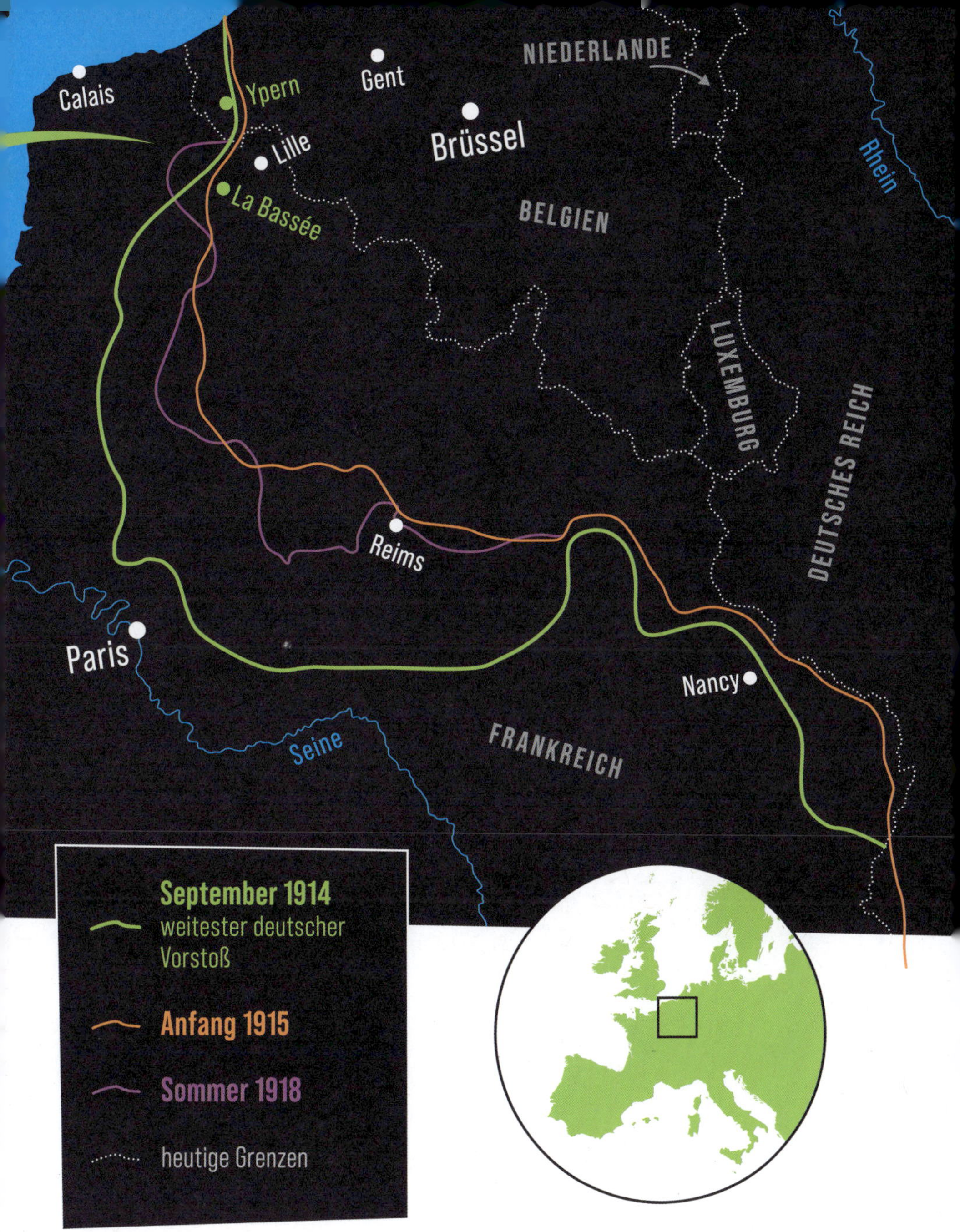

Frontverlauf im Ersten Weltkrieg

1914 bis 1918

sein. Vereinzelt wurden auch Soldaten auf die andere Seite des Niemandslandes eingeladen, auf ein Bier oder Härteres. Üblicherweise wurden den Soldaten dabei die Augen verbunden, damit die feindlichen Stellungen nicht ausgekundschaftet werden konnten. Wurde das vergessen, mussten die Soldaten gefangen genommen werden – auch an Heiligabend, auch wenn es ihnen peinlich war, aber bald ging es schließlich wieder um Leben und Tod. Und viele sollen aus Misstrauen oder Hass auf Feindbesuche gleich ganz verzichtet haben. Auf andere wurde bei der versuchten Annäherung geschossen. Es sei die »einzige Art von Waffenruhe, die sie verdienen«, notierte ein britischer Militärangehöriger in seinem Tagebuch.

Der wahre weihnachtliche Waffenstillstand kam dann mit Anbruch des bitterkalten und nebligen 25. Dezember. Er wurde nicht von Befehlshabern angeordnet, sondern spontan durch die Handlungen der Soldaten besiegelt – viele Offiziere machten dennoch mit und sollen von der ungewohnten Stille überwältigt gewesen sein. Hände wurden geschüttelt, Smalltalk geführt, Haare geschnitten und kleine Geschenke ausgetauscht, auch ein Schwein wurde in der Todeszone zwischen den Gräben gegrillt. Wenngleich der weihnachtliche Geist eine Rolle gespielt haben soll, hatte das Schweigen der Waffen vor allem auch praktische Gründe: Die Gräben mussten dringend ausgebessert werden, was ohne feindlichen Beschuss ungleich leichter war. Andererseits wollten die Soldaten die vielen toten Kameraden aus den Wochen zuvor beerdigen – für viele der eigentliche Grund für den Weihnachtsfrieden. Dass die Briten den Deutschen Kreuze für die Bestattung ihrer toten Kameraden angeboten haben sollen, rechneten ihnen die in dem Frontabschnitt stationierten Sachsen hoch an. Das gemeinsame Gebet soll wiederum beide Seiten ergriffen haben. Viele nutzten die Chance allerdings auch, um feindliche Stellungen auszuspähen – nicht selten fielen dabei Warnschüsse.

Wenig Fußball, viel Geschichte

Einige Anekdoten aus der Zeit erwähnen Fußball. Meist spielten sich aber nur ein paar britische Soldaten fußballähnliche Objekte untereinander zu, um sich in der klirrenden Kälte zu wärmen. Spiele zwischen den Feinden fanden übereinstimmenden Berichten von Zeitzeugen zufolge nur an wenigen Orten statt – in

Saint-Yvon, wo die Uefa zum 100-jährigen Jubiläum des Weihnachtsfriedens ein Monument enthüllte, wohl eher nicht. Wenige Kilometer nördlich davon, entlang der Verbindungsstraße zwischen Mesen und Wulvergem, südlich von Ypern, hingegen schon. Ohne Schiedsrichter oder Tore habe ein »Herumgekicke« von ein paar Hundert Mann stattgefunden, berichteten Augenzeugen später. Die Deutschen hätten den Ball zur Verfügung gestellt. An einem weiteren berühmten Spiel, einem vermeintlichen 3:2-Sieg der »Fritzen« gegen die »Tommys«, gibt es schon allein deshalb erhebliche Zweifel, weil der Gegner, das in einem Brief beschriebene deutsche Regiment, eigentlich deutlich südlicher stationiert war. Fraglich ist auch, wie der damals noch einfache Meldegänger Adolf Hitler zum Weihnachtsfrieden stand. Sein nahe Ypern stationiertes Regiment nahm definitiv am Weihnachtsfrieden teil, wegen seiner Aufgabe war Hitler aber kaum an der Front. Ein Kamerad erzählte Jahrzehnte später, dass Hitler den Waffenstillstand wenig überraschend ablehnte. Auch an dieser Story gibt es jedoch Zweifel.

Dafür, dass sämtliche Erkenntnisse über die Fußballspiele während des Weihnachtsfriedens eher vage sind, ist die Erinnerungskultur recht ausgeprägt. Anlässlich des 100. Jahrestages trafen deutsche und britische Soldaten an mehreren Orten in Fußballspielen aufeinander. Im offiziellen Jahrhundertmatch im britischen Aldershot siegten die Hausherren mit 1:0, im afghanischen Kabul siegten die Briten gar mit 3:0. Auf der gesamten britischen Insel posierten Kontrahenten an jenem Wochenende für gemeinsame Mannschaftsfotos. Auch die Royals schalteten sich ein: »Fußball hatte die Kraft, Menschen zusammenzubringen und Barrieren einzureißen«, sagte der britische Prinz William bei der Enthüllung einer weiteren Gedenkskulptur. »Es ist wichtig, dass wir die Geschichte des Weihnachtsfriedens auch noch hundert Jahre später am Leben halten.« Und warum müssen gute Geschichten denn immer zu Tode recherchiert werden?

Russland im Abseits!

Mehr als ein Jahr und Tausende getötete Zivilist:innen später wirkt die russische Aufregung über die ukrainischen Shirts für die Fußball-EM der Männer im Jahr 2021 noch absurder. Der russische Dumaabgeordnete und Sportfunktionär Dmitri Swischtschjow sprach damals von einer »politischen Provokation«, die »völlig unangemessen« sei. Da könnten russische Fußballer auch gleich »in T-Shirts auf den Platz gehen, auf denen die Umrisse des Russischen Reiches abgebildet sind, das Polen, die Ukraine und Finnland einschließt«, argumentierte Swischtschjow. Zur Erinnerung: Russlands Entrüstung entfachte sich an einem gelb-blauen Fußballtrikot, das subtil die Umrisse der Ukraine in den von der Uno und der überwältigenden Mehrheit aller Staaten anerkannten Grenzen zeigte – inklusive der russisch annektierten Krym und des von prorussischen Separatisten besetzten Donbas. Zusätzlich waren die Trikots mit den Sprüchen »Ruhm der Ukraine« und »Ruhm den Helden« bestickt.

Nach einem offiziellen Protest des russischen Verbandes bei der Uefa wegen einer angeblich nicht akzeptablen Politisierung der Sportkleidung musste die Ehrerbietung an die ukrainischen Soldaten von den Trikots verschwinden – wegen ihrer militärischen Bedeutung. Der Rest konnte bleiben – in den Uefa-Regularien verbietet nichts die Zurschaustellung der Umrisse eines Staates. Tatsächlich haben beide Sprüche aber eine jahrzehntealte historische Bedeutung für die Ukraine, seit 2018 wird »Ruhm der Ukraine, Ruhm den Helden« gar offiziell als militärischer Gruß verwendet. Das ist unüblich und eine Glorifizierung von Armeen hat im sportlichen Kontext eigentlich auch nichts zu suchen. Dass der Spruch jedoch ein Jahr später untrennbar mit der Verteidigung der Ukraine verbunden sein und weltweit zu einem Symbol des Widerstands gegen die russische Aggression werden würde, ahnte damals kaum jemand. Auch wenn der Krieg im Osten der Ukraine freilich schon seit 2014 tobt.

Verbrüderung ukrainischer Feinde

»Slawa Ukrajini« (»Ruhm der Ukraine«), ruft deshalb auch der Hoods-Hoods-Klan. Die Mitglieder der Hooligangruppe des bankrotten, inaktiven Fußballklubs Arsenal Kyjiw sind stolze Ukrainer und betrachten die Krym nach wie vor als illegal annektiert. Das ist an sich nichts Besonderes für ukrainische Fußballfans, Patrioten oder Menschen mit einem Verständnis für das Völkerrecht. Wladimir Putin hat es mit seinem Angriffskrieg allerdings geschafft, dass der Hoods-Hoods-Klan an der Seite etlicher anderer Ultra- und Hooligangruppen kämpft, was noch vor der Invasion undenkbar gewesen wäre. Die Hoods Hoods gelten nämlich als die einzige dezidiert antirassistische »Firma« (siehe Seite 156) in der ansonsten rechtsnational dominierten ukrainischen Hooliganszene. Regelmäßig schlugen sie sich mit den anderen Hooligangruppen die Schädel ein – ihrer Weltanschauung wegen.

Früher waren der harte Kern von Dynamo Kyjiw, Metalist Charkiw sowie Rassisten allgemein die Erzfeinde der semiprofessionellen Schlägertruppe, heute sind es Putin und seine willfährigen Soldaten, beteuern die Hoods Hoods mit deutlich expliziteren Worten. Gemeinsam mit anderen antiautoritären und antifaschistischen Gruppen bilden sie eine eigene Einheit der ukrainischen Territorialverteidigungskräfte.

Letzter Dienst am Vaterland

Nicht nur viele Fans, auch zahlreiche ukrainische Sportler:innen und Coaches tauschten seit dem 24. Februar 2022 Ski, Laufschuhe oder Badehose gegen Helm, Waffe und schusssichere Weste ein. Allein in den ersten vier Monaten fielen nach Angaben der ukrainischen Regierung 89 Sportprofis und solche, die es noch werden wollten – darunter der 30-jährige Kickboxweltmeister Maksym

Kagal und der 19-jährige Biathlet Jewhen Malyschew. Außerdem starben die 14-jährige Gewichtheberin Alina Peregudowa und die elfjährige Turnerin Ekaterina Dyachenko bei russischen Angriffen. Mehr als 100.000 Sportler:innen seien durch den Krieg zudem um ihre Trainingsmöglichkeiten gebracht worden, sagte der ukrainische Präsident Wolodymyr Selenskyj Anfang Juli.

Russlands autoritärer Herrscher Putin hat ein ganzes Land gegen sich vereint. Er hat mit der Invasion im Nachbarstaat zudem sein Land auf der internationalen Sportbühne weitestgehend isoliert – spätestens seit das Internationale Olympische Komitee all seine Verbände zum Ausschluss Russlands aufrief. So wurden nicht nur wichtige Sportereignisse wie das Finale der Fußball-Champions-League, die Weltmeisterschaften im Eishockey und Volleyball oder die Curling-Europameisterschaft sowie sämtliche Ski- und Formel-1-Rennen aus Russland abgezogen. Auch viele Sponsorendeals wurden gekündigt und Übertragungsrechte entzogen. Die englische Premier League gibt es für russische Fans nur noch illegal im Internet zu sehen. Zahlreiche Verbände untersagten darüber hinaus prinzipiell die Teilnahme russischer und belarusischer Athlet:innen an Wettkämpfen – unabhängig von deren politischer Gesinnung oder Haltung zum Krieg. Anders als andere Tennisturniere begründete das legendäre Rasenturnier in Wimbledon die Ausladung russischer Spieler:innen damit, dass ihre Erfolge von Moskau propagandistisch ausgeschlachtet werden könnten. Putin könnte zeigen, dass Russland gar nicht so isoliert sei, wie behauptet wird.

Russ:innen versus Russland

Die Geschlossenheit in der Sanktionierung Russlands begann jedoch schon wenige Wochen nach der Invasion zu bröckeln: Neben den Tennisweltverbänden scherten etwa auch die Kampfsportarten Judo und Sambo aus und ließen Russ:innen unter neutraler Flagge antreten. Im Sommer 2022 sprachen sich dann immer mehr ukrainische Offizielle für einen dauerhaften, umfassenden Boykott russischer Athlet:innen aus. Der ukrainische Sportminister Wadym Hutzajt sagte gar, man sei weiterhin bereit, jedes Sportevent zu boykottieren, bei dem Sportler:innen aus Russland antreten dürfen.

Vollständiger Boykott

Internationale Dachverbände, die die Teilnahme russischer und belarusischer Athlet:innen verboten haben; Stand Oktober 2022, Auswahl

Internationales Olympisches Komitee

Internationales Paralympisches Komitee

WAF
Bogenschießen

World Athletics
Leichtathletik

IBU
Biathlon

UCI
Radsport

BWF
Badminton

ICF
Kanufahren

IHF
Handball

UIPM
Moderner Fünfkampf

World Rowing
Rudern

ISA
Surfen

World Sailing
Segeln

ISSF
Sportschießen

ISU
Eisschnell- und Eiskunstlauf

ITTF
Tischtennis

World Triathlon
Triathlon

IWF
Gewichtheben

United World Wrestling
Ringen

IBSF
Bob- und Skeletonfahren

ILF
Rennrodeln

FIG
Turnen / Gymnastik

World Skate
Rollsport

ISFC
Klettern

FIVB
Volleyball

World Rugby
Rugby

IIHF
Eishockey

WCF
Curling

FEI
Reiten

FIE
Fechten

World Taekwondo
Taekwondo

Fina
Schwimm- und Wassersport

Trotz aller Gefahren riskierten einige russische Sportler:innen sehr viel, indem sie sich öffentlich gegen den Krieg, der in ihrer Heimat nicht so genannt werden darf, positionierten. Tennisstar Andrei Rubljow schrieb nach seinem Finaleinzug in Dubai »No war please« auf die Linse einer Fernsehkamera. Igor Denissow, ehemaliger Kapitän der russischen Fußballnationalmannschaft, sagte, dass die Vorkommnisse »ein Desaster, kompletter Horror« seien, und befürchtete, schon allein dafür ins Gefängnis zu wandern. Nach Gesetzesänderungen drohen ihm für Aussagen, die »diskreditierende Äußerungen« über die russischen Streitkräfte oder »Falschinformationen« enthalten, nämlich ebenso 15 Jahre Haft wie der 27-jährigen Espanyol-Barcelona-Stürmerin Nadeschda Karpowa.

Karpowa, die auch schon für den prominenten russischen Oppositionellen Alexej Nawalny auf die Straße ging, als erste russische Mannschaftssportlerin offen homosexuell lebt und sich von Anfang an mit ihrer ukrainischen Teamkollegin Tamila Chimitsch solidarisierte, sagte der *BBC*, dass sie »dieser Unmenschlichkeit nicht länger stillschweigend zuschauen« könne. »Putin hat uns alles genommen, er hat unsere Zukunft gestohlen. Gleichzeitig hat er dies mit unserer stillschweigenden Zustimmung getan.« Die meisten hätten ihre Augen verschlossen und gedacht, es gehe sie nichts an. Sie aber habe aufgehört, Angst zu haben, bestimmte Dinge anzusprechen. Ihren nächsten Trip nach Russland wolle sie dennoch vorerst aussetzen. Sie hoffe auf eine Zeit, wo die aktuell Regierenden nicht mehr regieren, sagte Karpowa. »Die sind alle alt und wir werden dann noch am Leben sein«, gab sie sich optimistisch – Letzteres gilt hoffentlich auch für zahlreiche ukrainische Sportler:innen.

Teilweiser Boykott

sonstige internationale Dachverbände oder Ligen, die die Teilnahme russischer und belarusischer Athlet:innen suspendiert haben; Stand Oktober 2022, Auswahl

Uefa/Fifa
Fußball
keine internationalen Spiele russischer Vereine oder Russlands

Formel 1
Rennsport
dauerhafter Entzug des Rennens in Sotschi

Fia
Motorsport
russische und belarusische Teams ausgeschlossen, Russ:innen und Belarus:innen nur unter neutraler Flagge

IJF
Judo
Aberkennung von Putins Ehrentitel und Rauswurf aus Exekutivkomitee, Russ:innen nur unter neutraler Flagge

NHL
Eishockey
Geschäftskontakte und Veranstaltungen in Russland unterbrochen, Russen dürfen weiterhin spielen

Fide
Schach
Belarusische Flaggen bei Schachbewerben verboten, Aussetzen der Kooperation mit russischen und belarusischen Firmen, Aberkennung von Ehrentiteln

Fiba/Euroleague
Basketball
Ausschluss Russlands und russischer Teams von internationalen Wettbewerben

Fis
Ski
Absage aller Skiwettbewerbe in Russland

EHF
Handball
Ausschluss Russlands und russischer Teams von internationalen Wettbewerben

Special Olympics
Absage der Special Olympics in Kasan

ITF
Tennis
Suspendierung russischer und belarusischer Nationalteams

Glossar

ATP *Association of Tennis Professionals*, Tennisweltverband der Männer.

Black Lives Matter Protestbewegung in mehreren Staaten, die sich gegen Unterdrückung von und Gewalt gegen Schwarze und andere People of Colour richtet

Boykott bewusstes Fernbleiben von sportlichen Großereignissen aus politischen Gründen

Concacaf *Confederation of North, Central America and Caribbean Association Football*, Fußballverband Mittel- und Nordamerikas sowie der karibischen Staaten

Conifa *Confederation of Independent Football Associations*, Fußballdachverband für die Verbände von Nationen, abhängigen Gebieten, nichtanerkannten Staaten, Minderheiten, staatenlosen Völkern und historischen Regionen außerhalb des Weltfußballverbandes Fifa

Champions League bedeutendster europäischer Pokalwettbewerb im Fußball

DFB *Deutscher Fußball-Bund*, Dachverband von 27 Fußballverbänden in Deutschland

Draft jährlich stattfindendes Event zur Rekrutierung neuer Nachwuchstalente nordamerikanischer Profiligen

EM Europameisterschaft

EPL *English Premier League*, höchste Spielklasse im englischen Profifußball der Männer

E-Sport sportlicher Wettkampf mit verschiedensten Videospielen

Europa League zweitwichtigster europäischer Fußballpokalwettbewerb

Fifa *Fédération Internationale de Football Association*, Weltfußballverband

Formel 1 wichtigste Motorsportrennserie mit rund zwei Dutzend Rennen pro Jahr in aller Welt

Giro d'Italia bedeutendes, mehrwöchiges Straßenradrennen in Italien

Grand Prix internationaler Wettbewerb im Sport oder in der Musik, gebräuchlich vor allem für die Rennen der bekanntesten Motorrennserie Formel 1

Grand Slams die vier wichtigsten Tennisturniere Australian Open, French Open, Wimbledon und US Open

Hooligans gewaltbereite Gruppe von Fans, bei der die körperliche Auseinandersetzung mit anderen Gruppen im Vordergrund steht; Hooligangruppen nennen sich *Firmen*

IOC *International Olympic Committee*, Internationales Olympisches Komitee

IPL *Indian Premier League*, indische Cricketprofiliga der Männer

Medaillenspiegel Rangliste aller teilnehmenden Staaten am Ende von sportlichen Großveranstaltungen wie den Olympischen Spielen

MLB *Major League Baseball*, nordamerikanische Baseballprofiliga der Männer

MLS *Major League Soccer*, nordamerikanische Fußballprofiliga der Männer

MMA *Mixed Martial Arts*, Vollkontaktkampfsport, der Schlag-, Tritt-, Bodenkampf- und Ringtechniken zu einer Disziplin vereint

NBA *National Basketball Association*, nordamerikanische Basketballprofiliga der Männer

NFL *National Football League*, US-amerikanische Footballprofiliga der Männer

NHL *National Hockey League*, nordamerikanische Eishockeyprofiliga der Männer

Olympische Spiele/Olympia größte Sportveranstaltung der Welt, bei der sich im Vierjahresrhythmus Männer und Frauen aus aller Welt in verschiedensten Sommer- beziehungsweise Wintersportarten messen

PGA *Professional Golfers' Association*, Vereinigung professioneller Golfer

Quarterback wichtigste Position im American Football, übernimmt die Rolle des Spielgestalters

Slopestyle Ski- und Snowboardwettbewerb in der Form eines Hindernisparcours, der möglichst trickreich zu bewältigen ist

Superbowl jährliches Finalspiel im American Football der NFL

Taking the knee symbolische Geste gegen Rassismus, bei der Sportler:innen sich zu Beginn von Spielen mit einem Bein niederknien, oft während der Nationalhymne

Tour de France dreiwöchiges, hauptsächlich in Frankreich stattfindendes, bedeutendstes Straßenradrennen der Welt

überlaufen aus dem Heimatland flüchten und für ein anderes Land in Sportwettbewerben antreten

Uefa *Union of European Football Associations*, europäischer Fußballverband

UFC *Ultimate Fighting Championship*, weltgrößte Organisation zur Veranstaltung von Mixed-Martial-Arts-Kämpfen

Ultras besonders fanatische Fans, die ihrem Verein bedingungslose und stimmungsvolle Unterstützung mithilfe von Trommeln, Choreografien und Gesängen zusichern, immer wieder aber auch zu politischen Themen Stellung nehmen

Uno/UN *United Nations Organization*, Zusammenschluss von aktuell 193 Staaten als internationale Organisation

Wildcard vom Ausrichter vergebene Starterlaubnis ohne sportliche Qualifikation

WM Weltmeisterschaft

WNBA *Women's National Basketball Association*, nordamerikanische Basketballprofiliga der Frauen

WTA *Women's Tennis Association*, Tennisweltverband der Frauen

Quellen

[Prolog] Sport war, ist und wird immer politisch sein Guiberteau, Olivier: Didier Drogba: How Ivory Coast striker helped to halt civil war in his home nation, auf: bbc.com (31.3.2020).

[1] Fünf uncoole Dinge über Katar Amnesty International (Hg.): Predictable and preventable: Why FIFA and Qatar should remedy abuses behind the 2022 World Cup, auf: amnesty.org (19.5.2022); Pattisson, Pete u.a.: Revealed: 6,500 migrant workers have died in Qatar since World Cup awarded, auf: theguardian.com (23.2.2021).

[2] Wie ein Fußballfan um ein Haar eine Staatskrise auslöste Montague, James: 1312: Among the Ultras. A journey with the world's most extreme fans, London 2021, S. 139-164.

[3] Der größte Sportler aller Zeiten: ein Nordkoreaner Sens, Josh: Behind Kim Jong Il's Famous Round of Golf, auf: golf.com (1.6.2016); Rich, Motoko: Curious About the Lives of North Korea's Isolated Athletes? Here's a Glimpse, auf: nytimes.com (7.2.2018); Schrock, Cliff: Records & Rarities: The unlikely ace/300 game double, auf: golfdigest.com (6.10.2014).

[4] Sportswashing: Menschenrechtsverletzungen, blütenweiß Liew, Jonathan: Sportswashing is associated with certain countries – why not Israel?, auf: theguardian.com (24.1.2022); Ronay, Barney: Sportswashing and the tangled web of Europe's biggest clubs, auf: theguardian.com (15.2.2019).

[5] Klimakiller Formel 1? Harding, Jonathan: How much longer can Formula One drive to survive?, auf: dw.com (5.11.2021); Smith, Luke: ›Drive to Survive‹ on Netflix Has Ignited Formula 1, auf: nytimes.com (29.10.2021); Gallagher, Mark: The climate race: Sustainability lessons from Formula One Written, auf: managers.org.uk (10.11.2021).

[6] Der Lebensretter auf zwei Rädern Iken, Katja: Waden aus Stahl, Herz aus Gold, auf: spiegel.de (27.4.2018); Graeber, Julian: Italienische Radsportlegende: Der stille Held Gino Bartali, auf: tagesspiegel.de (9.1.2018).

[7] Ich kauf mir Stars für mein Nationalteam Branch, John: Eileen Gu Is Trying to Soar Over the Geopolitical Divide, auf: nytimes.com (6.2.2022); Lill, Felix: China ist so viel Wintersportland wie Fußballnation, auf: kleinezeitung.at (20.2.2022).

[8] Die WM der verbotenen Staaten Jansen, Olaf: Die kleinere Welt des Fußballs, auf: taz.de (4.4.2021); conifa.org.

[9] In die Uno durch die Hintertür Montague, James: The dawn of Kosovo's football nation, auf: thelab.bleacherreport.com (4.10.2016); Brentin, Dario; Tregoures, Loïc: Entering Through the Sport's Door? Kosovo's Sport Diplomatic Endeavours Towards International Recognition, in: Diplomacy & Statecraft (27)2016, Nr. 2, S. 360-378; Sommavilla, Fabian: Von der Amsel zum Adler, in: ballesterer, (10)2017. S. 64-67.

[10] Uncle Sam holt sich die Zockerkids Schottey, Michael: The Flag and the Shield: The Long Alliance Between the NFL and US Military, auf: thebleacherreport.com (26.5.2014); Howard, Bryant: Veterans Speak Out Against The Militarization Of Sports, auf: wbur.org (20.7.2018); Swope, Peter: Gridiron Imperialism: How the NFL Propagandizes for the US Military, auf: brownpoliticalreview.org (22.11.2021).

[11] Niederknien und aufstehen gegen Rassismus O'Shea, Michelle u.a.: The Olympics strive for political neutrality. So, how will they deal with surging athlete activism?, auf: theconversation.com (18.9.2020); Keeanga-Yamahtta, Taylor: The Players' Revolt Against Racism, Inequality, and Police Terror, auf: newyorker.com (9.9.2020); Hill, Jemele: Athletes Will Never Be Quiet Again, auf: theatlantic.com (29.5.2021).

[12] Novax Djocovid, Sohn Gottes mit spiritueller Energie Wälterlin, Urs: Game over für Djokovic: Und doch steht einer über dem Gesetz, auf: derstandard.at (16.1.2022); Khalil, Shaimaa: Novak Djokovic: The politics behind Australia's decision, auf: bbc.com (14.1.2022); Hajdari, Una: Why Serbia will always love Novak Djokovic, auf: politico.eu (16.1.2022).

[13] Wo sind die schwulen Fußballer? Ilga-europe.org; 11 Freunde (Hg.): »Liebe darf nicht diskriminiert werden«, auf: 11freunde.de (7.10.2022); Hernandez, Joe: Why There Are Few Openly Gay Athletes In Men's Professional Sports, auf: npr.org (21.7.2021).

[14] Verlieren fürs Volk – Irans sportlicher Israel-Boykott Rüttenauer, Andreas: Unpolitisches Politikum, auf: taz.de (3.5.2021); Neumann, Fritz: Iran ringt mit sich: Rücktritt als Fortschritt, auf: derstandard.at (1.3.2018).

[15] Rassismus, aber lieb gemeint Harrison, Guy; u.a.: Covering the Rooney Rule: An Exploratory Study of Print Coverage of NFL Head Coaching Searches, in: Howard Journal of Communications 2021, S. 1-17; Doyle, Terrence: Soccer Commentary Is Full Of Coded Racism, auf: fivethirtyeight.com (30.6.2020); McLoughlin, Danny: Racial Bias in Football Commentary: The Pace and Power Effect, auf: runrepeat.com (6.8.2021).

[16] Indiens Bauern haben keinen Bock auf Cricket Zaldivae, Gabe: Venomous Snakes Take Over Pitch in India, auf: bleacherreport.com (26.3.2013); Mather, Victor: Protesting Farmers Disrupt Billion-Dollar Cricket League in India, auf: nytimes.com (11.4.2018).

[17] »Halbnackte Frauen, die wie nasse Otter glänzen« Neela-Stock, Siobhan: 8 times women athletes threw out their sexist uniforms, auf: mashable.com (5.8.2021); Johnson, Boris: Here's 20 jolly good reasons to feel cheerful about the Games, auf: telegraph.co.uk (29.7.2012); Gross, Jenny: Facing Outrage Over Bikini Rule, Handball Federation Signals ›Likely‹ Change, auf: nytimes.com (12.8.2021).

[18] Überlaufen, die nie anerkannte olympische Disziplin Parker, Claire; Westfall, Sammy: For some athletes, the Olympics aren't just a chance to compete – they're an opportunity to defect, auf: washingtonpost.com (3.8.2021); Longman, Jere: Olympics: For Defectors from Cuba, Rough Political Waters; Cuba's Objections May Keep Kayaker and Others Out of Games, auf: nytimes.com (19.8.2000); McCurry, Justin: Double defector who returned to North Korea ›struggled financially‹ in South, auf: theguardian.com (4.1.2022).

[19] Wann ist eine Athletin eine Athletin? Burnett, Stephanie: Faktencheck: Sind Transgender-Athleten bei Sportwettbewerben im Vorteil?, auf: dw.com (2.8.2021); Späth, Raphael: Diskussion über neue Leitlinien des IOC, auf: deutschlandfunk.de (29.1.2022); Krapf, Christof: Darum geht es im Fall der intersexuellen Athletin Caster Semenya, auf: nzz.ch (30.7.2019).

[20] Niemand feuert Großbritannien an Huggins, Mike; Williams, Jack: Sport and the English, 1918-1939, London 2006.

[21] Geld bringt Rassisten ins Wanken Belson, Ken: Criticized Team Names Get a Legal Lift, but the Price Could Be High, auf: nytimes.com (19.6.2017); Waldstein, David: With Guardians, Cleveland Steps Away From an Offensive Name, auf: nytimes.com (23.7.2021).

[22] Keine starken Frauen im Präsidentenpalast Gramlich, John: Most Americans say it's OK for professional athletes to speak out publicly about politics, auf: pewresearch.org (24.10.2019); Rella, Christoph: Die kuriosesten Irrtümer des Sports, auf: wienerzeitung.at (3.5.2022).

[23] Rasten für Gott, fasten für Allah, kicken für Diego und Frieden für alle Alrababa'h, Ala' u.a.: Can Exposure to Celebrities Reduce Prejudice? The Effect of Mohamed Salah on Islamophobic Behaviors and Attitudes, in: American Political Science Review (115)2021, Nr. 4, S. 1111-1128; Addicott, Adam: When Sport And Religion Collide, auf: thesportsman.com (5.10.2017).

[24] Nazis boxen! Claus, Robert: How a Russian Neo-Nazi Became a Role Model for German Hooligans, auf: themoscowtimes.com (28.11.2017); Parkin, Simon: The rise of Russia's neo-Nazi football hooligans, auf: theguardian.com (24.4.2018); Zidan, Karim: Streetfighters, Hooligans and Nazis: Inside Sweden's Most Notorious Underground Fight Club, auf: businessinsider.com (4.5.2022).

[25] Die Angst der Autokraten vor den Ultras Soumaya, Abdellatif u.a.: From the Stands to the Arena of Social Movements: Post-2011 Football Terrace Chants in Tunisia, in: Cosmopolitan Civil Societies (14)2022, Nr. 1, S. 63-82; Correia, Mickaël: Von den Rängen auf die Straße, auf: monde-diplomatique.de (9.5.2019).

[26] Der olympische Frieden ist tot – hat er je gelebt? Prenn, Tamara: The Olympic truce: how Russia's invasion of Ukraine violated a historic peace treaty, auf: swlondoner.co.uk (3.3.2022).

[27] Gleiches Geld für bessere Frauen Badenhausen, Kurt: Why No Women Rank Among The World's 100 Highest-Paid Athletes, auf: forbes.com (7.6.2018); Das, Andreas; Draper, Kevin: ›Blatant Misogyny‹: U.S. Women Protest, and U.S. Soccer President Resigns, auf: nytimes.com (12.8.2020).

[28] Präsidentielle Platzstürme und schimpfende Scheichs Kurmanaev, Anatoly: Guerrilla Leader, Drug Baron, Gold Magnate … and Now Social Reformer?, auf: nytimes.com (10.1.2021); Frenzel, Eike: Schräge Typen, irre Anekdoten, auf: spiegel.de (6.6.2014).

[29] Es geht auch anders: Der grünste Fußballverein der Welt Gruener, Martin: Traum aus Holz: Wie Forest Green Rovers zum grünsten Klub der Welt wurde, auf: kicker.de (27.4.2021); Wheeler, Thomas: Fußballvereine machen sich zukunftsfest, auf: deutschlandfunkkultur.de (11.4.2021); The Economist (Hg.): The rise and rise of Forest Green Rovers, auf: theeconomist.com (14.4.2022).

[30] Ziegenpolo, Robbenhäuten und Entenball Schauhuber, Martin: Der gefährlichste Sport der Welt, auf: derstandard.at (11.10.2018); Koch, Natalie: Sport and soft authoritarian nation-building, in: Political Geography (32)2013, S. 42-51; Glas, Othmara: Pferderennen, Bogenschießen, Falkenjagd: Dritte World Nomad Games in Kirgisistan, auf: daz.asia (13.9.2018).

[31] Ich bau dir ein Stadion! Amaresh, Preethi: China's Stadium Diplomacy: All that Glitters is Not Gold, auf: thediplomatist.com (3.11.2020); The Economist (Hg.): China wants to increase its military presence abroad, auf: theeconomist.com (5.5.2022); Xue, Charlie Q.L. u.a.: Architecture of »Stadium diplomacy« – China-aid sport buildings in Africa, in: Habitat International, (90)2019.

[32] Hat der Weltkrieg wirklich für den Fußball pausiert? Jones, Simon: Understanding the 1914 Christmas Truce, auf: simonjoneshistorian.com (7.10.2022); Doyle, Peter: The Christmas truce football match – a picture of a Greek kickabout is misappropriated yearly, auf: theconversation.com (14.12.2021).

[33] Russland im Abseits! Reuters (Hg.): War takes heavy toll on Ukrainian sport, auf: reuters.com (4.7.2022); Gijs, Camille: Former Russian football captain speaks out against war on Ukraine, auf: politico.eu. (15.6.2022).

An diesem Buch haben mitgewirkt:

Philipp Bauer, Iris Becker, Simon Dünninger, Tim Ehlers, Manel Fontdevila, Benjamin Fredrich, Alexander Fürniß, Kristin Gora, Patricia Haensel, Laura Heinisch, Anja Köneke, Felix Lange, Lukas Laureck, Nasrin Morgan, Iris Ott, Fabian Sommavilla, Sebastian Wolter